JN255464

# 認可地縁団体・記名共有地をめぐる実務Q&A

## 認可申請手続と不動産登記手続

山野目 章夫 [監修]　後藤 浩平 [著]

日本加除出版株式会社

# 監 修 の こ と ば

　この本を手に取る読者は，皆さん，なんらかの仕方で不動産の登記に関わる方々であるから，ご存知でいらっしゃることでしょう。たしかに学校で教わる際には，登記名義人や表題部所有者は氏名か名称が記される，ということになっている。が，現実は，そうとも限らず，変則的な事象があるということを。

　むしろ学校で習う不動産登記制度は，いわば実験室で作られた無菌の理想空間における姿であり，実際は，一つの筆ごと，一個の建物ごとに物語があって，ときにそれが登記記録に痕跡として記されているものです。町内会が登記名義人になっている土地，あるいは本来は町内会が登記名義人であるべき土地，それから字持地，そして記名共有地や共有惣代地（表記は〝総代〟のこともある）など，いずれも事象としては，まことに興味深いものばかりです。

　とはいえ，それらの土地がいつまでもそのままでよいのであればともかく，まちづくりや地域の再生の一角として位置づけられ，あるいは何かの事業で用いられようとする段になれば，興味深いとばかり見ていて済まされるものではありません。不動産登記の一般的なルールのもと，解決を導かなければならない必要に迫られます。その作業を的確に進めるためには，法令や先例に精通し，広い視野から問題を理解する姿勢を欠かすことができません。

　この本は，登記官や司法書士，土地家屋調査士（建制順），そして，国や地方公共団体，さまざまの事業体において用地取得を担う皆様のこのような需要に応えるため，不動産登記の実務に深い造詣を有する後藤浩平氏が，精魂を注いで筆を執りました。

　いろいろ問題があるならば新しい法律を作っては，という声も聴きます。しかし，それを現実が待ってくれないことがあります。まずは現在の法制の

もとで積み重ねられてきた運用により克服してゆかなければなりません。その場面に皆さんが向き合う際の良いハンドブックとなるならば，この本の制作に携わった一同として，しあわせなことです。

　本書の制作においては，日本加除出版の真壁耕作氏および吉原早織氏が，執筆者の後藤氏を助け，校正や事項索引の作成をしてくださいました。


平成28年6月

山 野 目　章 夫

# は　し　が　き

　平成3年3月に成立した地方自治法の一部を改正する法律（平成3年法律
第24号。同年4月2日施行）によって，我が国に数多く存在する自治会，町
内会等のいわゆる「権利能力なき社団」に法人格を付与する制度が，創設さ
れました。

　周知のとおり，従来，これらの団体は，法人格を有しないために，会館等
の不動産を所有していても，当該団体名義で登記をすることは許されず，当
該団体の代表者の個人名義又は構成員全員の名義で登記せざるを得ませんで
した。そのため，登記記録上は，代表者の個人財産との区別ができないため
に，代表者が死亡して相続が開始した場合には，本来，旧代表者から新代表
者への「委任の終了」による所有権の移転の登記をすべきところ，当該代表
者の相続人への相続による所有権の移転の登記がされ，さらに，その相続人
が，当該不動産を第三者に売却し，あるいは代表者の債権者が，代表者個人
の財産として，当該不動産を差し押さえる等の不都合がある旨の指摘がされ
ていました。

　上記平成3年の地方自治法の一部を改正する法律は，同法260条の2から
260条の37までの多数の条文を追加して，地縁による団体の認可申請手続，
市町村長の認可を受けた地縁による団体（認可地縁団体）の権利義務や運営
等に関する諸規定を設けました。

　そして，地域的な共同活動のための不動産又は不動産に関する権利等を保
有するため市町村長の認可を受けた地縁による団体は，その規約に定める目
的の範囲内において，権利を有し，義務を負うものとされ，その認可地縁団
体名義で，その所有する不動産の登記名義人となることができることになり

ました。

　しかしながら，そのような手続が認められても，なお，権利能力なき社団の資産に属する不動産の表題部所有者又は所有権の登記名義人が，当該社団の複数名の代表者名義又は構成員全員となっている場合に，当該代表者又は構成員が死亡し，その法定相続人の所在が不明等の事情により，その相続人の確定が困難なときは，当該団体が地縁団体としての認可を受けたことにより，当該認可地縁団体名義に所有権の保存又は移転の登記を申請しようとしても，所有権の登記名義人等の協力を得ることが非常に困難であることから，事実上，当該登記の申請をすることができない状況にあります。

　そこで，そのような状況を解消し，認可地縁団体への所有権の登記手続を促進するため，地方自治法に認可地縁団体が所有する不動産に係る不動産登記法の特例（以下「特例制度」といいます。）を設けることとされ，一定の要件を満たした認可地縁団体が所有する不動産については，市町村長が一定の手続を経て証明書を発行することとし，当該証明書を提供することによって，認可地縁団体が，所有権の保存又は移転の登記を単独で申請することができる旨の規定（同法260条の38及び260条の39）を盛り込んだ地方自治法の一部を改正する法律（平成26年法律第42号）が，平成26年5月30日に公布され，当該特例に係る部分については，平成27年4月1日から施行されています。

　これまで，権利能力なき社団等に関する不動産登記手続については，単発的に，雑誌等に掲載されることはありましたが，権利能力なき社団に加えて，記名共有地や財産区，更には上記の特例制度に関する登記手続についても解説した書籍が見当たらないことから，司法書士等の実務家の方々から，そのような書籍の刊行を希望する声が，寄せられていました。

　本書は，第1編において，地縁による団体が行う認可申請手続，及び市町村長の認可手続等について，認可を受けるための要件の一つである規約の具体例や地方自治法施行規則に定める各種の様式をも掲載して解説するとともに，特例制度の関連条文についても，詳細な解説を試みました。

　加えて，認可地縁団体に関する問題とは趣を異にしますが，近時，問題となっている所有者の所在の把握が難しい土地（所有者の所在不明土地）に関する対応策等について，国の検討会における取組みを紹介し，若干の私見を述べさせていただきました。

　そして，第2編においては，権利能力なき社団と不動産登記，認可地縁団体及び一般社団法人による登記手続，記名共有地及び財産区に関する登記手続について，必要に応じて，申請情報や報告的な登記原因証明情報の書式例，関係判例の要旨，関係先例の全文を掲げ，Q&Aにより，分かりやすく解答・解説することに努めました。

　また，従来から，相続による所有権の移転の登記（相続登記）がされないまま長期間を経過していることが，空家問題や所有者の所在不明土地問題の解消に当たっての障害の一要因となっている旨の指摘がされていました。

　そこで，法務省は，相続人が，相続開始後できる限り速やかに相続登記をすることができるように，これまで，除籍等が滅失している場合の相続登記の申請においては，「他に相続人はない」旨の相続人全員による証明書（印鑑証明書付）の提供を要するとしていた取扱いを改め，戸籍及び残存する除籍等の謄本に加え，除籍等の滅失等により「除籍等の謄本を交付することができない」旨の市町村長の証明書が提供されていれば，「他に相続人はない」旨の証明書の提供がなくても，当該相続登記をして差し支えない旨の通達を発出しました（平成28年3月11日付け法務省民二第219号民事局長通達）ので，同通達の内容，及び同通達に基づく不動産登記の申請手続についても，解説を加えました。

　なお，本書で引用した関係判例，関係先例等については，実務上の正確性を期するため，原典に従い掲載をしました。

　本書が，不動産登記実務に携わる方々のみならず，地縁による団体の認可手続に携わる自治体の方々のためにも，多少でもお役に立てれば幸いです。

　終わりに，本書の刊行に際しては，上記の所有者の所在不明土地に関する

国の検討会において委員長を務められた早稲田大学大学院法務研究科山野目章夫教授に図らずも御監修をいただきました。ここに特に記して深く感謝申し上げます。また，本書の構想から刊行に至るまでの間，日本加除出版株式会社編集部朝比奈耕平氏，同企画部吉原早織氏には，精力的に編集作業を進めていただくとともに，関係判例や関係先例等の資料の収集のほか，校正に際しては，細部について，読者の視点に立った分かりやすい表現にするための御指摘をいただきました。紙面をお借りして，心から感謝申し上げます。

平成28年6月

後　藤　浩　平

# 凡　例

本書における法令，出典，参考文献については次の略記を使用しています。

## 1．法　令

| | | |
|---|---|---|
| 自治法 | → | 地方自治法 |
| 自治規則 | → | 地方自治法施行規則 |
| 不登法 | → | 不動産登記法 |
| 不登令 | → | 不動産登記令 |
| 不登規則 | → | 不動産登記規則 |
| 不登準則 | → | 不動産登記事務取扱手続準則 |
| 登免税法 | → | 登録免許税法 |

## 2．出　典

| | | |
|---|---|---|
| 民集 | → | 最高裁判所（又は大審院）民事判例集 |
| 登研 | → | 登記研究 |

## 3．参考文献

『法人化の手引』　→　地縁団体研究会編『自治会，町内会等法人化の手引』（ぎょうせい，第2次改訂版，2015年）

# 目　次

## 第 1 編　解説編

# 第2編　Q&A編

第 **1** 編

# 解 説 編

# 第1章　地縁による団体の認可手続

## 1 地縁による団体とは

　我が国には，住民相互間の連絡等の地域的な共同活動を行い，地域社会における重要な役割を担っている団体として，全国各地に数多くの自治会，町内会等が存在しています。

　これらの多くは，団体としての意思を有し，独立の財産を備えて，その目的を達成するために様々な社会的活動をするなど，社団法人としての実体を備えてはいるものの，法人としての登記をしていないため，法人格を有していません。近時の判例及び学説は，このような団体を「権利能力なき社団」若しくは「法人格のない社団」と呼んでおり，例えば，公益も営利をも目的としない上記の自治会，町内会のほか，学友会，互助会，同窓会，スポーツクラブ等の団体等が，これに該当します。

　そして，これらの権利能力なき社団は，法人格を有しないために，会館等の不動産を所有していても，これまでは，自治会又は町内会等の団体名義で登記をすることは許されず，当該団体の構成員全員の名義で登記するか，又はその代表者の個人名義で登記せざるを得ませんでした。そのため，登記記録上は，代表者の個人財産との区別ができないことから，代表者が死亡して相続が開始した場合には，本来，旧代表者から新代表者への「委任の終了」による所有権の移転の登記をすべきところ，当該代表者の相続人への相続による所有権の移転の登記がされ，さらに，その相続人が，当該不動産を第三者に売却し，あるいは代表者の債権者が代表者個人の財産として当該不動産を差し押さえる等の不都合がある旨の指摘がされていました。

　そこで，地方自治法の一部を改正する法律（平成3年法律第24号。同年4月2日施行）によって，自治会等の団体に法人格を付与する制度が創設されました。

　その改正法においては，「町又は字の区域その他市町村内の一定の区域に住所を有する者の地縁に基づいて形成された団体」を「地縁による団体」というものと定義され，地縁による団体は，「地域的な共同活動のための不動産又は不動産に関する権利等を保有するため市町村長の認可を受けたときは，その規約に定める目的の範囲内において，権利を有し，義務を負う。」（自治法260条の2第1項）ものとされ，その認可を受けた地縁による団体を「認可地縁団体」というものとされました（同条7項）。

　なお，認可地縁団体に係る自治法及び自治規則の関連条文は，それぞれ41頁以下の（**注1**）及び（**注2**）のとおりです。

## 2 ┃ 認可地縁団体となるための手続

### (1)　申請者適格

　「地縁による団体」が市町村長の認可を受けるためには，その団体の代表者が総務省令で定めるところにより申請を行う必要がありますが（自治法260条の2第2項），申請者となるためには，前記1のとおり，その団体が「町又は字の区域その他市町村内の一定の区域に住所を有する者の地縁に基づいて形成された団体」であることが必要です。

　まず，「地縁による団体」は，一定の区域に住所を有することのみを構成員の資格としていますから，自治会又は町内会のように，一定の区域に住所を有する人が誰でも構成員となれる団体は，原則として，「地縁による団体」に該当するものと考えらえます。

　一方，「地縁による」ことが必要ですから，一定の区域に住所を有する者を構成員とする団体であっても，その他に性別や年齢などの条件が必要な団体，例えば，青年団や婦人会や，さらには，活動の目的が限定的に特定される団体，例えば，スポーツクラブや伝統芸能保存会等のような団体は，原則として，「地縁による団体」には該当しないものと考えらえます。

　なお，その団体の区域は，一つの市町村内にあることが必要であり，複数の市町村の区域にまたがるような団体は，そのままでは法人格を取得するこ

とはできないと考えられます。

　自治法の改正による地縁による団体の認可手続は，既存の団体を対象にするものであり，現在のところ，複数の市町村の区域にまたがる自治会等は存在しないものと想定されていますが，もし，そのような自治会等が存在する場合は，市町村ごとに分割して，それぞれが認可手続を経て，法人格を取得するしか方法はないものと考えられます。

　また，「地縁による団体」は，市町村長の認可を受けることのみで法人格を取得しますから，会社等の一般の法人のように，認可以外に登記所における法人登記等の手続は，一切必要ありません。

　市町村長は，自治法260条の2第1項の認可をしたときは，総務省令（自治規則）19条1項1号で定めるところにより，次に掲げる事項を告示します（自治法260条の2第10項）。そして，その告示によって，第三者に対して認可地縁団体となったこと，すなわち法人格を取得したことを対抗することができることとなります（同条13項参照）。

① 名称
② 規約に定める目的
③ 区域
④ 主たる事務所
⑤ 代表者の氏名及び住所
⑥ 裁判所による代表者の職務執行の停止の有無並びに職務代行者の選任の有無（職務代行者が選任されている場合は，その氏名及び住所）
⑦ 代理人の有無（代理人がある場合は，その氏名及び住所）
⑧ 規約に解散の事由を定めたときは，その事由
⑨ 認可年月日

### (2)　認可を受けるための前提条件

　前記1のとおり，市町村長が地縁による団体に認可を与える目的は，法人格を有しないために不動産の所有権等の登記名義人となることができなかっ

た地縁による団体が，法人格を取得することにより，認可地縁団体名義で
「地域的な共同活動のための不動産又は不動産に関する権利等を保有」し，
当該不動産の登記名義人となることができるようにすることです。

　したがって，認可を受ける地縁による団体が，現に「不動産又は不動産に
関する権利等」を保有しているか，又は保有する予定があることが，認可を
受けるための前提条件となります。

　そして，この前提条件を満たしているか否かについては，地縁による団体
の代表者が，自治法260条の2第2項に規定する認可申請を行うときに市町
村長に対して提出する，申請時に不動産又は不動産に関する権利等を保有し
ている場合の保有資産目録，又は申請時に不動産又は不動産に関する権利等
を保有することを予定している場合の保有予定資産目録（自治規則18条1項
4号参照）によって，市町村長が確認することになります。

　なお，「不動産又は不動産に関する権利等」とは，登記又は登録を必要と
する資産の中で，当該地縁による団体の地域的な共同活動のために資すると
見込まれるものに限られ，具体的には，①不登法3条各号に掲げる土地・建
物の所有権，地上権，永小作権，地役権，先取特権，質権，抵当権，賃借権
及び採石権，②立木ニ関スル法律（明治42年法律第22号）1条1項に規定す
る立木の所有権及び同2条2項に規定する立木の抵当権，③登録を必要とす
る金融資産である国債，地方債及び社債，④その他地域的な共同活動におい
て必要となる資産であって，登録を要する資産，例えば，地縁による団体が
地域社会の維持形成のため，当該区域において実施する除雪のための車両，
福祉の用に供する車両や船舶等が，該当するものと考えられます。

## (3)　認可を受けるための要件

　「地縁による団体」が認可を受ける（法人格を取得する）ための要件は，
以下のとおりです（自治法260条の2第2項）が，前記のとおり，地縁によ
る団体に法人格を付与する目的は，当該団体が保有する不動産等について，
認可地縁団体名義での登記等を可能にすることにあります。したがって，以
下に掲げる認可を受けるための要件は，当該団体が，現に，「地縁による団

体」として明確な形で存在していることを確認するためのものです。

　なお，市町村長は，同項各号に掲げる要件のいずれかを欠くこととなったとき，又は不正な手段により同条1項の認可を受けたときは，その認可を取り消すことができるとされています（同条14項）。

　　ア　地縁による団体が，「その区域の住民相互の連絡，環境の整備，集会施設の維持管理等良好な地域社会の維持及び形成に資する地域的な共同活動を行うことを目的とし，現にその活動を行っていると認められること。」（自治法260条の2第2項1号）

　この要件の前段は，地縁による団体の目的が，スポーツや社会福祉等の特定の活動をすることではなく，「その区域の住民相互の連絡，環境の整備，集会施設の維持管理等良好な地域社会の維持及び形成に資する地域的な共同活動を行うこと」である旨を，明確にしたものです。そして「良好な地域社会の維持及び形成に資する地域的な共同活動」とは，当該区域における集会施設の維持管理，清掃等の環境整備活動，高齢者施設等への慰問等の社会福祉活動，スポーツ大会，レクリエーション活動等が考えられますから（『法人化の手引』80頁），現在活動している地縁による団体である自治会等の活動のほとんどは，この目的に合致しているものと考えられます。

　また，後段の「現にその活動を行っていると認められること」については，地縁による団体の代表者が行う認可申請に際して，「その区域の住民相互の連絡，環境の整備，集会施設の維持管理等良好な地域社会の維持及び形成に資する地域的な共同活動を現に行つていることを記載した書類」を提出することとされている（自治規則18条1項5号）ことから，総会に提出された前年度の活動実績報告書等で確認されることになるものと考えられます。

　なお，マンションの管理組合等の団体は，その構成員が当該マンションの区分所有者に限られることから，当該管理組合が，当該マンションの敷地を区域として，良好な地域社会の維持及び形成に資する地域的な共同活動を行っていたとしても，そのことのみをもって，直ちに認可の対象となることはあり得ないと考えられます（『法人化の手引』80頁）。

　　イ　「地縁による団体の区域が，住民にとつて客観的に明らかなものとし

て定められていること。」（自治法260条の2第2項2号）

　地縁による団体の区域は，当該団体が相当の期間にわたって存続している区域の現況によらなければならないとされています（同条4項）。

　法人格を付与されるのは，現に存在する地縁による団体ですから，当該団体は，安定的に存在し，その区域が住民にとって明らかでなければなりません。したがって，その区域が不安定な状態にある地縁による団体，又は認可を受けるために新たな区域を設定した団体に対して，認可を行うことはできないと考えられます。

　地縁による団体の区域が不明確又は流動的である場合には，当該団体の構成員の範囲が不明確となるほか，住民間のトラブルの原因ともなりかねません。そこで，規約で定められるその区域については，当該団体の構成員のみならず住民にとっても客観的に明らかな形で境界が画されている必要があるものと考えられます。また，認可は，市町村長によって行われますから，地縁による団体が存在すべき一定の区域は，当該市町村になければなりませんが，その区域自体は，必ずしも行政区画によって画されている必要はありません。

　したがって，地縁による団体の区域は町又は字及び地番若しくは住居表示によることが一般的であると考えられますが，住民にとって客観的に明らかな区域と認識できるものと市町村長が認める場合，例えば，道路や河川，位置が不変な自然物等によっても，その区域が画されていることが明確であればよいとされています。

　なお，区域は，必ず隣接していなければならないというものではなく，飛地があったとしても，地域としてのまとまりが歴史的な実態としてあるのであれば，認可の対象になり得ると考えられます（『法人化の手引』76頁）。

　ウ　「その区域に住所を有するすべての個人は，構成員となることができるものとし，その相当数の者が現に構成員となつていること。」（自治法260条の2第2項3号）

　この要件の前段の「その区域に住所を有するすべての個人は，構成員となることができるもの」については，その旨が規約に定められていることが必

要です。地縁による団体に法人格が付与される理由の一つは，当該団体の構成員となる資格について，「住民」（自治法10条１項参照）であること以外に要求されていない公共的色彩が強い開かれた団体であるということです。

　「住所」とは，「市町村の区域内に住所を有する者は，当該市町村及びこれを包括する都道府県の住民とする。」旨の自治法10条１項にいう「住所」のことです。また，「すべての個人」とは，「その区域に住所を有する自然人である個人すべて」という意味であり，その区域に住所を有すること以外には年齢，性別，国籍等の条件を付けることはできないこととされていますから，これに反する構成員の加入資格を規約で定めることは，認められません。したがって，外国人であっても，その区域の住民であれば地縁による団体の構成員になれることはもちろんであり，また，未成年者等の制限行為能力者であっても差し支えありません。ただし，制限行為能力者が総会等において議決権を行使するに当たっては，民法の規定に従って，法定代理人の同意を要する（民法５条１項等）こととなる場合もあるものと考えられます。

　また，認可される地縁による団体は，前記アのとおり，現に地域的な共同活動を行っている必要がありますから，構成員を特定の範囲の少人数に限っているような団体に対しては，法人格を付与する必要はないものと考えられます。そこで，後段の「その相当数の者が現に構成員となっていること」が要件とされたものです。

　「相当数」であるか否かについては，各地域における自治会，町内会等への加入状況等を勘案して，各市町村が個別のケースごとに，地縁による団体の代表者が行う認可申請に際して提出する「構成員の名簿」（自治規則18条１項３号）によって，具体的に判断することになるものと考えられます。

　区域が狭い場合には，少人数でも，「相当数」に該当することになるものと考えられますが，地域的な共同活動を行えるだけの実体を備えている必要がありますから，例えば数人（４，５人）の団体による活動は，地域的な共同活動とはいえないと考えられます。また，必ずしも過半数である必要はないと考えらえますが，一般的には，区域の住民の過半数が構成員となっている場合には，概ね「相当数」とみなされるものと考えられます。一方で，大

都市部においては，自治会活動に関心が薄い住民も多いことから，住民の過半数を「相当数」とすることは困難であると考えられます。

以上のことからすれば，市町村長の「相当数」の判断にもよりますが，一つの市町村又は同一の区域内に，この要件を満たす複数の自治会等が成立することもあり得ることになります。また，現に地域的な共同活動が行われる区域が重複するような場合には，その区域が重複する複数の自治会等が成立する可能性もあるということになります。

ただし，一定の地域に自治会等が混在しているために，区域が区分されていない場合や区域が一つにまとまっていない場合については，区域としてまとまり，当該団体の目的に沿った活動がされているかどうかなどの地域の実情を見守りながら，認可・不認可の判断がされることになるものと考えられます。

また，一つの地縁による団体が所在する地域に，さらに連合会という上部組織の地縁による団体が設立されている場合，他の法令において名称の使用制限がある場合（例えば，商工会でないものが「商工会」という名称を用いることはできません。商工会議所法（昭和28年法律第143号）3条2項）を除き，自治法上，地縁による団体の名称についての制限はありませんから，連合会という名称を用いている団体であっても，自治法に定められた一定の要件を満たしていれば認可の対象となりますが，自治法では，前記のとおり，自然人である住民を地縁による団体の構成員としていますから，当該連合会が，例えば，いくつかの地縁による団体を構成員としている場合には，認可の対象とはなりません（『法人化の手引』77頁）。

なお，構成員となる住民の加入及び脱退の方法についての法律上の制約はありませんが，規約において，「構成員の資格に関する事項」を定めるものとされている（自治法260条の2第3項5号）ことから，具体的な加入・脱退手続をも定めておくことが望ましいといえます。構成員の多くが脱退し，「相当数」の要件を満たさなくなったときは，認可は取り消されることになるものと解されます（同条14項参照）。

　エ　「規約を定めていること。」（同条2項4号）

　規約には，次に掲げる事項が定められていなければなりません（同条３項）。これらの事項は必ず定める必要がありますが，その他の事項を定めることは差し支えないと解されます。また，規約の名称についての制限はありません。「○○自治会会則」，「××町内会規定」等とするのが，一般的であると思われます。

① 目的
② 名称
③ 区域
④ 主たる事務所の所在地
⑤ 構成員の資格に関する事項
⑥ 代表者に関する事項
⑦ 会議に関する事項
⑧ 資産に関する事項

### ⑷ 認可申請に必要な書類等

　地縁による団体が法人格を取得するための認可の申請は，当該地縁による団体の代表者が，自治規則で定めるところにより，申請書に必要な書類を添えて，当該地縁による団体の区域を包括する市町村長に対して行うものとされています（自治規則18条１項）。

　認可・不認可の決定は，市町村長が，提出された認可申請書類を審査することのみにより行われ，代表者等に対する聴聞等の手続は，予定されていません。

　なお，市町村長による認可申請の審査事務は，認可申請をした地縁による団体が，法律要件に適合しているか否かを公証するという性格の事務であり，市町村長の裁量によって認可を行う余地はありませんが，市町村長が，事実認識において地縁による団体と異なる見解をもったことにより，結果として，不許可処分となった場合，当該処分は，行政不服審査法（平成26年法律第68号）に定める処分（同法１条２項）に該当するものであり，したがって，当該地縁による団体は，同法２条の規定に基づいて市町村長に対して「審査請

求」をすることができ，また，市町村長の認可申請に係る不作為（法令に基づく申請に対してなんらの処分をもしないこと。）に対しても，同法3条の規定に基づいて市町村長に対して「審査請求」をすることができることになります。

認可申請に必要な書類は，次のとおりです（自治規則18条1項）。

ア　認可申請書（同項柱書）

その様式は，自治規則別記の「申請書様式（第18条関係）」のとおりです（同条2項）。

「主たる事務所の所在地」は，住居表示，地番及び家屋番号のいずれの表示よっても差し支えなく，代表者の押印については，印鑑登録をした印鑑による押印である必要はないと解されています（『法人化の手引』11頁）。

イ　規約（自治規則18条1項1号）

「規約」については，後記「(5)規約作成の実務」を参照してください。

ウ　認可を申請することについて総会で議決したことを証する書類（同項2号）

認可の申請を行うかどうかの議決は，従前の権利能力なき社団である自治会等の地縁による団体が法人格を有する法人となる旨の意思決定でもありますから，当該団体の規約に則った正式な総会を開催し，行うことが必要であり，総会によらない役員会，評議会等の議決では認められないものと考えられます。

したがって，当該自治会等の規約において，総会の招集手続等の定めが整備されていないときは，議決を行う前に，当該規約を整備する必要があります。

当該書類としては，認可を申請する旨を決定した地縁による団体の総会議事録の写しで，議長及び議事録署名人の署名・押印のあるもので差し支えないと解されます。

なお，総会においては，同時に，認可申請に必要となる重要事項で，認可申請書又は認可申請書に添える書類に明記しなければならない事項（自治規則18条1項参照），具体的には，当該地縁による団体に係る規約，構成員，

代表者，保有することとなる不動産等の資産等についても決定若しくは確定し，また，所有する不動産について，後記第 2 章（59頁）で説明する特例制度に係る公告（自治法260条の38）を申請する予定がある場合には，その保有資産の確定，公告の申請書類に明記すべき事項についても，決定しておくことが望ましいと考えられます。

　エ　構成員の名簿（自治規則18条 1 項 3 号）

　前記の(3)ウで説明したように，地縁による団体の構成員は，その区域に住所を有する自然人である個人であれば，年齢，性別，国籍等は問われないこととされていますので，子どもであっても，会員である場合には，その氏名なども名簿に記載する必要があります。

　当該名簿についての様式は定められていませんが，構成員全員の氏名及び住所を記載したものであることが必要です。

　この構成員の名簿によって，市町村長が，その区域に住所を有する個人のうち相当数の者が現に構成員となっているか否か（自治法260条の 2 第 2 項 3 号）を判断することになります。

　なお，構成員は，自然人である個人ですから，世帯主だけでなく，世帯員も名簿に記載する必要があります。また，地縁による団体が認可を受けるためには，住民の相当数の者が構成員であればよく，その区域に居住する個人全員が構成員でなければならないというわけではありませんから，生後間もない乳幼児までも名簿に記載しなければならないというわけではありません。あくまでも，構成員となっている相当数の者に限って名簿を作成すればよいということになります。

　オ　申請時に不動産又は不動産に関する権利等（以下「不動産等」といいます。）を保有している団体にあっては保有資産目録，申請時に不動産等を保有することを予定している団体にあつては保有予定資産目録（自治規則18条 1 項 4 号）

　㈠　保有資産目録の様式と記載要領

　その様式は，自治規則別記の「保有資産目録様式（第18条関係）」のとおりであり（同条 2 項），記載要領は，次のとおりです。

 a 所有権を有する不動産

  (a) 建物

   ・名称＝名称が付されている場合は，例えば，○○町内会集会所の
    ように記載しますが，名称が付されていない場合は，不登規則
    113条，不登準則80条に規定する区分により，例えば，「居宅」，
    「事務所」，「集会所」等のように記載します。

   ・延床面積＝不登規則115条の規定に基づき算出された各階の床面
    積の合計を記載します。

   ・所在地＝市区町村内の地番及び家屋番号（不登法45条，不登規則
    97条・98条・112条）までを記載します。

  (b) 土地

   ・地目＝不登規則99条に規定する区分により記載します。

   ・面積＝不登規則100条に規定する地積を記載します。

   ・所在地＝市区町村内の地番を記載します（不登法35条，不登規則
    97条・98条）

 以上のとおり，建物及び土地の記載事項は，登記記録に記録されたそれぞ
れの事項を記載することで差し支えないと考えられます。

 立木については，土地の地目を「樹種」，面積を「数量」（立木ニ関スル法
律15条1項2号）と読み替えます。また，樹木が1筆の一部に生立する場合
においては，その部分の位置及び地積，その部分を表示すべき名称又は番号
があるときは，その名称又は番号を表題部の登記事項とするものとされてい
ますから（同項1号），この場合の所在地については，樹木が生立する一部
分の位置及び地積，若しくはその部分を表示すべき名称又は番号があるとき
は，その名称又は番号を記載することになります。

 なお，地縁による団体は，いわゆる公共団体ではなく，また，自治法上，
宗教的活動を禁止する規定も設けられていませんから，神社の「祠」等の宗
教的色彩のある資産であっても，保有資産として認められるものと考えられ
ます（『法人化の手引』85頁）。

 また，地縁による団体が保有する資産について，規約において，例えば，

「本会の解散のときに有する残余財産は，総会において総会員の○分の○以上の議決を得て，本会と類似の目的を有する団体に寄付するものとする。」旨の規定を設けて，その処分を総会において議決することは可能ですが，地縁による団体が保有する不動産は，構成員の総有であると解されますから，構成員が，死亡又は転居等により，当該地縁による団体を退会するに当たって，当該保有資産についての持分の返還を主張することはできないものと解されます（『法人化の手引』88頁）。

　　b　所有権以外の権原により保有している不動産

　　　・権原＝不登法3条各号に掲げる権利のうち，所有権を除く，地上権，永小作権，地役権，先取特権，質権，抵当権，賃借権及び採石権を記載します。

　　　・不動産の種類＝土地，建物及び立木の区分により記載します。

　　　・所在地＝前記aの所有権を有する不動産の場合と同じです。

　　c　地域的な共同活動を行うためのその他の資産

　　　・資産の種類及び数量＝国債，地方債及び社債については，銘柄（国債及び地方債の場合は「何分利付何債」（例えば，「八分利付国債」），社債の場合は「何会社物上担保付社債」（例えば，「A株式会社物上担保付社債」）），券面金額及び取得金額を記載します。また，その他の資産については，その種類（車両，船舶等），取得金額及び取得数量を記載します。

　㈠　保有予定資産目録の様式と記載要領

　その様式は，自治規則別記の「保有予定資産目録様式（第18条関係）」のとおりであり（同条2項），記載要領は，次のとおりです。

　　a　不動産＝所有権を取得する予定不動産を記載します。

　　　・不動産の種類－土地，建物及び立木の区分により記載します。

　　　・保有予定不動産の取得予定時期＝取得予定時期は，少なくとも年月までの記載を要します。また，できる限り認可申請年月日と近接していることが望ましく，特段の事情がない限り認可申請年月日から数か月以内とすべきと考えられます。

・購入等の相手方＝氏名の記入だけで差し支えないと考えられます。

・保有予定不動産の所在地＝市区町村内の所在・地番（登記されている建物については家屋番号も）を記載しますが，住居表示によっても差し支えありません。

  b  不動産に関する権利等

・資産の種類＝不動産の場合は土地，建物及び立木の区分を，金融資産の場合は国債，地方債及び社債の区分を，その他の資産の場合は資産の種類（車両，船舶等）による区分を，それぞれ記載します。

・権原＝不動産の場合には，不登法3条各号に掲げる権利のうち，所有権を除く，地上権，永小作権，地役権，先取特権，質権，抵当権，賃借権及び採石権を記載します。

・権原取得の予定時期＝前記aの保有予定不動産の取得予定時期に同じです。

カ　その区域の住民相互の連絡，環境の整備，集会施設の維持管理等良好な地域社会の維持及び形成に資する地域的な共同活動を現に行つていることを記載した書類（自治規則18条1項5号）

当該書類としては，一般的には，総会に提出された前年度の事業活動報告書で差し支えないと考えられますが，具体的な活動内容が分かる程度の記載が必要であり，特定活動のみではなく，広く地域的な共同活動の内容を記載しなければなりません（前記(3)アの解説参照）。

キ　申請者が代表者であることを証する書類（同項6号）

当該書類としては，申請者を代表者に選出した旨を決定した地縁による団体の総会議事録の写しで，議長及び議事録署名人の署名・押印のあるもの，及び申請者が代表者となることを受諾した旨の承諾書の写しで，申請者本人の署名・押印のあるものが必要です。

## (5)　規約作成の実務

地縁による団体の規約例及び作成上の注意点は，以下のとおりです。

---

○○自治会（町内会）規約（会則）

第1章　総則

（目的）
第1条　本会は，以下に掲げるような地域的な共同活動を行うことにより，良好な地域社会の維持及び形成に資することを目的とする。
　(1)　回覧板の回付等区域内の住民相互の連絡
　(2)　美化・清掃等区域内の環境の整備
　(3)　集会施設の維持管理
　(4)　防災，防火
　(5)　防犯，交通安全
　(6)　会員相互の親睦，研修会及び文化教養の向上に関する活動
　(7)　○○○○○○○
　　　　：
　( )　その他会の目的達成に必要なこと。

---

　規約の名称について，自治法上の制限はありません。
　地縁による団体の目的は，スポーツや芸術などの特定の活動だけでなく，広く地域的な共同活動を行うものである必要があり，当該団体の権利能力の範囲を明確にする程度に，その活動内容をできる限り具体的に定めることが必要です。

---

（名称）
第2条　本会は，○○自治会（○○町内会）と称する。

---

　自治法上，団体の名称についての制限はありません。したがって，「○○自治会」，「○○町内会」といった名称で差し支えないと解されます。ただし，他の法令において名称の使用制限がある場合は，その制限に従います（前記(3)ウの解説参照）。

（区域）
第3条 本会の区域は，〇〇市〇〇町〇〇丁目全域及び〇〇丁目〇〇番
〇〇号から〇〇丁目〇〇番〇〇号までの区域とする。

　地縁による団体の区域を住民にとって客観的に明らかなものとして定める
には，「町又は字及び地番又は住居表示」により表示することが最も望まし
いといえますが，河川や道路等による区域の表示（例：〇〇市〇〇町〇〇丁
目のうち県道〇〇号線の北の区域）とした場合であっても，市町村内の他の
住民にとって当該団体の区域が客観的に一義的なものとして認識できるもの
であれば，差し支えありません。

（主たる事務所）
第4条 本会の主たる事務所は，〇〇市〇〇町〇〇丁目〇〇番〇〇号〇
〇集会所内に置く。

　自治法260条の2第15項において，一般社団法人及び一般財団法人に関す
る法律（平成18年法律第48号）第4条の「一般社団法人及び一般財団法人の
住所は，その主たる事務所の所在地にあるものとする。」旨の規定が準用さ
れていることから，この主たる事務所の所在地が，当該地縁による団体の住
所となります。
　規約による定め方としては，表記のように，集会施設等を住居表示（又は
地番及び家屋番号）により定める方法のほかに，「本会の事務所は，代表者
の自宅に置く。」という規約の定め方も可能です。いずれにせよ団体の唯一
の事務所として，団体内部での連絡や会合等に最も適したところとすること
が望ましいといえます。

第2章　会員
（会員）
第5条 本会の会員は，第3条に定める区域内に住所を有する個人全て

> とする。
> 2　本会は，正当な理由がない限り，第3条に定める区域内に住所を有する個人の加入を拒まない。
> 3　第3条に定める区域内に住所を有する法人，組合等の団体は，総会で表決権を有しない賛助会員になることができる。

　会員になるための資格として，地縁による団体の区域に住所を有することのほかに，年齢，性別，国籍等の条件を定めることは認められません。したがって，当該区域に住所を有する個人全てが，当該団体の構成員となり得ること，及び正当な理由がない限り当該区域に住所を有する個人の加入を拒まないこと（自治法260条の2第7項参照）を定めます。

　「正当な理由」とは，その者の加入によって，当該地縁による団体の目的及び活動が著しく阻害されることが明らかであると認められる場合など，その者の加入を拒否することについて，社会通念上も，また，自治法260条の2第2項3号の規定の趣旨からも客観的に妥当と認められる場合をいうものと解されますが，実際の運営上は，極めて例外的な場合に限られることになるものと考えられます。

　なお，地縁による団体の意思決定のための表決権を行使するためには，それぞれの意思を表明する必要がありますが，法人や組合等は，その意思表示ができないこと，また，地域社会における近隣関係の中心は，その活動の主体である人と人のつながりであることからすれば，法人や組合等は，地域社会にとって第二次的な参加者にすぎないと考えられることから，構成員となることはできないと解されています。ただし，規約において，「区域内に住所を有する法人，組合等の団体は，総会で表決権を有しない賛助会員になることができる。」と定めて，活動の賛助等の形で団体に参加できることとすることは可能と考えられます。

> （会費）
> 第6条　会員が納入する会費は，総会において別に定める。

　会費は，会員にとっても，また，団体にとっても重要事項ですから，規約において，金額も含めて定めるか，又は総会において決するものと定める必要があります。ただし，規約の改正は，総会における決議を要しますから（後記第36条参照），表記のように定めて，年1回の通常総会で各年度毎に定めるとすることが適当と考えられます。

---

（入退会）

第7条　第3条に定める区域に住所を有する個人で本会に入会しようとする者は，細則に定める入会申込書を会長に提出しなければならない。

2　会員が次の各号の一に該当する場合には，退会したものとする。

(1)　第3条に定める区域内に住所を有しなくなった場合

(2)　本人より細則に定める退会届が会長に提出された場合

3　会員が死亡し，又は失踪宣告を受けたときは，その資格を喪失する。

---

　本条第1項及び第2項2号は入退会手続を定めるものですが，入退会申込書の様式は，役員会（後記第25条），若しくは会の細則（後記第40条）で定めればよいものです。

　また，本規約例では，入退会申込書は会長に提出することとされていますが，会として確実に受理し得る者に提出することを求めているものですから，会長のほかに役員や班長などに提出することとしてもよいものと考えられます。いずれにしても，入退会に際して，本人の意思に制約を課するようなものとすることは，認められません。

　第2項第1号及び第3項は，会員の退会事由及び資格喪失事由を規定したものです。

---

（会員の権利・義務）

第8条　会員は，次の各号に掲げる権利を有する。

(1)　本会の各種事業に参加する権利

(2)　規約に基づく役員の選挙権及び被選挙権

(3)　本会の運営について，自由に意見を発表する権利

　2　会員は，次の各号に掲げる義務を負う。
　⑴　会費を納入する義務
　⑵　規約に基づく諸会議に出席する義務
　⑶　規約及び規約で定められた諸会議の決定に従う義務

　本条は会員の権利・義務を定めたものですが，例えば，長期にわたって会費を支払わない等，会員としての義務に著しく違反する行為があった場合に，一定期間資格を停止する旨の規定を設けることは可能ですが，認可地縁団体は，民主的な運営の下に，自主的に活動するものとし，構成員に対し不当な差別的取扱いをしてはならない（自治法260条の2第8項参照）とされていることから，そのような規定を設けるに当たっては，慎重な手続等によって資格を停止するような扱いとすべきであると考えられます。

第3章　役員
（役員の種別）
第9条　本会に，次の役員を置く。
　⑴　会　長　　1名
　⑵　副会長　　○名
　⑶　理　事　　○名
　⑷　会　計　　○名
　⑸　班　長　　○名
　⑹　監　事　　○名
（役員の選任）
第10条　役員は，総会において，会員の中から選任する。
2　監事とその他の役員は，相互に兼ねることができない。
（役員の職務）
第11条　会長は，本会を代表し，会務を総括する。
2　副会長は，会長を補佐し，会長に事故あるとき又は会長が欠けたときは，会長があらかじめ指名した順序によって，その職務を代行する。
3　理事は，会長の命を受けて会務を分担し，会員名簿その他の必要書類を作成する。

---

4　会計は，毎年度末に財産目録を作成するほか，本会の資産及び会計
事務を処理する。

5　班長は，班員と役員会との連絡に当たる。

6　監事は，次に掲げる職務を行う。

(1)　本会の会計及び資産の状況を監査すること。

(2)　会長，副会長及びその他の役員の業務執行の状況を監査すること。

(3)　会計及び資産の状況又は業務執行について，法令若しくは規約に
違反し，又は著しく不当な事項があると認めるときは，これを総会
に報告すること。

(4)　前号の報告をするため必要があると認めるときは，総会の招集を
請求すること。

---

　認可地縁団体には，一人の代表者を置かなければならない（自治法260条
の5）と規定されていますから，地縁による団体についても代表者（会長）
1名を必ず選出する必要があります。また，唯一代表権が帰属する会長が，
不慮の事故等により職務を行うことができなくなった場合などに備えて副会
長を置き，その職務を代行させる旨の規定を設けることが望ましいといえま
すが，副会長による会長の職務の代行は，法律行為には及ばないことから，
直ちに後任の会長を選任する必要があります。

　その他の役員会を構成する理事，会計，班長等の職務についても明らかに
しておきます。

　なお，監事については，規約又は総会の決議で一人又は数人置くことがで
きる（自治法260条の11）とされていますが，その職務は，会長等の役員の
業務の執行の状況を監査すること等（自治法260条の12）にありますから，
会長，副会長その他の役員との兼務を避ける必要があります。

　このほか，会長の代表権に制限を加える場合（自治法260条の6から260条
の8）にも，規約で定める必要があります。

---

（役員の任期）

第12条　役員の任期は，〇年とする。ただし，再任を妨げない。

> 2　補欠により選任された役員の任期は，前任者の残任期間とする。
> 3　役員は，辞任又は任期満了の後においても，後任者が就任するまで
>    は，その職務を行わなければならない。

役員の任期については，自治法上，特に定めはありませんが，数か月と
いった短いものでは事務執行の一貫性を確保するという点で問題があり，他
方，あまりに長期にわたるものも種々の弊害を生ずるといえます。

事務執行上の支障が生じないよう，本条第3項の定めを置くことが望まし
いと考えられます。

なお，役員の選任は，総会において行うことが望ましいと考えられること
から（前記第10条1項参照），役員の解任手続を定める場合も，個別に総会
決議を要するものとする等の具体的な手続を定めておくことが適当であると
考えられます。

> 第4章　総会
> （総会の種別）
> 第13条　本会の総会は，通常総会及び臨時総会とする。
> （総会の構成）
> 第14条　総会は，会員をもって構成する。
> （総会の権能）
> 第15条　総会は，この規約に定めるもののほか，次に掲げる事項を審議
>    し，決議する。
>    (1)　事業計画及び収支予算に関すること。
>    (2)　事業報告及び収支決算に関すること。
>    (3)　会則の制定改廃に関すること。
>    (4)　役員の選出に関すること。
>    (5)　その他本会の運営に係る重要事項に関すること。

認可地縁団体の事務は，規約で代表者その他の役員の委任したものを除き，
全て総会の決議によって行う（自治法260条の16）とされ，また，総会にお

いては、自治法260条の15の規定によりあらかじめ通知をした事項について
のみ、決議をすることができる（自治法260条の17本文）とされていますが、
規約に別段の定めがあるときは、この限りでないとされていますので（同条
ただし書）、規約の改正、解散の決議等、法律上、総会の権限とされている
事項並びに事業計画及び収支予算の決定、事業報告及び収支決算の承認等、
地縁による団体にとっての重要事項は、総会の決議又は承認によることが必
要です。

---

（総会の開催）
第16条　通常総会は、毎年度決算終了後3か月以内に開催する。
2　臨時総会は、次の各号の一に該当する場合に開催する。
　⑴　会長が必要と認めたとき。
　⑵　総会員の5分の1以上から会議の目的たる事項を示して請求が
　　あったとき。
　⑶　第11条第6項第4号の規定により監事から開催の請求があったと
　　き。

---

　認可地縁団体の代表者は、少なくとも毎年1回、構成員の通常総会を開か
なければなりません（自治法260条の13）。また、認可地縁団体は、毎年1月
から3月までの間に財産目録を作成する必要がある（自治法260条の4）こ
とから、事業報告及び決算を作成し、その承認を行うためには、通常総会を
年度終了後3か月以内に開催する必要があります（後記第34条参照）。
　また、総構成員の5分の1以上から会議の目的である事項を示して請求が
あつたときは、認可地縁団体の代表者は、臨時総会を招集しなければならな
い（自治法260条の14第2項本文）とされています。5分の1の割合につい
ては、規約でこれと異なる割合を定めることができますが（同項ただし書）、
臨時総会の招集を求めることが困難となるような割合（例えば、総構成員の
10分の9以上というような、ほぼ構成員全員の請求を要する割合）を設ける
ことのないよう留意する必要があります。

---

（総会の招集）

第17条　総会は，会長が招集する。

2　会長は，前条第2項第2号及び第3号の規定による請求があったと
　きは，その請求のあった日から○日以内に臨時総会を招集しなければ
　ならない。

3　総会を招集するときは，会議の目的たる事項及びその内容並びに日
　時及び場所を示して，開会の日の5日前までに文書をもって通知しな
　ければならない。

---

　総会の開催権限は会長が有しますが，前掲の第16条第2項第2号及び第3
号に定める会員又は監事による開催請求に対しては，臨時総会を招集する必
要があります。

　したがって，本条第2項に定めるように，請求のあった日から適切な期間
内に招集する必要がある旨を規定することが望ましいといえます。

　また，総会の招集通知は，総会の日より少なくとも5日前に，その会議の
目的である事項を示して行う必要があり，文書による通知等の方法は，規約
で定めるものとされています（自治法260条の15）。

---

（総会の議長）

第18条　総会の議長は，その総会において，出席した会員の中から選出
　する。

（総会の定足数）

第19条　総会は，総会員の2分の1以上の出席がなければ，開会するこ
　とができない。

（総会の決議）

第20条　総会の議事は，この規約に定めるもののほか，出席した会員の
　過半数をもって決し，可否同数のときは，議長の決するところによる。
　ただし，この場合における出席とは，第22条第1項に規定する書面表
　決等を行った会員を含む。

（会員の表決権）

第21条　会員は，総会において，各々1個の表決権を有する。
2　次の事項については，前項の規定にかかわらず，会員の表決権は，
　　会員の所属する世帯の会員数分の1とする。
　(1)　○○○○○○
　(2)　×××××××
（総会の書面表決等）
　第22条　やむを得ない理由のため総会に出席できない会員は，あらか
　　じめ通知された事項について書面をもって表決し，又は他の会員を代
　　理人として表決を委任することができる。
2　前項の場合における第19条及び第20条の規定の適用については，そ
　　の会員は出席したものとみなす。

　総会の議長も表決権を行使することができますから，第18条のように出席
した会員の中から選出する旨を定めるのが一般的ですが，会長は，会員の中
から選任されているため，「総会の議長は，会長がこれに当たる。」と定める
ことも可能です。

　総会の定足数及び決議に要する会員数については，自治法上，特段の規定
はありません。そこで，第19条及び第20条のように定めることが適切と考え
られます。また，特定の重要な事項の決議の会員数については，通常の過半
数より多くすることも可能であり，その場合には，例えば，「出席した会員
の3分の2以上の賛成を要する。」というような規定を設けることになりま
す。

　次に，自治法上，認可地縁団体の各構成員の表決権は，平等とする（同法
260条の18第1項）ものとされていますから，その旨の規定を設けます（第
21条第1項）。また，従来から，自治会等において，その表決権を世帯単位
で平等とする運営が行われていたような場合には，第21条第2項の例に倣い，
特定の事項についての表決権は，世帯を1票とする規定を設けることも可能
です。ただし，その場合の特定の事項（第21条第2項各号で定める事項）に
ついては，規約に定めることとなる役員の選任，役員会の設置，代表者の代
表権の制限等の変更，財産の処分及び解散の決議等の重要事項を定めるこ

とは，認められないと解されます。世帯単位で平等な表決権を行使できるのは，世帯単位で活動し，意思決定を行うことが合理的であると地域社会で認められている事項に限られるべきであると考えられるからです。

　なお，総会に出席しない構成員は，書面で，又は代理人によって表決をすることができますから（自治法260条の18第2項），総会の定足数及び決議に要する会員数については，会員数が極めて多数の場合であっても総会を開催し，決議を行うことが可能となるようにするため，第22条の例に倣い，書面による表決を行った会員，及び委任により代理表決を行った会員も含める旨の規定を設けることが望ましいといえます。

---

（総会の議事録）

第23条　総会の議事については，次の事項を記載した議事録を作成しなければならない。

　(1)　日時及び場所

　(2)　会員の現在数及び出席者数（書面表決者及び表決委任者を含む。）

　(3)　開催目的，審議事項及び議決事項

　(4)　議事の経過の概要及びその結果

　(5)　議事録署名人の選任に関する事項

2　議事録には，議長及びその会議において選任された議事録署名人2名以上が署名押印をしなければならない。

---

　告示事項の変更の届出（自治法260条の2第11項），規約変更の認可申請（自治法260条の3第2項）等の場合には，総会が有効に成立し，かつ有効に議決されたことを証明することが求められますから，総会の議事について，議事録を作成する必要があることを規約に定めておく必要があります。

---

第5章　役員会

（役員会の構成）

第24条　役員会は，監事を除く役員をもって構成する。

（役員会の権能）

---

第25条　役員会は，この規約で別に定めるもののほか，次の事項を決議する。
　⑴　総会に付議すべき事項
　⑵　総会の議決した事項の執行に関する事項
　⑶　その他総会の議決を要しない会務の執行に関する事項
（役員会の招集等）
第26条　役員会は，会長が必要と認めるとき招集する。
2　会長は，役員の○分の１以上から会議の目的である事項を記載した書面をもって招集の請求があったときは，その請求のあった日から○日以内に役員会を招集しなければならない。
3　役員会を招集するときは，会議の日時，場所，目的及び審議事項を記載した書面をもって，少なくとも○日前までに通知しなければならない。
（役員会の議長）
第27条　役員会の議長は，会長がこれに当たる。
（役員会の定足数等）
第28条　役員会には，第19条，第20条，第22条及び第23条の規定を準用する。この場合において，これらの規定中「総会」とあるのは「役員会」と，「会員」とあるのは「役員」と読み替えるものとする。

---

　役員会の構成について，監事は，会務の執行を監査する職務上，具体的な会務の執行方針等を決定する役員会には参画しないこととするのが，適当です（第24条）。ただし，決議権はないが発言権のあるオブザーバーとして出席することは，差し支えないと考えられます。

　認可地縁団体の事務は，規約で代表者その他の役員に委任したものを除き，全て総会の決議によって行う必要があります（自治法260条の16）。すなわち，総会は，当該団体の最高意思決定機関であるといえます。しかしながら，決議すべき事項があるたびに総会を招集することは，実際には極めて困難であること，また，構成員の利害に大きな影響を及ぼさない事項まで総会で決議することは，非効率的であると考えられることから，実務上の執行に関する事項等については役員会において決議することが，会の運営上，適当と考え

られます（第25条）。

---

第6章　資産及び会計
（資産の構成）
第29条　本会の資産は，次の各号に掲げるものをもって構成する。
　(1)　別に定める財産目録記載の資産
　(2)　会費
　(3)　活動に伴う収入
　(4)　資産から生ずる果実
　(5)　その他の収入
（資産の管理）
第30条　本会の資産は，会長が管理し，その方法は役員会の決議により
　　これを定める。
（資産の処分）
第31条　本会の資産で第29条第1号に掲げるもののうち，別に総会にお
　　いて定めるものを処分し，又は担保に供する場合には，総会において
　　出席会員の4分の3以上の決議を要する。
（経費の支弁）
第32条　本会の経費は，資産をもって支弁する。

---

　法人格を取得した地縁による団体は，その団体名義で不動産等の資産を保
有することができますから，規約において，流動資産・固定資産を問わず全
ての資産（負債は含みません。）の構成等を定めておく必要があります。「資
産の構成」としては，保有する具体的な動産，不動産及び金融資産を全て掲
げることも可能ですが，「別に定める財産目録記載の資産」（第29条第1号）
とする定め方が簡便です。

　資産の管理は会長が行うものですが（第30条），日常の出納その他の会計
事務は，役員である「会計」（第9条第4号）が行うこととなります。また，
役員ではありませんが，「会長は，必要と認めるときは，会員のうちから会
計出納員を命ずることができる。」旨，及び「会計出納員は，会長の命を受
けて出納その他の会計事務を執行する。」旨の規定を設けることも可能であ

ると考えられます。

　なお，不動産等の会の活動上重要な固定資産の処分については，総会の決議を要することとする必要があります。そこで，第31条の例に倣い，総会において処分等する資産（不動産等の重要な固定資産）を定め，その処分に関しては，総会の決議を要する旨の規定を設けることが 適当です。なお，処分等に関する決議を行うに当たっては，少なくとも「出席会員の4分の3以上」の決議を得ることが望ましいと考えられますが，それ以上であれば任意に定めることも差し支えありません。

---

（事業計画及び予算）

第33条　本会の事業計画及び収支予算は，会長が作成し，毎会計年度開始前に，総会の決議を経て定めなければならない。これを変更する場合も，同様とする。

2　前項の規定にかかわらず，年度開始後に予算が総会において決議されていない場合には，会長は，総会において予算が決議される日までの間は，前年度の予算を基準として収入支出をすることができる。

（事業報告及び決算）

第34条　本会の事業報告及び収支決算は，会長が事業報告書，収支決算書，財産目録等として作成し，監事の監査を受け，毎会計年度終了後3か月以内に総会の承認を受けなければならない。

---

　事業計画・事業報告及び収支予算・収支決算は，地縁による団体にとっての重要事項であり，したがって，総会の決議を経て定め，また，承認を受けなければなりません。

　なお，財産目録（様式例は，次頁のとおりです。）は，認可を受ける時及び毎年1月から3月までの間に作成しなければなりません（自治法260条の4第1項本文）。ただし，特に事業年度を設けるものは，認可を受ける時及び毎事業年度の終了の時に作成するものとされています（同項ただし書）から，事業年度を設けている場合は，事業報告や収支決算も当該年度終了後3か月以内に総会で承認を得る必要があります。

## 【財産目録様式例】（『法人化の手引』41頁より転載）

平成　　年　　月　　日

| 区　　　　分 | 所在数量等 | 金額（評価額） | 備　　考 |
|---|---|---|---|
| （資 産 の 部） | | | |
| Ⅰ流動資産 | | | |
| 　1現金預金 | | | |
| 　(1)現　　金 | | | |
| 　　　現金手許有高 | | | |
| 　(2)当座預金 | | | |
| 　　　○○銀行△△支店 | | | |
| 　(3)普通預金 | | | |
| 　　　○○銀行××支店 | | | |
| 　2未収会費 | | | |
| 　　○○年度会費　×名 | | | |
| Ⅱ固定資産 | | | |
| 　1土　　地 | | | |
| 　2建　　物 | | | |
| 　3構築物 | | | |
| 　4車輌運搬具 | | | |
| 　5什器備品，応接セット | | | |
| 　6電話加入権 | | | |
| 　7有価証券 | | | |
| 　　○分利国債 | | | |
| 資　　産　　合　　計 | | A | |
| （負 債 の 部） | | | |
| Ⅰ流動負債 | | | |
| 　預り金 | | | |
| Ⅱ固定負債 | | | |
| 　長期借入金 | | | |
| 　　○○銀行○○支店 | | | |
| 負　　債　　合　　計 | | B | |
| 差 引 正 味 財 産 （A－B） | | | |

（注）　1　法人設立時に，確実に法人に帰属する財産をもって作成すること。
　　　　2　備考の欄には，使用目的，寄附者その他を記入すること。

　ただし，事業計画及び収支予算の決議を年度開始前に行い，事業報告及び収支決算の承認を年度終了後に行うためには通常総会を年2回行うことが必要となりますが，通常総会は，年度終了後3か月以内に1回行うのが通例と考えられます（第16条第1項参照）。

　したがって，年度開始前に総会を開催し，事業計画及び収支予算の決議を行わない限り，年度開始当初から通常総会において収支予算が決議される日までの間は，収支予算がないことになりますので，そのような不都合を生じないよう，第33条第2項のような規定を設けておくことが，実務上，適当と考えられます。

---

（会計年度）
第35条　本会の会計年度は，毎年4月1日に始まり，翌年3月31日に終わる。

---

　会計年度の定め方については特に制限はありませんが，1月1日からその年の12月31日まで，あるいは，4月1日から翌年3月31日までとするのが，一般的です。

---

第7章　規約の変更及び解散
（規約の変更）
第36条　この規約は，総会において総会員の4分の3以上の決議を得，かつ，○○市長の認可を受けなければ変更することができない。

---

　認可地縁団体の規約は，総構成員の4分の3以上の同意があるときに限り，変更することができます（自治法260条の3第1項本文）。すなわち，規約の変更は，総会の専権事項であるといえます。また，規約の変更は，市町村長の認可を受けなければなりません（同条2項）。そして，規約の変更の認可申請は，申請書（その様式は，自治規則別記の「申請書様式（第22条関係）」のとおりです。）に，規約変更の内容及び理由を記載した書類並びに当該規

約変更を総会で議決したことを証する書類を添付して行うものとされています（自治規則22条）。

　なお，総会議決数の「4分の3」の定数を変更することは可能ですが（自治法260条の3第1項ただし書），規約変更という重要事項を少数の会員の意思により決することは相当でなく，また，条文上も「4分の3以上の同意」と規定されていることからも，これを引き下げることについては，慎重であるべきです。

---

（解散）
第37条　本会は，地方自治法第260条の20に規定する事由により解散する。
2　総会の決議に基づいて解散する場合は，総会員の4分の3以上の承諾を得なければならない。

---

　認可地縁団体は，①規約で定めた解散事由の発生（自治法260条の20第1号），②破産手続開始の決定（同条2号），③認可の取消し（同条3号），④総会の決議（同条4号），⑤構成員が欠けたこと（同条5号）の各事由により，解散するものとされています。なお，これ以外の解散事由を定めることも可能であると考えられます。

　また，認可地縁団体は，総構成員の4分の3以上の賛成がなければ，解散の決議をすることができない（自治法260条の21本文）とされています。この「4分の3」の定数については，規約で別段の定めを設けることができますが（同条ただし書），前記の第36条の規約の変更の場合と同様に，少数の会員の意思により決することは相当でないことから，これを引き下げることについては，慎重であるべきです。また，解散という重要事項は，総会の決議によるべきですから，役員会等の決議をもって代えることはできません。

---

（残余財産の処分）
第38条　本会の解散のときに有する残余財産は，総会において総会員の

> 4分の3以上の決議を得て，本会と類似の目的を有する団体に寄付するものとする。

　解散した認可地縁団体の財産は，規約で指定した者に帰属します（自治法260条の31第1項）から，規約において，特定の個人等を残余財産の帰属権利者として指定することが可能です。一方，規約で帰属権利者を指定せず，又はその者を指定する方法を定めなかったときは，代表者は，総会の決議を経て（同条2項ただし書），市町村長の認可を得て，その認可地縁団体の目的に類似する目的のために，その財産を処分することができるとされています（同条2項本文）。

　認可地縁団体の目的からすれば，その財産を営利法人に寄付し，又は会員に分配する旨を定めることは，適当でないと考えられます。また，法人格を取得した当初から，解散時の残余財産の具体的な処分先を明らかにすることは，困難であると考えられます。

　そこで，自治法260条の31第2項の規定の趣旨に従い，第38条の例に倣い，規約において，本会と類似の目的を有する団体を帰属権利者とする旨の規定を設けることが，実務上，適当と考えられます。

　なお，残余財産の処分は，認可地縁団体にとって重要な事項ですから，その帰属権利者を決定する総会の決議については，解散の決議と同様に，総会員の4分の3以上の決議を得ることが望ましいと考えられます。

---

第8章　雑則
（備付け帳簿及び書類）
第39条　本会の主たる事務所には，次の帳簿及び書類を備え置く。
　(1)　規約
　(2)　会員名簿
　(3)　認可及び登記等に関する書類
　(4)　総会及び役員会の議事録
　(5)　収支に関する帳簿
　(6)　財産目録等資産の状況を示す書類

⑺　その他必要な帳簿及び書類
2　前項の帳簿及び書類は，会員が目的，事由を示して閲覧を求めたときは，業務に支障のない限り，閲覧することができる。
（委任）
第40条　この規約の施行に関し必要な事項は，総会の決議を経て，会長が別に定める。

　認可地縁団体は，財産目録（自治法260条の4第1項）を必ず作成し，構成員名簿（同条2項）とともに主たる事務所に備え置かなければなりません。
　規約を施行するに当たっての細則（「弔慰金規程」，「旅費規程」等）を定める者は，会長でも役員会等でも差し支えないと解されますが，会長若しくは役員会に委任することについては，必ず総会の決議を経る必要があります（個別の事項ごとに委任のための決議を経る必要はありません。）。

（連合組織）
第41条　本会は，広域的問題に対処するため，○○地区会，○○市自治連合会に参加し，連絡調整を行うものとする。

　当該認可地縁団体が属する地区の地区会及び○○市自治連合会がある場合には，これに参加し，広域的問題に対応することを規定することもできます。

　附則
1　この規約は，○年○月○日から施行する。
2　本会の設立初年度の事業計画及び予算は，第33条の規定にかかわらず，設立総会の定めるところによる。

　認可地縁団体の認可は，団体の事業年度又は会計年度の途中となることが多いと考えられ，設立初年度は，事業年度及び会計年度が変則となることが考えられます。そこで，附則第2項のような規定を設けることが適当である

と考えられます。

　なお，規約の変更は，市町村長の認可を要しますから，その際は，例えば，「改正後の規約は，市町村長の認可を受けた日から施行する。」旨を規定することになります。

### ⑹　認可後の地縁による団体

　ア　市町村長による告示

　市町村長は，地縁による団体に対して自治法260条の2第1項の認可をしたときは，前記の2⑴で説明したとおり，自治規則19条1項1号で定めるところにより，当該団体の名称等を告示することとされており，その告示によって，第三者に対して認可地縁団体となったこと，すなわち法人格を取得したことをもって対抗することができることとなります（自治法260条の2第13項参照）。また，その告示事項について変更があったときは，認可地縁団体の代表者が，届出書（その様式は，自治規則別記の「届出書様式（第20条関係）」のとおりです。）に告示された事項に変更があった旨を証する書類を添えて，市町村長に届け出るものとされています（自治法260条の2第11項，自治規則20条1項）。

　なお，何人も，市町村長に対して，告示事項に関する証明書の交付を請求することができます（自治法260条の2第12項前段）。この場合の請求は，請求者の氏名及び住所，請求に係る団体の名称及び事務所の所在地を記載した証明書交付請求書を市町村長に提出することにより行います（自治規則21条1項）。市町村長は，告示事項である認可地縁団体の名称，規約に定める目的，区域，主たる事務所，代表者の氏名及び住所等（自治規則19条参照）を記載した台帳（自治規則別記の「台帳様式（第21条関係）」）を作成し，証明書の交付請求があったときは，末尾に原本と相違ない旨を記載した台帳の写しを交付しなければなりません（自治規則21条2項）。この場合において，請求者は，市町村の窓口における交付に限らず，郵便又は信書便により，当該証明書の送付を求めることもできます（自治法260条の2第12項後段）。

　イ　認可地縁団体の権利能力及び行為能力

　認可地縁団体は，法人格を取得したことにより，目的を遂行するために必要な範囲で権利能力及び行為能力を有することとなり，従前の権利能力なき社団と異なり，次のような法的位置づけ及び取扱いがされることになります。

　㋐　認可地縁団体名義での登記・登録

　権利能力なき社団の代表者名義又は構成員全員の名義で登記されていた不動産については，認可地縁団体を登記権利者，権利能力なき社団の代表者又は構成員全員を登記義務者，登記原因を「委任の終了」，その日付を「市町村長の認可のあった日」とする所有権の移転の登記を申請することになります。

　また，添付情報としては，報告的な登記原因証明情報（不登法61条，不登令7条1項5号ロ，不登令別表30の項添付情報欄イ），登記名義人となる認可地縁団体の代表者の資格を証する情報（不登令7条1項1号ロ）及び住所を証する情報（不登令別表30の項添付情報欄ロ）として市町村長が交付する認可地縁団体に係る証明書（当該台帳の写し），登記義務者である旧代表者又は構成員全員の作成後3か月以内の印鑑証明書（不登令16条2項・3項，同令18条2項・3項），及び同人が当該不動産について所有権の登記を受けた際に登記官から通知された登記識別情報（不登法22条）又は交付された登記済証（不登法附則6条3項）を提供します。

　登記申請手続の詳細については，第2編第2章のＱ19を参照してください。

　なお，前記(2)で説明したように，地縁による団体が認可を受けるためには，現に「不動産又は不動産に関する権利等」を保有しているか，又は保有する予定があることが必要ですが，このことは，あくまでも認可を受けるための前提条件であり，一旦認可を受けた以上は，法人としての当該団体の権利能力及び行為能力は，「不動産又は不動産に関する権利等」の保有に限られるものではありません。

　㋑　認可地縁団体の規約の変更

　認可地縁団体の規約は，総構成員の4分の3以上の同意があるときに限り，変更することができます（自治法260条の3第1項本文）。

　規約の変更は，市町村長の認可を受けなければなりません（同条2項）か
ら，規約変更認可申請（自治規則別記の「申請書様式（第22条関係）」）に，
規約変更の内容及び理由を記載した書類並びに当該規約変更を総会で議決し
たことを証する書類を添付して行うものとされています（自治規則22条）。

　(ｳ)　認可地縁団体は，法人として破産（自治法260条の22），解散及び清算
　　（自治法260条の32）について，裁判所の監督に属すことになり，その監
　　督の下で所要の手続を進めることになります。

　ウ　市町村長の関与

　自治法260条の2第1項に規定する市町村長の認可は，当該認可地縁団体
を，公共団体その他の行政組織の一部とすることを意味するものと解釈して
はならないとされています（同条6項）。

　認可に際しての市町村長の関与は，権利能力なき社団である自治会等が法
人格を取得し，権利義務の主体となるために必要な要件を備えているかどう
かを確認するにとどまるものであり，認可後であっても，従来からの自治会
等と同様に，認可地縁団体の住民の意思により自主的に組織して活動するこ
とに変わりはありません。したがって，公的な関与は，できる限り少なくす
るのが適当であることから，市町村長は，認可地縁団体に対する一般的監督
権を有するものではなく，また，市町村の行政権限を分担し，若しくは市町
村の下部組織とみなされるようなこともありません。

　エ　その他

　認可地縁団体は，特定の政党のために利用してはならない（自治法260条
の2第9項）とされていますが，これは，構成員個人が，特定の政党若しく
は特定の政治家を支援することまでも制限する趣旨ではないと解されます。

## **3** ｜ 認可地縁団体の解散，認可の取消し

### (1)　認可地縁団体の解散

ア　解散事由

　地縁による団体は，次に掲げる事由によって解散します（自治法260条の

20)。
  ①　規約で定めた解散事由の発生
  ②　破産手続開始の決定
  ③　認可の取消し
  ④　総会の決議
  ⑤　構成員が欠けたこと。

　規約において，これ以外の解散事由を定めることも可能であると考えられます。

　なお，認可地縁団体は，総構成員の4分の3以上の賛成がなければ，解散の決議をすることができない（自治法260条の21本文）とされています。この「4分の3」の定数については，規約で別段の定めを設けることができますが（同条ただし書），少数の会員の意思により解散を決議することは相当でないと考えられますから，これを引き下げることについては，慎重であるべきです。また，解散という重要事項は，総会の決議によるべきですから，役員会等の決議をもって代えることはできません。

　イ　破産手続開始の決定

　認可地縁団体が，その債務につきその財産をもって完済することができなくなった場合，すなわち消極財産（負債）が積極財産（資産）を上回った場合には，裁判所は，代表者若しくは債権者の申立てにより又は職権で，破産手続開始の決定をすることになります（自治法260条の22第1項）。この場合，代表者は，直ちに破産手続開始の申立てをしなければならず（同条2項），その申立てを怠ったときは，非訟事件手続法（平成23年法律第51号）により，50万円以下の過料に処せられることになります（自治法260条の40第1号）。

　なお，解散した認可地縁団体は，清算の目的の範囲内において，その清算の結了に至るまではなお存続するものとみなされます（自治法260条の23）。

　ウ　清算人

　認可地縁団体が解散したときは，破産手続開始の決定による解散の場合を除き，代表者が清算人となります（自治法260条の24本文）。ただし，規約に別段の定めがあるとき，又は総会において代表者以外の者を選任したときは，

規約で定められた者又は総会で選任された代表者以外の者が，清算人となります（同条ただし書）。

清算人の職務は，①現務の結了，②債権の取立て及び債務の弁済，③残余財産の引渡しであり（自治法260条の27第1項），その職務を行うために必要な一切の行為をする権限を有します（同条2項）。

なお，前記2(6)イ(ウ)のとおり，認可地縁団体の解散及び清算は，裁判所の監督に属し（自治法260条の32第1項），裁判所は，利害関係人若しくは検察官の請求により又は職権で，清算人となる者がないとき，又は清算人が欠けたため損害を生ずるおそれがあるときは，清算人を選任し（自治法260条の25），一方で，重要な事由があるときは，清算人を解任することができます（自治法260条の26）。

また，清算人は，その就職の日から2か月以内に，少なくとも3回の公告をもって，債権者に対し，2か月を下らない期間内にその債権の申出をすべき旨の催告をし（自治法260条の28第1項），また，清算中に認可地縁団体の財産がその債務を完済するのに足りないことが明らかになったときは，直ちに破産手続開始の申立てをし，その旨の公告をしなければならない（自治法260条の30第1項）とされていますが，これらの破産手続開始の申立て又は公告を怠り，又は不正の公告をしたときは，非訟事件手続法により，50万円以下の過料に処せられることになります（自治法260条の40第1号・第2号）。

　エ　残余財産の帰属

解散した認可地縁団体の財産は，規約で指定した者に帰属します（自治法260条の31第1項）。また，規約で帰属権利者を指定せず，又はその者を指定する方法を定めなかったときは，代表者は，総会の決議を経て（同条2項ただし書），市町村長の認可を得て，その認可地縁団体の目的に類似する目的のために，その財産を処分することができるとされています（同条2項本文）。

そして，帰属先について規約に定めがなく，また，市町村長の認可を得て処分することもされなかった財産については，市町村に帰属することになります（同条3項）。

## ⑵　認可の取消し

　市町村長は，認可地縁団体が，自治法260条の2第2項各号に掲げる要件のいずれかを欠くこととなったとき，又は不正な手段により同条1項の認可を受けたときは，その認可を取り消すことができるとされています（同条14項）。

　具体的には，次のような場合が考えられます（『法人化の手引』86頁）。

① 　認可地縁団体が，その目的を営利目的，政治目的等に変更したとき（同条2項1号参照）。

② 　認可地縁団体が，相当の期間にわたって活動していないとき（同条2項1号参照）。

③ 　構成員が多数脱退し，相当数の者が構成員となっているとは認められなくなったとき（同条2項3号参照）。

　したがって，構成員が一人もいなくなったときは，それ自体が解散事由に該当しますが（前記3⑴ア⑤），それ以前に同条2項3号の「その相当数の者が現に構成員となっていること。」の要件を満たさなくなることから，この場合は，認可地縁団体を解散するのではなく，認可を取り消すことも可能であると解されます。

④ 　区域内の一部の住民について，正当な理由なく加入を認めないこととしたとき（同条7項参照）。

⑤ 　地縁による団体の代表者，構成員又は第三者が，詐欺，威迫等不正な手段により認可を受けたとき。

　なお，その区域を構成する認可地縁団体の住民の意見の対立により，当該団体が分裂した場合も，同条2項1号から3号の要件を欠くことになることから，認可が取り消されることになるものと考えられますが，分裂後の各自治会等が，その区域を見直して，改めて認可申請をすることは可能であると考えられます。

# 4 ▌認可地縁団体の税金

　認可地縁団体は，法人税法（昭和40年法律第34号）その他法人税に関する法令の規定の適用については，同法2条6号に規定する公益法人等とみなすものとされています（自治法260条の2第16項）。

　公益法人とは，公益目的事業を行うことを主たる目的として公益認定の申請をした一般社団法人又は一般財団法人であって（公益社団法人及び公益財団法人の認定等に関する法律（平成18年法律第49号）5条1号），行政庁の認定（同法4条）を受けて公益社団法人（同法2条1号）又は公益財団法人（同条2号）となったものをいいます（同条3号）が，当該公益目的事業（同条4号）には，「地域社会の健全な発展を目的とする事業」（同法別表十九）が掲げられています。そして，認可地縁団体は，「良好な地域社会の維持及び形成に資する地域的な共同活動を行うことを目的」とする法人であることから（自治法260条の2第2項1号），法人税法その他法人税に関する法令の規定の適用については，公益法人として取り扱われることとされたものです。

　そこで，各事業年度の所得に対する法人税の税率の適用についての法人税法66条1項及び2項においては「普通法人」に「認可地縁団体」が含まれる一方，同条3項の「公益法人等」から「認可地縁団体」が除かれているため，法人税については，収益事業にのみ課税されることになります。また，寄附金の損金不算入に関する法人税法37条4項の「公益法人等」についても「認可地縁団体」が除かれている（自治法260条の2第16項参照）ことから，認可地縁団体が受ける寄附金については，税制上の優遇措置はありません。

　また，消費税法（昭和63年法律第108号）その他消費税に関する法令の適用については，同法別表第三に掲げる法人とみなすものとされています（自治法260条の2第17項）。したがって，消費税法60条に規定する国，地方公共団体等に対する特例の適用があり，補助金，会費，寄附金等の資産の譲渡等の対価に該当しない収入（これを「特定収入」といいます。同条4項，同法施行令75条1項参照）によって賄われる課税仕入れに係る消費税額は，一定の調整を行い控除することとされています（消費税法60条4項）。

（注1）　**自治法260条の２〔地縁団体の認可及び認可地縁団体の権利義務〕**

① 　町又は字の区域その他市町村内の一定の区域に住所を有する者の地縁に基づいて形成された団体（以下本条において「地縁による団体」という。）は，地域的な共同活動のための不動産又は不動産に関する権利等を保有するため市町村長の認可を受けたときは，その規約に定める目的の範囲内において，権利を有し，義務を負う。

② 　前項の認可は，地縁による団体のうち次に掲げる要件に該当するものについて，その団体の代表者が総務省令で定めるところにより行う申請に基づいて行う。

　一　その区域の住民相互の連絡，環境の整備，集会施設の維持管理等良好な地域社会の維持及び形成に資する地域的な共同活動を行うことを目的とし，現にその活動を行つていると認められること。

　二　その区域が，住民にとつて客観的に明らかなものとして定められていること。

　三　その区域に住所を有するすべての個人は，構成員となることができるものとし，その相当数の者が現に構成員となつていること。

　四　規約を定めていること。

③ 　規約には，次に掲げる事項が定められていなければならない。

　一　目的

　二　名称

　三　区域

　四　主たる事務所の所在地

　五　構成員の資格に関する事項

　六　代表者に関する事項

　七　会議に関する事項

　八　資産に関する事項

④ 　第２項第２号の区域は，当該地縁による団体が相当の期間にわたつて存続している区域の現況によらなければならない。

⑤ 　市町村長は，地縁による団体が第２項各号に掲げる要件に該当していると認めるときは，第１項の認可をしなければならない。

⑥ 　第１項の認可は，当該認可を受けた地縁による団体を，公共団体その他の行政組織の一部とすることを意味するものと解釈してはならない。

⑦ 　第１項の認可を受けた地縁による団体（以下「認可地縁団体」とい

　う。）は，正当な理由がない限り，その区域に住所を有する個人の加入を拒んではならない。

⑧　認可地縁団体は，民主的な運営の下に，自主的に活動するものとし，構成員に対し不当な差別的取扱いをしてはならない。

⑨　認可地縁団体は，特定の政党のために利用してはならない。

⑩　市町村長は，第1項の認可をしたときは，総務省令で定めるところにより，これを告示しなければならない。告示した事項に変更があつたときも，また同様とする。

⑪　認可地縁団体は，前項の規定に基づいて告示された事項に変更があつたときは，総務省令で定めるところにより，市町村長に届け出なければならない。

⑫　何人も，市町村長に対し，総務省令で定めるところにより，第10項の規定により告示した事項に関する証明書の交付を請求することができる。この場合において，当該請求をしようとする者は，郵便又は信書便により，当該証明書の送付を求めることができる。

⑬　認可地縁団体は，第10項の告示があるまでは，認可地縁団体となつたこと及び第10項の規定に基づいて告示された事項をもつて第三者に対抗することができない。

⑭　市町村長は，認可地縁団体が第2項各号に掲げる要件のいずれかを欠くこととなつたとき，又は不正な手段により第1項の認可を受けたときは，その認可を取り消すことができる。

⑮　一般社団法人及び一般財団法人に関する法律（平成18年法律第48号）第4条及び第78条の規定は，認可地縁団体に準用する。

⑯　認可地縁団体は，法人税法（昭和40年法律第34号）その他法人税に関する法令の規定の適用については，同法第2条第6号に規定する公益法人等とみなす。この場合において，同法第37条の規定を適用する場合には同条第4項中「公益法人等（」とあるのは「公益法人等（地方自治法（昭和22年法律第67号）第260の2第7項に規定する認可地縁団体（以下「認可地縁団体」という。）並びに」と，同法第66条の規定を適用する場合には同条第1項及び第2項中「普通法人」とあるのは「普通法人（認可地縁団体を含む。）」と，同条第3項中「公益法人等（」とあるのは「公益法人等（認可地縁団体及び」とする。

⑰　認可地縁団体は，消費税法（昭和63年法律第108号）その他消費税に関

する法令の規定の適用については，同法別表第三に掲げる法人とみなす。

**自治法260条の3〔認可地縁団体の規約の変更〕**

① 認可地縁団体の規約は，総構成員の4分の3以上の同意があるときに限り，変更することができる。ただし，当該規約に別段の定めがあるときは，この限りでない。

② 前項の規定による規約の変更は，市町村長の認可を受けなければ，その効力を生じない。

**自治法260条の4〔財産目録及び構成員名簿の備置き等〕**

① 認可地縁団体は，認可を受ける時及び毎年1月から3月までの間に財産目録を作成し，常にこれをその主たる事務所に備え置かなければならない。ただし，特に事業年度を設けるものは，認可を受ける時及び毎事業年度の終了の時に財産目録を作成しなければならない。

② 認可地縁団体は，構成員名簿を備え置き，構成員の変更があるごとに必要な変更を加えなければならない。

**自治法260条の5〔認可地縁団体の代表者の定め及び数〕**

認可地縁団体には，一人の代表者を置かなければならない。

**自治法260条の6〔代表者の代表権の範囲〕**

認可地縁団体の代表者は，認可地縁団体のすべての事務について，認可地縁団体を代表する。ただし，規約の規定に反することはできず，また，総会の決議に従わなければならない。

**自治法260条の7〔代表者の代表権に加えた制限の対抗力〕**

認可地縁団体の代表者の代表権に加えた制限は，善意の第三者に対抗することができない。

**自治法260条の8〔代表者が行為の代理を委任できる場合〕**

認可地縁団体の代表者は，規約又は総会の決議によつて禁止されていないときに限り，特定の行為の代理を他人に委任することができる。

**自治法260条の9〔仮代表者の選任〕**

認可地縁団体の代表者が欠けた場合において，事務が遅滞することにより損害を生ずるおそれがあるときは，裁判所は，利害関係人又は検察官の請求により，仮代表者を選任しなければならない。

**自治法260条の10〔利益相反行為〕**

認可地縁団体と代表者との利益が相反する事項については，代表者は，代表権を有しない。この場合においては，裁判所は，利害関係人又は検

察官の請求により，特別代理人を選任しなければならない。

### 自治法260条の11〔認可地縁団体の監事の定め及び数〕

認可地縁団体には，規約又は総会の決議で，一人又は数人の監事を置くことができる。

### 自治法260条の12〔監事の職務〕

認可地縁団体の監事の職務は，次のとおりとする。

　一　財産の状況を監査すること。

　二　代表者の業務の執行の状況を監査すること。

　三　財産の状況又は業務の執行について，法令若しくは規約に違反し，又は著しく不当な事項があると認めるときは，総会に報告をすること。

　四　前号の報告をするため必要があるときは，総会を招集すること。

### 自治法260条の13〔認可地縁団体の通常総会〕

認可地縁団体の代表者は，少なくとも毎年1回，構成員の通常総会を開かなければならない。

### 自治法260条の14〔認可地縁団体の臨時総会〕

① 認可地縁団体の代表者は，必要があると認めるときは，いつでも臨時総会を招集することができる。

② 総構成員の5分の1以上から会議の目的である事項を示して請求があつたときは，認可地縁団体の代表者は，臨時総会を招集しなければならない。ただし，総構成員の5分の1の割合については，規約でこれと異なる割合を定めることができる。

### 自治法260条の15〔総会の招集通知〕

認可地縁団体の総会の招集の通知は，総会の日より少なくとも5日前に，その会議の目的である事項を示し，規約で定めた方法に従つてしなければならない。

### 自治法260条の16〔総会の決議を要する事務〕

認可地縁団体の事務は，規約で代表者その他の役員に委任したものを除き，すべて総会の決議によつて行う。

### 自治法260条の17〔総会の決議事項〕

認可地縁団体の総会においては，第260条の15の規定によりあらかじめ通知をした事項についてのみ，決議をすることができる。ただし，規約に別段の定めがあるときは，この限りでない。

**自治法260条の18〔総会における構成員の表決権〕**

① 認可地縁団体の各構成員の表決権は，平等とする。

② 認可地縁団体の総会に出席しない構成員は，書面で，又は代理人によつて表決をすることができる。

③ 前2項の規定は，規約に別段の定めがある場合には，適用しない。

**自治法260条の19〔構成員が表決権を有しない場合〕**

認可地縁団体と特定の構成員との関係について議決をする場合には，その構成員は，表決権を有しない。

**自治法260条の20〔認可地縁団体の解散事由〕**

認可地縁団体は，次に掲げる事由によつて解散する。

　一　規約で定めた解散事由の発生

　二　破産手続開始の決定

　三　認可の取消し

　四　総会の決議

　五　構成員が欠けたこと。

**自治法260条の21〔解散決議の要件〕**

認可地縁団体は，総構成員の4分の3以上の賛成がなければ，解散の決議をすることができない。ただし，規約に別段の定めがあるときは，この限りでない。

**自治法260条の22〔支払不能の場合の措置〕**

① 認可地縁団体がその債務につきその財産をもつて完済することができなくなつた場合には，裁判所は，代表者若しくは債権者の申立てにより又は職権で，破産手続開始の決定をする。

② 前項に規定する場合には，代表者は，直ちに破産手続開始の申立てをしなければならない。

**自治法260条の23〔認可地縁団体の存続〕**

解散した認可地縁団体は，清算の目的の範囲内において，その清算の結了に至るまではなお存続するものとみなす。

**自治法260条の24〔認可地縁団体の清算人〕**

認可地縁団体が解散したときは，破産手続開始の決定による解散の場合を除き，代表者がその清算人となる。ただし，規約に別段の定めがあるとき，又は総会において代表者以外の者を選任したときは，この限りでない。

**自治法260条の25〔裁判所による清算人の選任〕**

　前条の規定により清算人となる者がないとき，又は清算人が欠けたため損害を生ずるおそれがあるときは，裁判所は，利害関係人若しくは検察官の請求により又は職権で，清算人を選任することができる。

**自治法260条の26〔清算人の解任〕**

　重要な事由があるときは，裁判所は，利害関係人若しくは検察官の請求により又は職権で，認可地縁団体の清算人を解任することができる。

**自治法260条の27〔清算人の職務〕**

① 認可地縁団体の清算人の職務は，次のとおりとする。
　一　現務の結了
　二　債権の取立て及び債務の弁済
　三　残余財産の引渡し
② 清算人は，前項各号に掲げる職務を行うために必要な一切の行為をすることができる。

**自治法260条の28〔債権の申出の催告〕**

① 認可地縁団体の清算人は，その就職の日から2箇月以内に，少なくとも3回の公告をもつて，債権者に対し，一定の期間内にその債権の申出をすべき旨の催告をしなければならない。この場合において，その期間は，2箇月を下ることができない。
② 前項の公告には，債権者がその期間内に申出をしないときは清算から除斥されるべき旨を付記しなければならない。ただし，清算人は，知れている債権者を除斥することができない。
③ 認可地縁団体の清算人は，知れている債権者には，各別にその申出の催告をしなければならない。
④ 第1項の公告は，官報に掲載してする。

**自治法260条の29〔申出期間経過後の申出〕**

　前条第1項の期間の経過後に申出をした債権者は，認可地縁団体の債務が完済された後まだ権利の帰属すべき者に引き渡されていない財産に対してのみ，請求をすることができる。

**自治法260条の30〔精算中に支払不能の事実が判明した場合の措置〕**

① 清算中に認可地縁団体の財産がその債務を完済するのに足りないことが明らかになつたときは，清算人は，直ちに破産手続開始の申立てをし，その旨を公告しなければならない。

② 清算人は，清算中の認可地縁団体が破産手続開始の決定を受けた場合において，破産管財人にその事務を引き継いだときは，その任務を終了したものとする。

③ 前項に規定する場合において，清算中の認可地縁団体が既に債権者に支払い，又は権利の帰属すべき者に引き渡したものがあるときは，破産管財人は，これを取り戻すことができる。

④ 第1項の規定による公告は，官報に掲載してする。

**自治法260条の31〔解散後の財産の帰属及び処分〕**

① 解散した認可地縁団体の財産は，規約で指定した者に帰属する。

② 規約で権利の帰属すべき者を指定せず，又はその者を指定する方法を定めなかつたときは，代表者は，市町村長の認可を得て，その認可地縁団体の目的に類似する目的のために，その財産を処分することができる。ただし，総会の決議を経なければならない。

③ 前2項の規定により処分されない財産は，市町村に帰属する。

**自治法260条の32〔裁判所による監督〕**

① 認可地縁団体の解散及び清算は，裁判所の監督に属する。

② 裁判所は，職権で，いつでも前項の監督に必要な検査をすることができる。

**自治法260条の33〔清算結了の届出〕**

認可地縁団体の清算が結了したときは，清算人は，その旨を市町村長に届け出なければならない。

**自治法260条の34〔認可地縁団体に係る事件の管轄裁判所〕**

認可地縁団体に係る次に掲げる事件は，その主たる事務所の所在地を管轄する地方裁判所の管轄に属する。

一　仮代表者又は特別代理人の選任に関する事件

二　解散及び清算の監督に関する事件

三　清算人に関する事件

**自治法260条の35〔不服申立ての禁止〕**

認可地縁団体の清算人の選任の裁判に対しては，不服を申し立てることができない。

**自治法260条の36〔裁判所が選任した清算人の報酬〕**

裁判所は，第260の25の規定により清算人を選任した場合には，認可地縁団体が当該清算人に対して支払う報酬の額を定めることができる。

この場合においては，裁判所は，当該清算人（監事を置く認可地縁団体にあつては，当該清算人及び監事）の陳述を聴かなければならない。

**自治法260条の37〔検査役の選任〕**

① 裁判所は，認可地縁団体の解散及び清算の監督に必要な調査をさせるため，検査役を選任することができる。

② 前2条の規定は，前項の規定により裁判所が検査役を選任した場合について準用する。この場合において，前条中「清算人（監事を置く認可地縁団体にあつては，当該清算人及び監事）」とあるのは，「認可地縁団体及び検査役」と読み替えるものとする。

**（注2）　自治規則18条〔地縁団体の認可申請〕**

① 地方自治法第260条の2第2項に規定する申請は，同条第1項に規定する地縁による団体の代表者が，申請書に次に掲げる書類を添え，当該地縁による団体の区域を包括する市町村の長に対し行うものとする。

一　規約

二　認可を申請することについて総会で議決したことを証する書類

三　構成員の名簿

四　申請時に不動産又は不動産に関する権利等（以下この号において「不動産等」という。）を保有している団体にあつては保有資産目録，申請時に不動産等を保有することを予定している団体にあつては保有予定資産目録

五　その区域の住民相互の連絡，環境の整備，集会施設の維持管理等良好な地域社会の維持及び形成に資する地域的な共同活動を現に行つていることを記載した書類

六　申請者が代表者であることを証する書類

② 前項の申請書並びに保有資産目録及び保有予定資産目録の様式は，別記のとおりとする。

**自治規則19条〔地縁団体の告示〕**

① 地方自治法第260条の2第10項に規定する告示は，次の各号に掲げる場合の区分に応じ，それぞれ当該各号の場合に該当する旨を明示した上で当該各号に定める事項について行うものとする。

一　地方自治法第260条の2第1項の認可を行つた場合

イ　名称

ロ　規約に定める目的

　　ハ　区域

　　ニ　主たる事務所

　　ホ　代表者の氏名及び住所

　　ヘ　裁判所による代表者の職務執行の停止の有無並びに職務代行者の
　　　選任の有無（職務代行者が選任されている場合は，その氏名及び住
　　　所）

　　ト　代理人の有無（代理人がある場合は，その氏名及び住所）

　　チ　規約に解散の事由を定めたときは，その事由

　　リ　認可年月日

　二　解散した場合（破産による場合を除く。）

　　イ　名称

　　ロ　区域

　　ハ　主たる事務所

　　ニ　清算人の氏名及び住所

　　ホ　解散事由

　　ヘ　解散年月日

　三　清算結了の場合

　　イ　名称

　　ロ　区域

　　ハ　主たる事務所

　　ニ　清算人の氏名及び住所

　　ホ　清算結了年月日

　四　前2号の場合及び破産による場合を除くほか，地方自治法第260条
　　の2第11項の規定により，告示された事項に変更があつたとして届出
　　があつた場合　告示した事項のうち変更があつた事項及びその内容

② 　前項の告示は，遅滞なく行わなければならない。

**自治規則20条〔認可地縁団体の告示事項に変更があった場合の届出〕**

① 　地方自治法第260条の2第11項に規定する届出は，認可地縁団体の代
　　表者が，届出書に告示された事項に変更があつた旨を証する書類を添え，
　　当該認可地縁団体の区域を包括する市町村の長に対し行うものとする。

② 　前項の届出書の様式は，別記のとおりとする。

**自治規則21条〔地縁団体の告示事項に関する証明書の交付請求〕**

① 　地方自治法第260条の2第12項に規定する請求は，請求者の氏名及び

住所，請求に係る団体の名称及び事務所の所在地を記載した証明書交付
請求書を市町村長に提出することにより行うものとする。

② 　市町村長は，第19条に掲げる事項を記載した台帳を作成し，前項の請
求があつたときは，末尾に原本と相違ない旨を記載した台帳の写しを交
付しなければならない。

③ 　前項の台帳の様式は，別記のとおりとする。

**自治規則22条〔認可地縁団体の規約変更の認可申請〕**

① 　地方自治法第260条の３第２項の規定による規約の変更の認可の申請
は，申請書に，規約変更の内容及び理由を記載した書類並びに当該規約
変更を総会で議決したことを証する書類を添付して行わなければならな
い。

② 　前項の申請書の様式は，別記のとおりとする。

**【申請書様式（第十八条関係）】**

何年何月何日

何市(町)(村)長あて

認可を受けようとする地縁による団体の名称
及び主たる事務所の所在地
　　名　　称
　　所在地
代表者の氏名及び住所
　　氏　　名　　　　　　　　　　　　㊞
　　住　　所


### 認可申請書

　地方自治法第260条の2第1項の規定により，不動産又は不動産に関する権利等を保有するため認可を受けたいので，別添書類を添えて申請します。


（別添書類）
1　規約
2　認可を申請することについて総会で議決したことを証する書類
3　構成員の名簿
4　保有資産目録又は保有予定資産目録
5　良好な地域社会の維持及び形成に資する地域的な共同活動を現に行つていることを記載した書類
6　申請者が代表者であることを証する書類

## 【保有資産目録様式（第十八条関係)】

保有資産目録

団体の名称
何年何月何日現在

1 不動産
　(1) 所有権を有する不動産
　　ア　建物

| 名　　　称 | 延 床 面 積 | 所　在　地 |
|---|---|---|
|  |  |  |
|  |  |  |
|  |  |  |

　　イ　土地

| 地　　　目 | 面　　　積 | 所　在　地 |
|---|---|---|
|  |  |  |
|  |  |  |
|  |  |  |

2 不動産に関する権利等
　(1) 所有権以外の権原により保有している不動産

| 権　　　原 | 不動産の種類 | 所　在　地 |
|---|---|---|
|  |  |  |
|  |  |  |
|  |  |  |

　(2) 地域的な共同生活を行うためのその他の資産

| 資産の種類及び数量 |
|---|
|  |
|  |
|  |
|  |

## 【保有予定資産目録様式（第十八条関係）】

保有予定資産目録

団体の名称
何年何月何日現在

1　不動産

| 不動産の種類 | 保有予定不動産の取得予定時期 | 購入等の相手方 | 保有予定不動産の所在地 |
|---|---|---|---|
|  |  |  |  |
|  |  |  |  |
|  |  |  |  |
|  |  |  |  |
|  |  |  |  |

2　不動産に関する権利等

| 資産の種類 | 権　　　限 | 権限取得の予定時期 |
|---|---|---|
|  |  |  |
|  |  |  |
|  |  |  |
|  |  |  |

**【届出書様式（第二十条関係)】**

何年何月何日

何市(町)(村)長あて

地縁による団体の名称及び主たる事務所の所在地
名　称
所在地
代表者の氏名及び住所
氏　名　　　　　　　　　㊞
住　所

## 告示事項変更届出書

　下記事項について変更があつたので，地方自治法第260条の2第11項の規定により，告示された事項に変更があつた旨を証する書類を添えて届け出ます。

記

1　変更があつた事項及びその内容

2　変更の年月日

3　変更の理由

## 【台帳様式（第二十一条関係）】

<table>
<tr><td colspan="4" align="center">地　縁　団　体　台　帳（何市（町）(村)）</td></tr>
<tr><td>枚数</td><td>名　　　称</td><td>代表者に関する<br>事項</td><td>年　　月　　日　年　　月　　日<br>原　　　因　原　　　因<br>告示年月日　告示年月日</td></tr>
</table>

地縁団体台帳（何市（町）(村)）

| 枚数 | 名　称 | | |
| --- | --- | --- | --- |
| | | | 年　月　日認可<br>年　月　日告示 |
| | | | 年　月　日認可<br>年　月　日告示 |
| | 主たる事務所 | | |
| | | | 年　月　日<br>年　月　日告示 |
| | | | 年　月　日<br>年　月　日告示 |
| | | | 年　月　日<br>年　月　日告示 |
| | 代表者に関する<br>事項 | 年　　月　　日　年　　月　　日<br>原　　因　原　　因<br>告示年月日　告示年月日 | |
| | | 年　月　日　　年　月　日 | |
| | | 年　月　日告示　年　月　日告示<br>年　月　日　　年　月　日 | |
| | | 年　月　日告示　年　月　日告示 | |

代表者に関する事項（右列）
年　月　日　年　月　日
原　　因　原　　因
告示年月日　告示年月日
年　月　日　年　月　日

年　月　日告示　年　月　日告示
年　月　日　　年　月　日

年　月　日告示　年　月　日告示
年　月　日　　年　月　日

年　月　日告示　年　月　日告示
年　月　日　　年　月　日

年　月　日告示　年　月　日告示
年　月　日　　年　月　日

年　月　日告示　年　月　日告示

認可年月日　　　　　　　年　　月　　日

台帳を起こした年月日

年　　月　　日

名称等欄　　丁

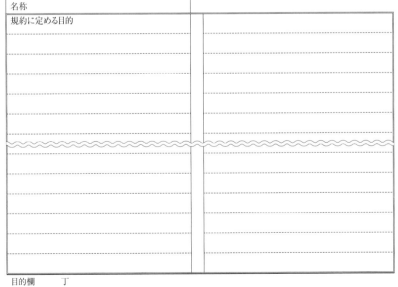

名称

規約に定める目的

目的欄　　丁

名称

| 区　　域 | |
|---|---|

区域欄　　丁

名称

| その他の事項 | |
|---|---|

その他欄　　丁

【申請書様式（第二十二条関係）】

何年何月何日

何市（町）（村）長あて

地縁による団体の名称及び主たる
事務所の所在地
　名　称
　所在地
代表者の氏名及び住所
　氏　名　　　　　　　　　㊞
　住　所

規約変更認可申請書

　地方自治法第２６０条の３第２項の規約の変更の認可を受けたいので，別
添書類を添えて申請します。

（別添書類）
1　規約変更の内容及び理由を記載した書類
2　規約変更を総会で議決したことを証する書類

# 第2章　認可地縁団体が所有する不動産の登記申請の特例

## 1　地方自治法の一部改正

　権利能力なき社団の資産に属する不動産の表題部所有者又は所有権の登記名義人が，当該社団の構成員全員となっている場合，そのほとんどは，構成員の員数が多数に上っています。そして，この場合は，当該構成員が死亡していることが多く，その法定相続人を確定する必要があるところ，その相続人もまた多数に上り，確定に困難を来す場合があり，さらには，そもそもその所在が不明となっている者がいるため，時効を援用して所有権を確定させることができないこともあります。そのため，当該社団が地縁団体としての認可を受けたことにより，当該認可地縁団体名義に所有権の保存又は移転の登記を申請しようとしても，所有権の登記名義人等の協力を得ることが非常に困難であることから，事実上，当該登記の申請をすることができない状況にあります。

　そこで，地方自治法に認可地縁団体が所有する不動産に係る不登法の特例（以下「特例制度」といいます。）を設けることとされ，一定の要件を満たした認可地縁団体が所有する不動産については，市町村長が一定の手続を経て証明書を発行することとし，当該証明書を登記所に提供することによって，認可地縁団体が，所有権の保存又は移転の登記を単独で申請することができる旨の規定を盛り込んだ地方自治法の一部を改正する法律（平成26年法律第42号）が，平成26年５月30日に公布され，本件特例制度に係る部分については，平成27年４月１日から施行されています。

　改正に至る経緯は，次のとおりです。

　すなわち，上記のとおり，認可地縁団体が所有する不動産について，事実上，所有権の保存又は移転の登記の申請をすることができない状況にあることから，行政機関等の業務に関する苦情の申出がされたため，総務省行政評

価局長から法務省民事局長に対して「法務省は，認可地縁団体名義への所有権の移転の登記を円滑に行う観点から，総務省（自治行政局）との間で市町村が異議催告手続に関与して作成する証明書の内容について協議の上，当該証明書をもって所有権の移転登記手続が進むよう所要の対応措置を検討する必要がある。」旨のあっせんがされ，また，総務省自治行政局長に対して「総務省（自治行政局）は，地縁団体の法人格取得制度が導入された趣旨を踏まえ，当該証明書について法務省と協議の上，所要の対応措置を検討する必要がある。」旨のあっせんがされました。

　このあっせんを踏まえて，総務省自治行政局と法務省民事局との間において，認可地縁団体名義への所有権の移転の登記等の手続の改善促進のための措置に関する検討が行われましたが，前記のとおり，時効を援用して所有権の取得を主張・確認したいときに，その所有権を争う相手を特定することができない場合，例えば，地縁による団体の構成員名義で登記されている土地について，その相続人を探し出すことができない場合には，訴訟手続により認可地縁団体が時効を援用して所有権を確定させて，登記の申請を行うことは，実務的には困難と考えられます。しかしながら，当該土地は，地縁による団体に法人格が認められないため，その構成員の名義で登記がされているのであって，その所有権は，あくまでも認可地縁団体が有していると考えられることから，簡易な手続によって認可地縁団体名義の登記をする必要があります。

　そこで，地方自治法の一部を改正して，認可地縁団体が所有する不動産に係る特例制度を定めた自治法260条の38（**注1**）及び260条の39（**注2**）が新設されたものです（地方自治制度研究会編『Ｑ＆Ａ　地方自治法　平成26年改正のポイント』61頁（ぎょうせい，2015年））。

　特例制度に関する法令の解釈及び運用上の留意事項については，各都道府県総務担当部局長宛てに「地方自治法の一部を改正する法律等の施行における留意事項（認可地縁団体関係）について」と題する総務省自治行政局住民制度課長通知が発出されています（平成27年2月27日付け総行住第19号（以下「課長通知」といいます。））（**注3**）。

なお，特例制度に係る手続のフロー図は，（**注４**）のとおりです。

## *2* 認可地縁団体による公告を求める旨の申請手続（自治法260条の38第１項）

特例制度を受けるために，認可地縁団体が，市町村長に対して，自治法260条の38第１項に規定する申請をするときは，当該認可地縁団体の代表者は自治規則（自治規則の特例制度関連条文は（**注５**）のとおりです。）別記の申請書様式（第22条の２関係）による「所有不動産の登記移転等に係る公告申請書」（当該申請書に記載する「申請不動産に関する事項」については課長通知の別紙として，その記載要領（**注３**の別紙（省略））が示されています。）に以下に掲げる書類を添え，当該認可地縁団体の区域を包括する市町村の長に対し行うものとされています（自治規則22条の２第１項本文）。

① 　所有権の保存又は移転の登記をしようとする不動産（申請不動産）の登記事項証明書（同項１号）

② 　地縁による団体が，自治法260条の２第２項の認可を受けるための申請の際に提出した自治規則18条１項４号の保有資産目録又は保有予定資産目録。ただし，当該目録に申請不動産の記載がないときは，申請不動産の所有に係る事項について総会で議決したことを証する書類（同項２号）

③ 　申請者が代表者であることを証する書類（同項３号）

④ 　自治法260条の38第１項各号に掲げる事項を疎明するに足りる資料（同項４号）

市町村長が申請先とされているのは，地域の事情を最も把握しており，認可地縁団体となるための認可（自治法260条の２第５項）や規約の変更認可（自治法260条の３第２項）を行っていることなどから，④の疎明資料を確認する能力があり，確認行為を行う主体として最も適していると考えられたことによるものとされており，市町村は，提出された資料を確認する以上の行為，例えば，職員による現地確認等をする必要はないものと解されます。

　なお，特例制度は，認可地縁団体自らが所有する不動産の表題部所有者又は所有権の登記名義人を変更しようとするものであり，認可地縁団体以外の者が所有する不動産の権利関係全般を整理するものではありません。また，不登法3条において登記することができる権利として規定されている所有権以外の他の八つの権利は，いずれも他人の所有する財産に係るものであることから，不登法3条に規定する所有権以外の権利について，特例制度が設けられることは，予定されていません（浦上哲朗＝下村卓矢＝野村知宏「地方自治法の一部を改正する法律について（下）」地方自治802号98頁）。

# **3** 疎明事項及び疎明資料 （自治法260条の38第1項1号から4号）

　認可地縁団体が，市町村長に対して，自治法260条の38第1項に規定する申請をする場合の疎明事項及び疎明資料は，次のとおりです。
　①　当該認可地縁団体が当該不動産を所有していること（同項1号）。
　当該不動産については，申請時点において，認可地縁団体が所有している必要があります。
　②　当該認可地縁団体が当該不動産を10年以上所有の意思をもって平穏かつ公然と占有していること（同項2号）。
　10年間，所有の意思をもって，平穏に，かつ，公然と他人の物を占有した者は，その占有の開始の時に，善意であり，かつ，過失がなかったときは，その所有権を取得するものとされています（民法162条2項）。したがって，後日に，当該不動産の所有権を主張する第三者が出現した場合であっても，同項の規定に従って当該不動産について取得時効が成立していれば，所有権を有しない当該第三者の利益を害することはないと考えられます。
　自治法260条の38第1項2号の「占有」とは，民法162条2項の「占有」と同義であり，例えば，認可地縁団体が，その所有する集会所を第三者に賃貸している場合であっても，その占有権は失われず，また，その所有する森林について，その維持・管理を行い，当該森林において山菜等の収穫を行って

いる場合等には，「占有」しているものと解されます（前掲・地方自治802号97頁）。

　また，地縁による団体は，平成26年法律第42号の自治法の一部を改正する法律による改正後の自治法260条の２第１項の規定によって認可を受けるものですから，現時点において，認可地縁団体が，「10年以上」にわたって当該不動産を占有していることは，あり得ません。しかしながら，認可を受ける前の地縁団体と認可地縁団体とは，認可の前後において，その同一性は失われませんから，認可を受ける前からの地縁による団体による占有期間をも含めた「10年以上」を意味するものと解すべきです。

　以上のことから，①及び②の事項を疎明する具体的な資料としては，認可地縁団体による申請不動産の所有の事実に加え，(ア)占有者は，所有の意思をもって，善意で，平穏に，かつ，公然と占有するものと推定されること，(イ)認可前後の両時点において占有をした証拠があるときは，占有は，その間継続したものと推定されることを踏まえ，本件申請時点とその10年以上前の時点における認可地縁団体の申請不動産の占有事実を疎明するに足りる資料が必要であり，これらは，申請不動産の所有又は占有に係る事実が記載された認可地縁団体の事業報告書等により，認可地縁団体が申請不動産を所有又は占有している事実を確認した上で，以下の(i)から(v)までに掲げる資料と併せて疎明することが想定されています（課長通知の記第１の３(1)）。

　なお，以下の(i)から(v)までに掲げる資料の宛先又は名義が認可地縁団体の構成員又はかつて当該認可地縁団体の構成員であった者となっている場合には，その趣旨が当該認可地縁団体を宛先又は名義とすることができなかったために，便宜上，そのような宛先又は名義となっていることについて，当該認可地縁団体に対し確認する必要があるとされています（課長通知の記第１の３(1)なお書）。

　　(i)　公共料金の支払領収書
　　(ii)　閉鎖登記簿の登記事項証明書又は謄本
　　(iii)　旧土地台帳の写し
　　(iv)　固定資産税の納税証明書

(ⅴ)　固定資産課税台帳の記載事項証明書　　　　等

これらの資料の入手が困難な場合は，認可地縁団体が申請不動産を所有又は占有していることについて，申請不動産の隣地の所有権の登記名義人や申請不動産の所在地に係る地域の実情に精通した者等（以下「精通者等」といいます。）の証言を記載した書面や，認可地縁団体による申請不動産の占有を証する写真等により疎明することが可能と考えられますが，これらの資料の入手が困難な理由書を提出させることが適当であるとされています（課長通知の記第1の3(1)）。

③　当該不動産の表題部所有者又は所有権の登記名義人の全てが当該認可地縁団体の構成員又はかつて当該認可地縁団体の構成員であつた者であること（自治法260条の38第1項3号）。

本件特例は，代表者個人名義又は構成員全員の名義で登記されているが，認可地縁団体が所有を続けている不動産を適用対象として想定しており，地縁団体の構成員でない第三者が登記記録に記録されている不動産は対象外となるものであることから，当該不動産の表題部所有者又は所有権の登記名義人の全てが当該認可地縁団体の構成員又はかつて当該認可地縁団体の構成員であった者であることが，要件とされています。

③の事項を疎明する具体的な資料としては，以下の(ⅰ)から(ⅲ)までに掲げる資料が想定されています。

(ⅰ)　認可地縁団体の構成員名簿

(ⅱ)　市区町村が保有する地縁団体台帳

(ⅲ)　墓地の使用者名簿（申請不動産が墓地である場合）　　　　等

これらの資料の入手が困難な場合は，申請不動産の表題部所有者又は所有権の登記名義人の全てが当該認可地縁団体の構成員又はかつて当該認可地縁団体の構成員であった者であることについて，申請不動産の所在地に係る精通者等の証言を記載した書面等により疎明することが可能と考えられますが，これらの資料の入手が困難な理由書を提出させることが適当であるとされています（課長通知の記第1の3(2)）。

④　当該不動産の登記関係者の全部又は一部の所在が知れないこと（同項

4号）。

　登記関係者とは，当該不動産の表題部所有者若しくは所有権の登記名義人
又はこれらの相続人をいいます（自治法260条の38第1項本文参照）。

　登記義務者の所在が知れている場合の権利に関する登記は，登記権利者と
登記義務者の共同申請によることが原則ですから（不登法60条），特例制度
が適用されるのは，当該不動産の登記関係者の全部又は一部の所在が知れな
い場合に限られます。

　④の事項を疎明する具体的な資料としては，以下の(i)から(iii)までに掲げる
資料が想定されています（課長通知の記第1の3(3)）。

　　(i)　登記記録上の住所の属する市区町村の長が，当該市区町村に登記
　　　　関係者の「住民票」及び「住民票の除票」が存在しないことを証明
　　　　した書面

　　(ii)　登記記録上の住所に宛てた登記関係者宛の配達証明付き郵便が不
　　　　到達であった旨を証明する書面

　　(iii)　申請不動産の所在地に係る精通者等が，登記関係者の現在の所在
　　　　を知らない旨の証言を記載した書面

　なお，全部又は一部の所在が知れないこととは，全部の所在が知れている
こと以外は全て含まれることとなるため，登記関係者のうち少なくとも一人
について，所在の確認を行った結果，所在が知れないことを疎明するに足り
る資料を添付できれば当該要件を満たすことになります。

　この場合において，認可地縁団体が当該事項を疎明するに当たっては，所
在が判明している登記関係者から，特例制度の申請を行うことについての同
意を得ておくことが望ましいとされています（課長通知の記第1の3(3)なお書）。


## 4　市町村長の公告手続（自治法260条の38第2項）

　市町村長は，自治法260条の38第1項の申請を受けた場合において，申請
不動産が同項各号の事項を満たす不動産であるか否かを確認し，当該申請を
相当と認めるときは，当該申請を行った認可地縁団体が同項に規定する不動

産の所有権の保存又は移転の登記をすることについて異議のある当該不動産の登記関係者（前記 3 ④参照）又は当該不動産の所有権を有することを疎明する者（以下，登記関係者を含めて「登記関係者等」といいます。）は，当該市町村長に対し異議を述べるべき旨を公告することになります。この場合の公告期間は，3 か月を下ってはならないこととされています（同条 2 項）。

　この場合の公告する事項は，次のとおりです（自治規則22条の 3 第 1 項）。

① 　自治法260条の38第 1 項の申請を行つた認可地縁団体の名称，区域及び主たる事務所（同項 1 号）

② 　自治規則22条の 2 第 2 項に規定する申請書の様式に記載された申請不動産に関する事項（自治規則22条の 3 第 1 項 2 号。前記 2 参照）

③ 　申請不動産の所有権の保存又は移転の登記をすることについて異議を述べることができる者の範囲は，登記関係者等である旨（同項 3 号）

④ 　異議を述べることができる期間及び方法に関する事項（同項 4 号）

　同項 4 号の異議を述べることができる期間とは，3 か月以上の各市町村において定めた公告の期間のことであり（課長通知の記第 2 の 1 ），また，異議を述べることができる方法とは，同条 2 項及び 3 項の規定により異議を述べるべき者が行うべき手続のことをいうものとされています（課長通知の記第 2 の 2 ）。また，公告の期間が 3 か月を下ってはならないとされているのは，民法30条 1 項の普通失踪の場合に家庭裁判所が行う失踪宣告の公告期間（3 か月以上。家事事件手続法148条 3 項）を参考としたものとされています（前掲・地方自治802号102頁）。

　なお，申請不動産の登記移転等に係る異議申出書（自治規則22条の 3 第 2 項）には，申請不動産の登記事項証明書，住民票の写しその他の市町村長が必要と認める書類を添付する必要がありますが（別記申出書様式（第22条の 3 関係）の（別添書類）参照），当該書類とは，市町村長において，異議を述べる者が登記関係者等であること及び申出書に記載された氏名及び住所を確認できる書類であり，登記関係者等であることを確認できる書類としては登記関係者等が，(i)表題部所有者又は所有権の登記名義人である場合は登記事項証明書が，(ii)登記関係者等が表題部所有者又は所有権の登記名義人の相

続人である場合は登記事項証明書及び戸籍謄本が，(iii)所有権を有することを
疎明する者（登記関係者以外の者。課長通知の記第2の4なお書）である場
合は所有権を有することを疎明するに足りる資料が，それぞれ想定されてお
り，また，申出書に記載された氏名及び住所を確認できる書類としては，(i)，
(ii)，(iii)のいずれの場合も住民票の写し又は戸籍の附票の写しが想定されてい
ます（課長通知の記第2の4）。

　また，その必要書類は，登記関係者等の別により異なることから，登記関
係者等が異議を述べるに当たり認知できるようにしておく必要があります
（課長通知の記第2の2なお書）。

　さらに，市町村長が申出書の提出を受けるに当たっては，当該申出書に記
載された事項について，その後の当事者間での協議等を円滑にするため，自
治法260条の38第5項の規定により認可地縁団体に通知される旨を説明する
ものとされています（課長通知の記第2の3）（自治規則別記の申出書様式
には，「（注）この異議申出書に記載された事項については，その後の当事者
間での協議等を円滑にするため認可地縁団体に通知されます。」旨の記載が
されています。）。

　ところで，後記のとおり，登記関係者等が，本条2項の公告期間内に異議
を述べなかったときは，同条1項に規定する不動産の所有権の保存又は移転
の登記をすることについて，当該公告に係る登記関係者の承諾があったもの
とみなされ（同条3項），市町村長から，認可地縁団体に対して，当該市町
村長が自治法260条の38第2項の規定による公告をしたこと及び登記関係者
等が同項の期間内に異議を述べなかったことを証する情報（以下「証する情
報」といいます。）が提供され，この証する情報を登記所に提供することに
より，当該認可地縁団体は，その所有する不動産について，所有権の保存又
は移転の登記を単独で申請することができることになります。一方で，当該
不動産の表題部所有者若しくは所有権の登記名義人又はこれらの相続人は，
その所有権を喪失することになります。したがって，市町村長は，異議を述
べるべき旨の公告をするに当たっては，当該不動産の登記事項証明書及び戸
籍等を精査し，異議を述べることができる登記関係者を精確に把握して，そ

の住所・氏名等の掲載に遺漏のないよう，十分に留意する必要があります。

## 5 登記関係者等が異議を述べなかった場合 （自治法260条の38第3項・4項）

　登記関係者等が，自治法260条の38第2項の公告期間内に同項の異議を述べなかったときは，同条1項に規定する不動産の所有権の保存又は移転の登記をすることについて，当該公告に係る登記関係者の承諾があったものとみなされます（同条3項）。

　この場合，市町村長は，自治規則で定めるところにより，当該市町村長が証する情報を認可地縁団体に提供することになります（同条4項）。そして，証する情報の提供は，自治規則22条の3第1項2号に掲げる申請不動産に関する事項その他必要な事項を記載した書面（自治規則22条の4第2項。別記情報提供様式（第22条の4関係））により行うものとされています（自治規則22条の4第1項）。

　なお，自治規則22条の2，22条の3第2項及び第3項，22条の4並びに22条の5の規定については，行政手続等における情報通信の技術の利用に関する法律（平成14年法律第151号）及び総務省関係法令に係る行政手続等における情報通信の技術の利用に関する法律施行規則（平成15年総務省令第48号）の適用があるとされていますから，認可地縁団体に「証する情報」を提供する場合には，電子情報処理組織を使用する方法によることも可能であることになります。

　また，認可地縁団体が，特例制度を受けるためには，証する情報を登記所に提供する必要がありますが（自治法260条の39），不登法18条1号の規定に基づき，登記の申請についても，電子情報処理組織を使用する方法（電子申請）によることが可能とされており，その方法により登記を申請する場合における添付情報は，作成者の電子署名が行われているものでなければならないとされている（不登令12条2項）ことを踏まえて，市町村長が「証する情報」を電磁的記録により認可地縁団体に提供するに当たっては，当該認可地

縁団体が，その所有する不動産について所有権の保存又は移転の登記を申請する場合において，不登令12条2項に規定する上記の要件を満たすよう，当該「証する情報」に電子署名を行う等，登記の電子申請において支障のないよう留意するものとされています（課長通知の記第3の3）。

## **6** 登記関係者等が異議を述べた場合（自治法260条の38第5項）

　登記関係者等が公告期間内に異議を述べたときは，市町村長は自治規則で定めるところにより，その旨及びその内容を自治法260条の38第1項の規定により申請を行った認可地縁団体に通知するものとされています（自治規則22条の5第5項）。

　当該通知は，自治規則22条の3第2項の規定による異議の内容その他必要な事項を記載した通知書（自治規則22条の5第2項。別記通知書様式（第22条の5関係））により行うものとされています（同条1項）。

　そして，異議があった場合，市町村長は，当該異議を申述した者に係る資格要件を確認（前記4のなお書参照）し，資格が認められたときは，認可地縁団体への通知を行うこととなり，特例制度に関する手続は，中止されることになります（前掲・地方自治802号102頁）。

　これは，特例制度に関する手続が，実質的には認可地縁団体が所有しているにもかかわらず，その表題部所有者又は登記名義人が当該認可地縁団体となっていない不動産について，その表題部所有者又は登記名義人を当該認可地縁団体に変更することを目的としているためであり，資格要件が確認された者からの異議があったことにより，当該不動産の所有権の帰属に疑義がある場合にまで，特例制度を適用することは想定していないからです。

## **7** 登記の申請（自治法260条の39）

　特例制度に係る自治法260条の39の解説，及び不動産登記の申請手続等に

ついての詳細は，第2編第2章の**Q26**を参照してください。

# 8 ｜ 所有者の所在不明土地の問題

## (1) 問題の所在

近年，震災等の被災地における復興事業における用地取得に当たって，所有者の所在の把握が難しい土地（以下「所有者の所在不明土地」といいます。）の増加により，用地買収の円滑な実施に支障が生じている状況にあります。

所有者の所在が不明であったり，何代にもわたって相続が発生しているにもかかわらず，所有権の移転の登記がされなかったために，現在の所有者が明らかでないなどの事情によるものと考えられますが，当該土地は，共有状態の場合がほとんどであり，そのために相続人を含めた関係者が多数に及んでいるものと推測されます。

震災等の被災地については，「東日本大震災復興特別区域法」（平成23年法律第122号），「大規模災害からの復興に関する法律」（平成25年法律第55号）等に，不動産登記法や土地収用法の特例等を設け，所有者の所在不明土地を円滑，迅速に取得できる制度が創設されています。

しかしながら，この問題は，震災等の被災地に特有なものではなく，一般的な公共事業等を実施する場合にも同様の状況が発生しています。

## (2) 国の取組み

そこで，このような所有者の所在不明土地の現状及び課題を整理し，当該土地の利活用の方法等，総合的な方策を公共用地，宅地，農林等の各分野で横断的に検討するため，平成27年4月から，国土交通省において，「所有者の所在の把握が難しい土地への対応方策に関する検討会」（委員長　早稲田大学大学院法務研究科　山野目章夫教授）（以下「検討会」といいます。）が開催されています。

上記検討会に関する国土交通省ホームページ（政策統括官）においては，

検討会において扱う「所有者の所在の把握が難しい土地」とは，「不動産登記簿等の所有者台帳により，所有者が直ちに判明しない，又は判明しても所有者に連絡がつかない土地」をいうものとされており，具体的には，

・所有者の探索を行う者の利用できる台帳が更新されていない，台帳間の情報が異なるなどの理由により，所有者（登記名義人が死亡している場合は，その相続人も含む。以下同じ。）の特定を直ちに行うことが難しい土地

・所有者を特定できたとしても，転居先が追えないなどの理由により，その所在が不明である土地

・登記名義人が死亡しており，その相続人を特定できたとしても，相続人が多数となっている土地

・所有者の探索を行う者の利用できる台帳に，全ての共有者が記載されていない共有地

等が想定されている旨，掲載されています。

### (3)　所有者の所在不明土地に関する事例と対応

　上記の検討会においては，平成28年３月15日，国・地方公共団体・関係団体が取り組むべき対策を整理した最終とりまとめが行われ，また，所有者の所在不明土地に対して，行政機関や民間が主体となって行う公共事業については，土地収用手続，不在者財産管理制度等の活用，農地法，森林法等に定められた公示手続等によって処理した具体的な解決事例を整理した市区町村等の職員向けのガイドラインも示されています（詳細については，前記の国土交通省のホームページを参照してください。）。しかし，いずれの場合においても，当該土地の共有者が多数（相続の開始によって，共有者が多数となった場合も含みます。）であり，不在地主となって長期間経過しているため連絡先が全く不明な所有者（共有者）がいる等の事由により，その探索作業の負担が大きい状況にあります。

　さらには，土地を売買するに当たって，買主が売主に対して確定測量を求めたところ，当該売買の対象である土地に隣接する土地が，所有者の所在不

明土地であるために，全員の立会ができないことから，確定測量をすること
ができず，結局，当該土地の売買が成立しなかった事例等もあるようです。

### ⑷　今後の対応策

　空家等対策の推進に関する特別措置法（平成26年法律第127号）では，市
町村長は，固定資産の課税その他の事務のために利用する目的で保有する情
報であって氏名その他の空家等の所有者等に関するものについては，この法
律の施行のために必要な限度において，その保有に当たって特定された利用
の目的以外の目的のために内部で利用することができる（同法10条１項）と
されています。また，市町村長は，関係する地方公共団体の長その他の者に
対して，空家等の所有者等の把握に関し必要な情報の提供を求めることがで
きるとされています（同条３項）。

　そこで，所有者の所在不明土地についても，行政又は民間が行う公共事業
の事業者，前記⑶後段の土地売買に関連する司法書士，土地家屋調査士，宅
地建物取引士及び所有者の所在不明土地が共有である場合の所在不明共有者
以外の共有者を利害関係人と定め，これらの利害関係人の請求に基づいて，
市町村が固定資産の課税その他の事務のために利用する目的で保有する情報
であって氏名その他の所在不明の所有者等に関するものについて，提供する
ことができることとしては，どうでしょうか。

　近時は，個人情報保護等の観点から，市町村から所有者に関連する情報を
入手するのが困難となっていますが，司法書士や土地家屋調査士には，常に
品位を保持し，公正かつ誠実に業務を行う職責があり（司法書士法２条，土
地家屋調査士法２条），また，宅地建物取引士には，信用又は品位を害する
ような行為が禁止されており（宅地建物取引業法15条の２），これらの有資
格者が，独占業務でない業務において知り得た秘密をみだりに漏らすことは，
品位保持義務違反や信用失墜行為の禁止に抵触することも考えられます。そ
こで，これらの有資格者に対しては，当該有資格者が受けた依頼の適正，か
つ，迅速な処理に資するために，その職責等において，市町村が有する当該
情報（特に，所有者に関連する情報である氏名又は名称及び住所）を積極的

に提供することも政策上は可能なのではないかと考えます。

　また，このような守秘義務が課せられていない個人を利害関係人とすることが相当でないとするならば，情報提供の請求に当たっては，必ず司法書士等の有資格者が，その手続に関与する仕組みとすればよいのではないでしょうか。

　もちろん，市町村が保有する情報の提供があったとしても，所有者の所在不明土地そのものの利活用が進むわけではありませんが，前記のとおり，所有者の所在不明土地は，そのほとんどが共有地ですから，情報の提供によって所在不明者を探索してもなおその所在が判明しない場合には，認可地縁団体についての特例制度と同様の手続を経た上で，当該不明者の持分は，他の共有者に帰属させる方策をも考慮しては，どうでしょうか。

　なお，従来から，相続による所有権の移転の登記（相続登記）がされないまま長期間経過していることが，空屋問題や所有者の所在不明土地問題の解消に当たっての障害の一要因となっている旨の指摘がされていました。

　そこで，法務省は，相続人が相続開始後できる限り速やかに相続登記をすることができるように，これまで，除籍等が滅失している場合の相続登記の申請においては，「他に相続人はない」旨の相続人全員による証明書（印鑑証明書付）の提供を要するとしていた取扱いを改め，戸籍及び残存する除籍等の謄本に加え，除籍等の滅失等により「除籍等の謄本を交付することができない」旨の市町村長の証明書が提供されていれば，「他に相続人はない」旨の証明書の提供がなくても，当該相続登記をして差し支えないものとしました（平成28年3月11日付け法務省民二第219号民事局長通達）。

　同通達の内容，及び同通達に基づく不動産登記の申請手続については，第2編第6章の**Q44**を参照してください。

**（注１）　自治法260条の38〔登記名義人である構成員等が所在不明の場合の公告〕**
　　　　①　認可地縁団体が所有する不動産であつて表題部所有者（不動産登記法（平成16年法律第123号）第2条第10号に規定する表題部所有者をいう。以下この項において同じ。）又は所有権の登記名義人の全てが当該認可

地縁団体の構成員又はかつて当該認可地縁団体の構成員であつた者であるもの（当該認可地縁団体によつて，10年以上所有の意思をもつて平穏かつ公然と占有されているものに限る。）について，当該不動産の表題部所有者若しくは所有権の登記名義人又はこれらの相続人（以下この条において「登記関係者」という。）の全部又は一部の所在が知れない場合において，当該認可地縁団体が当該認可地縁団体を登記名義人とする当該不動産の所有権の保存又は移転の登記をしようとするときは，当該認可地縁団体は，総務省令で定めるところにより，当該不動産に係る次項の公告を求める旨を市町村長に申請することができる。この場合において，当該申請を行う認可地縁団体は，次の各号に掲げる事項を疎明するに足りる資料を添付しなければならない。

一　当該認可地縁団体が当該不動産を所有していること。

二　当該認可地縁団体が当該不動産を10年以上所有の意思をもつて平穏かつ公然と占有していること。

三　当該不動産の表題部所有者又は所有権の登記名義人の全てが当該認可地縁団体の構成員又はかつて当該認可地縁団体の構成員であつた者であること。

四　当該不動産の登記関係者の全部又は一部の所在が知れないこと。

②　市町村長は，前項の申請を受けた場合において，当該申請を相当と認めるときは，総務省令で定めるところにより，当該申請を行つた認可地縁団体が同項に規定する不動産の所有権の保存又は移転の登記をすることについて異議のある当該不動産の登記関係者又は当該不動産の所有権を有することを疎明する者（次項から第5項までにおいて「登記関係者等」という。）は，当該市町村長に対し異議を述べるべき旨を公告するものとする。この場合において，公告の期間は，3月を下つてはならない。

③　前項の公告に係る登記関係者等が同項の期間内に同項の異議を述べなかつたときは，第1項に規定する不動産の所有権の保存又は移転の登記をすることについて当該公告に係る登記関係者の承諾があつたものとみなす。

④　市町村長は，前項の規定により第1項に規定する不動産の所有権の保存又は移転の登記をすることについて登記関係者の承諾があつたものとみなされた場合には，総務省令で定めるところにより，当該市町村長が

第2項の規定による公告をしたこと及び登記関係者等が同項の期間内に異議を述べなかつたことを証する情報を第1項の規定により申請を行つた認可地縁団体に提供するものとする。

⑤　第2項の公告に係る登記関係者等が同項の期間内に同項の異議を述べたときは，市町村長は，総務省令で定めるところにより，その旨及びその内容を第1項の規定により申請を行つた認可地縁団体に通知するものとする。

（注2）　**自治法260条の39〔不動産登記申請の特例〕**

①　不動産登記法第74条第1項の規定にかかわらず，前条第4項に規定する証する情報を提供された認可地縁団体が申請情報（同法第18条に規定する申請情報をいう。次項において同じ。）と併せて当該証する情報を登記所に提供するときは，当該認可地縁団体が当該証する情報に係る前条第1項に規定する不動産の所有権の保存の登記を申請することができる。

②　不動産登記法第60条の規定にかかわらず，前条第4項に規定する証する情報を提供された認可地縁団体が申請情報と併せて当該証する情報を登記所に提供するときは，当該認可地縁団体のみで当該証する情報に係る同条第1項に規定する不動産の所有権の移転の登記を申請することができる。

（注3）　**地方自治法の一部を改正する法律等の施行における留意事項（認可地縁団体関係）について（通知）**

（平成27年2月27日総行住第19号各都道府県総務担当部局長宛て総務省自治行政局住民制度課長通知）

地方自治法の一部を改正する法律（平成26年法律第42号）及び地方自治法施行規則等の一部を改正する省令（平成27年総務省令第3号）の施行について，認可地縁団体が所有する不動産に係る登記の特例に関する事項は平成27年4月1日から施行されますが，当該事項の法令の解釈及び運用上の留意事項について下記のとおり通知します。

貴職におかれましては，下記事項に御留意の上，適切な運用がなされるよう格別の配慮をされるとともに，貴都道府県内の市区町村に対してもこの旨周知くださるようお願いします。

なお，本通知は，地方自治法（昭和22年法律第67号。以下「法」という。）第245条の4第1項に基づく技術的助言であることを申し添えます。

記

第1 法第260条の38第1項関係

1 申請に当たっては，法第260条の38に規定する認可地縁団体が所有する不動産に係る登記の特例（以下「特例制度」という。）の対象とする不動産（以下「申請不動産」という。）について，申請書の記載事項に誤りがないよう添付書類の登記事項証明書の記載事項と突合すること。

なお，「別記様式に記載する『申請不動産に関する事項』の記載要領」（別紙）を参考にされたい。

2 地方自治法施行規則（昭和22年内務省令第29号。以下「則」という。）第22条の2第1項第2号の保有資産目録又は保有予定資産目録は，則第18条の規定により地縁による団体の代表者が認可の申請を行う際に提出したものを指すこと。当該書面に申請不動産の記載があることを確認し，記載がない場合には，申請不動産の所有に至った経緯等について，別の総会議決資料等を用いて確認すること。

3 則第22条の2第1項第4号に規定する法第260条の38第1項各号に掲げる事項を疎明するに足りる資料としては，以下の資料が想定されること。

(1) 法第260条の38第1項第1号及び第2号関係

認可地縁団体による申請不動産の所有の事実に加え，民法（明治29年法律第89号）第186条の規定により，①占有者は，所有の意思をもって，善意で，平穏に，かつ，公然と占有するものと推定されること，②前後の両時点において占有をした証拠があるときは，占有は，その間継続したものと推定されることを踏まえ，本件申請時点とその10年以上前の時点における認可地縁団体の申請不動産の占有事実を疎明するに足りる資料が必要であること。

これらは，申請不動産の所有又は占有に係る事実が記載された認可地縁団体の事業報告書等により，認可地縁団体が申請不動産を所有又は占有している事実を確認した上で，以下の資料と併せて疎明することが可能と考えられること。

なお，以下の資料の宛先又は名義が認可地縁団体の構成員又はかつて当該認可地縁団体の構成員であった者となっている場合には，その趣旨が当該認可地縁団体を宛先又は名義とすることができな

かったために，便宜上，上記のような宛先又は名義となっていることについて，当該認可地縁団体に対し確認する必要があると考えられること。

　・公共料金の支払領収書
　・閉鎖登記簿の登記事項証明書又は謄本
　・旧土地台帳の写し
　・固定資産税の納税証明書
　・固定資産課税台帳の記載事項証明書　　　等

　これらの入手が困難な場合は，認可地縁団体が申請不動産を所有又は占有していることについて，申請不動産の隣地の所有権の登記名義人や申請不動産の所在地に係る地域の実情に精通した者等（以下「精通者等」という。）の証言を記載した書面や，認可地縁団体による申請不動産の占有を証する写真等により疎明することが可能と考えられるが，上記資料の入手が困難な理由書を提出させることが適当であること。

(2)　法第260条の38第1項第3号関係
　　申請不動産の表題部所有者又は所有権の登記名義人の全てが認可地縁団体の構成員又はかつて当該認可地縁団体の構成員であった者であることについて，以下の資料により疎明することが可能と考えられること。

　・認可地縁団体の構成員名簿
　・市区町村が保有する地縁団体台帳
　・墓地の使用者名簿（申請不動産が墓地である場合）等

　　これらの入手が困難な場合は，申請不動産の表題部所有者又は所有権の登記名義人の全てが認可地縁団体の構成員又はかつて当該認可地縁団体の構成員であった者であることについて，申請不動産の所在地に係る精通者等の証言を記載した書面等により疎明することが可能と考えられるが，上記資料の入手が困難な理由書を提出させることが適当であること。

(3)　法第260条の38第1項第4号関係
　　申請不動産の登記関係者（表題部所有者若しくは所有権の登記名義人又はこれらの相続人をいう。以下同じ。）の全部又は一部の所在が知れないことについては，以下の資料により疎明することが可

能と考えられること。

・登記記録上の住所の属する市区町村の長が，当該市区町村に登記
　関係者の「住民票」及び「住民票の除票」が存在しないことを証
　明した書面

・登記記録上の住所に宛てた登記関係者宛の配達証明付き郵便が不
　到達であった旨を証明する書面

・申請不動産の所在地に係る精通者等が，登記関係者の現在の所在
　を知らない旨の証言を記載した書面

　なお，全部又は一部の所在が知れないこととは，全部の所在が知
れていること以外は全て含まれることとなるため，登記関係者のう
ち少なくとも一人について，所在の確認を行った結果，所在が知れ
ないことを疎明するに足りる資料を添付できれば当該要件を満たす
こととなること。

　この場合において，認可地縁団体が当該事項を疎明するに当たっ
ては，所在が判明している登記関係者から，特例制度の申請を行う
ことについての同意を得ておくことが望ましいと考えられること。

第2　法第260条の38第2項関係

1　則第22条の3第1項第4号の異議を述べることができる期間とは，
　3月以上の各市区町村において定めた公告の期間であること。

2　則第22条の3第1項第4号に規定する異議を述べることができる方
　法とは，則第22条の3第2項及び第3項の規定により異議を述べる者
　が行うべき手続のことをいうものであること。

　なお，後述4のとおり申出書への添付が必要な書類は登記関係者等
　（登記関係者又は申請不動産の所有権を有することを疎明する者をい
　う。以下同じ。）の別により異なることから，登記関係者等が異議を
　述べるに当たり認知できるようにしておく必要があると考えられるこ
　と。

3　則第22条の3第2項に規定する申出書の提出を受けるに当たっては，
　当該申出書に記載された事項について，その後の当事者間での協議等
　を円滑にするため，法第260条の38第5項の規定により認可地縁団体
　に通知される旨（申出書様式の（注）を参照）説明すること。

4　則第22条の3第2項に規定する「登記事項証明書，住民票の写しそ
　の他の市町村長が必要と認める書類」とは，市区町村長において，異

議を述べる者が登記関係者等であること及び申出書に記載された氏名及び住所を確認できる書類であり，主として以下のものを想定していること。

　なお，原則として，「申請不動産の所有権を有することを疎明する者」は，登記関係者以外の者であること。

　また，登記関係者等の別については，異議を述べる者において，申出書様式中「2　異議を述べる登記関係者等の別」に記載（該当する項目にチェック等を付すことで対応可）すること。

　なお，当該申出書に記載された登記関係者等の別については，市区町村長において，則第22条の5第2項に規定する通知書様式中「2⑴登記関係者等の別」にも記載すること。

| 登記関係者等の別 | 登記関係者等である旨 | 申請書に記載された氏名及び住所 |
|---|---|---|
| 表題部所有者又は所有権の登記名義人 | 登記事項証明書 | |
| 表題部所有者又は所有権の登記名義人の相続人 | 登記事項証明書<br>戸籍謄抄本 | 住民票の写し<br>戸籍の附票の写し |
| 所有権を有することを疎明する者 | 所有権を有することを疎明するに足りる資料 | |

第3　その他

　1　特例制度は，認可地縁団体が所有する不動産について，その所有権の保存又は移転の登記を認可地縁団体のみの申請により可能とするものであるが，不動産登記は対抗要件としての公示制度と位置づけられるものであり，当該不動産の所有権の有無を確定させるものではないこと。

　2　特例制度は，法第260条の38第2項の公告の結果，法第260条の38第4項に規定する証する情報を提供された認可地縁団体は，法第260条の39の規定に基づき不動産登記法（平成16年法律第123号）の特例を享受できることとなり，特定の者のためにする事務であることから，法第260条の38第4項の規定により当該証する情報を提供する事務については，法第227条の規定により手数料を徴収することが可能と考えられること。

　また，当該手数料の額を定めるに当たっては，申請不動産が地域的な共同活動を行うための不動産であることを考慮すること。

3　則第22条の2，第22条の3第2項及び第3項，第22条の4並びに第22条の5は，行政手続等における情報通信の技術の利用に関する法律（平成14年法律第151号）及び総務省関係法令に係る行政手続等における情報通信の技術の利用に関する法律施行規則（平成15年総務省令第48号）の適用があること。

　なお，不動産登記法第18条第1号に基づき登記の電子申請が可能となっていることを踏まえ，法第260条の38第4項に規定する証する情報を電磁的記録により提供するに当たっては，認可地縁団体がその所有する不動産について，所有権の保存又は移転の登記の電子申請をする場合において，不動産登記令（平成16年政令第379号）第12条第2項に規定する要件を満たすよう，当該証する情報に電子署名を行う等登記の電子申請において支障のないよう留意すること。

〔別紙略〕

(注 4)

【認可地縁団体が所有する不動産に係る登記の特例に係るフローチャート】

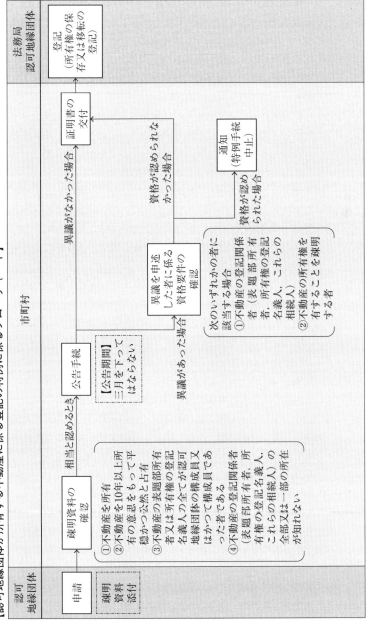

（浦上哲朗＝下村草矢＝野村知宏「地方自治法の一部を改正する法律について（下）」地方自治802号101頁から転載）

（注5）　**自治規則22条の2〔法260条の38第1項に規定する申請の方式〕**

①　地方自治法第260条の38第1項に規定する申請は，認可地縁団体の代表者が，申請書に次に掲げる書類を添え，当該認可地縁団体の区域を包括する市町村の長に対し行うものとする。

一　所有権の保存又は移転の登記をしようとする不動産（以下「申請不動産」という。）の登記事項証明書

二　第18条の規定により提出した保有資産目録又は保有予定資産目録。ただし，当該書類に申請不動産の記載がないときは，申請不動産の所有に係る事項について総会で議決したことを証する書類

三　申請者が代表者であることを証する書類

四　地方自治法第260条の38第1項各号に掲げる事項を疎明するに足りる資料

②　前項の申請書の様式は，別記のとおりとする。

**自治規則22条の3〔法260条の38第2項に規定する公告に係る公告事項及び異議申出の方式〕**

①　地方自治法第260条の38第2項に規定する公告は，次に掲げる事項について行うものとする。

一　地方自治法第260条の38第1項の申請を行つた認可地縁団体の名称，区域及び主たる事務所

二　前条第2項に規定する申請書の様式に記載された申請不動産に関する事項

三　申請不動産の所有権の保存又は移転の登記をすることについて異議を述べることができる者の範囲は，申請不動産の表題部所有者若しくは所有権の登記名義人若しくはこれらの相続人又は申請不動産の所有権を有することを疎明する者（以下「登記関係者等」という。）である旨

四　異議を述べることができる期間及び方法に関する事項

②　前項の公告に係る登記関係者等が異議を述べようとするときは，異議を述べる旨及びその内容を記載した申出書に申請不動産の登記事項証明書，住民票の写しその他の市町村長が必要と認める書類を添えて行うものとする。

③　前項の申出書の様式は，別記のとおりとする。

**自治規則22条の4〔法第260条の38第4項に規定する証する情報の提供**

の方式〕

① 　地方自治法第260条の38第4項に規定する証する情報の提供は，前条第1項第2号に掲げる申請不動産に関する事項その他必要な事項を記載した書面により行うものとする。

② 　前項の書面の様式は，別記のとおりとする。

**自治規則22条の5〔法第260条の38第5項に規定する通知の方式〕**

① 　地方自治法第260条の38第5項に規定する通知は，第22条の3第2項の規定による異議の内容その他必要な事項を記載した通知書により行うものとする。

② 　前項の通知書の様式は，別記のとおりとする。

## 【申請書様式（第二十二条の二関係）】

何年何月何日

何市(町)(村)長あて

認可地縁団体の名称及び主たる事務所の所在地
名　称
所在地
代表者の氏名及び住所
氏　名　　　　　　　　　㊞
住　所

### 所有不動産の登記移転等に係る公告申請書

　地方自治法第260条の38第1項の規定により，当認可地縁団体が所有する下記不動産について所有権の保存又は移転の登記をするため公告をしてほしいので，別添書類を添えて申請します。

記

○　申請不動産に関する事項
　・建物

| 名　　　称 | 延 床 面 積 | 所 　在　 地 |
|---|---|---|
|  |  |  |

　・土地

| 地　　　目 | 面　　　積 | 所 　在　 地 |
|---|---|---|
|  |  |  |

　・表題部所有者又は所有権の登記名義人の氏名又は名称及び住所
　氏名又は名称
　住　　　所

（別添書類）
　1　所有権の保存又は移転の登記をしようとする不動産の登記事項証明書
　2　保有資産目録又は保有予定資産目録等
　3　申請者が代表者であることを証する書類
　4　地方自治法第260条の38第1項各号に掲げる事項を疎明するに足りる資料

## 【申出書様式（第二十二条の三関係）】

何年何月何日

何市(町)(村)長あて

異議を述べる者の氏名及び住所

氏　名　　　　　　　　㊞
住　所

### 申請不動産の登記移転等に係る異議申出書

　地方自治法第260条の38第2項の規定による公告に基づき，当該公告を求める申請を行った認可地縁団体が申請不動産の所有権の保存又は移転の登記をすることについて，下記のとおり異議を述べる旨，申し出ます。

記

1　公告に関する事項

(1)　申請を行った認可地縁団体の名称

(2)　申請不動産に関する事項

・建物

| 名　　　　　称 | 延　床　面　積 | 所　　在　　地 |
|---|---|---|
| | | |

・土地

| 地　　　　　目 | 面　　　　積 | 所　　在　　地 |
|---|---|---|
| | | |

・表題部所有者又は所有権の登記名義人の氏名又は名称及び住所

氏名又は名称

住　　　　　所

(3)　公告期間

2　異議を述べる登記関係者等の別

　□　申請不動産の表題部所有者又は所有権の登記名義人

　□　申請不動産の表題部所有者又は所有権の登記名義人の相続人

　□　申請不動産の所有権を有することを疎明する者

3　異議の内容（異議を述べる理由等）

（別添書類）

　□　申請不動産の登記事項証明書

　□　住民票の写し

　□　その他の市町村長が必要と認める書類（　　　　　　　　　　　　　）

　(注)　この異議申出書に記載された事項については，その後の当事者間での協議等
　　　　を円滑にするため認可地縁団体に通知されます。

## 【情報提供様式（第二十二条の四関係）】

第　号<br>
何年何月何日

（申請団体）御中<br>
認可地縁団体の名称及び主たる事務所の所在地<br>
　名　称<br>
　所在地<br>
代表者の氏名及び住所<br>
　氏　名<br>
　住　所

何市(町)(村)長

公告結果（承諾）の情報提供について

　地方自治法第260条の38第1項の規定により，　年　月　日付け文書をもって申請のあった不動産については，同条第2項の規定により公告をした結果，登記関係者等が同項の期間内に異議を述べなかったため，同条第3項の規定により，貴認可地縁団体が当該不動産の所有権の保存又は移転の登記をすることについて登記関係者の承諾があったものとみなすこととなりましたので，同条第4項に規定する証する情報を提供します。

1　公告に関する事項
　(1)　申請を行った認可地縁団体の名称
　(2)　申請不動産に関する事項
　　・建物

| 名　　　　称 | 延　床　面　積 | 所　　在　　地 |
|---|---|---|
|  |  |  |

　　・土地

| 地　　　　目 | 面　　　積 | 所　　在　　地 |
|---|---|---|
|  |  |  |

　　・表題部所有者又は所有権の登記名義人の氏名又は名称及び住所
　　　氏名又は名称
　　　住　　　所
　(3)　公告期間

2　公告の結果
　1の公告については，1(3)の公告期間内に異議の申出はありませんでした。

## 【通知書様式（第二十二条の五関係）】

第　号
何年何月何日

（申請団体）御中
認可地縁団体の名称及び主たる事務所の所在地
　名　　称
　所在地
代表者の氏名及び住所
　氏　　名
　住　　所

何市（町）（村）長

公告結果（異議申出あり）通知書

　地方自治法第260条の38第1項の規定により，　年　月　日付け文書をもって申請のあった不動産については，同条第2項の規定により公告をした結果，登記関係者等による異議の申出がありましたことを，同条第5項の規定に基づき通知します。

1　公告に関する事項
　(1)　申請を行った認可地縁団体の名称
　(2)　申請不動産に関する事項
　・建物

| 名　　　　　称 | 延　床　面　積 | 所　　在　　地 |
|---|---|---|
|  |  |  |

　・土地

| 地　　　　　目 | 面　　　　積 | 所　　在　　地 |
|---|---|---|
|  |  |  |

　・表題部所有者又は所有権の登記名義人の氏名又は名称及び住所
　　氏名又は名称
　　住　　　　　所
　(3)　公告期間
2　異議の内容等
　(1)　異議を述べた登記関係者等
　　氏名
　　住所
　　登記関係者等の別
　(2)　異議を述べた年月日
　(3)　異議を述べた理由等

第 **2** 編

# Q＆A編

# 第1章 権利能力なき社団と不動産登記

 権利能力なき社団とは，どのようなものをいうのですか。

 「権利能力なき社団」とは，社団法人としての実体は備えているが，法人の登記をしていないため，法人格を有しない社団をいいます。

## 解 説

　我が国の社会には，様々な社会的活動を営む法人格のない多数の団体が存在しますが，その中には，団体としての意思を有し，独立の財産を備えて，その目的を達成するために活動するなど社団法人としての実体を備えているものの，法人の登記をしていないため，法人格を有しない社団が，多々みられます。例えば，公益も営利をも目的としない団地自治会，学友会，町内会，スポーツクラブ等の団体です。

　判例及び学説は，このような団体を「権利能力なき社団」若しくは「法人格のない社団」と呼び，その法律上の取扱いについては，民法上の組合に関する規定を適用するのではなく，できる限り社団法人に準ずべきものとしています。最高裁の判例は，団体がこのような取扱いを受けるための要件として，団体としての組織をそなえ，多数決の原理が行なわれ，構成員の変更にかかわらず団体が存続し，その組織において代表の方法，総会の運営，財産の管理等団体としての主要な点が確定していることを挙げています（最高裁昭和39年10月15日第一小法廷判決・民集18巻8号1671頁）（**注**）。

（注）　最高裁昭和39年10月15日第一小法廷判決・民集18巻8号1671頁

　「法人格を有しない社団すなわち権利能力のない社団については，民訴46
条がこれについて規定するほか実定法上何ら明文がないけれども，権利能力
のない社団といいうるためには，団体としての組織をそなえ，そこには多数
決の原則が行なわれ，構成員の変更にもかかわらず団体そのものが存続し，
しかしてその組織によつて代表の方法，総会の運営，財産の管理その他団体
としての主要な点が確定しているものでなければならないのである。しかし
て，このような権利能力のない社団の資産は構成員に総有的に帰属する。」

権利能力なき社団が不動産を取得した場合，その社団は，所有権の登記名義人となることができますか。

　　権利能力なき社団が，その資産として不動産を取得したとしても，当該社団は，所有権の登記名義人になることはできません。

## 解　　説

　権利能力なき社団については，**Q1**で説明したように，法人に準じた取扱いがされていますが，権利能力なき社団の資産である不動産について，当該社団名義で登記することまでは，認められていません。その理由について，判例は，権利能力なき社団の資産は，構成員に総有的に帰属するものであって，団体自体に帰属するものではないという点に求めています（**Q1**の**注**の最高裁昭和39年判決，最高裁昭和32年11月14日第一小法廷判決・民集11巻12号1943頁（**注1**），最高裁昭和47年6月2日第二小法廷判決・民集26巻5号957頁（**注2**））。

　登記名義人となることができる者は，権利能力を有する者，すなわち不動産に関する権利の主体になることができる者であって，その範囲は，民法その他の法令によって定められていますが，自然人及び法人は，全て登記名義人となり得ます。また，胎児についても，権利能力が認められる範囲で，登記名義人としての資格を有するものとされています（民法886条）。

　これに対して，公益も営利をも目的としない団地自治会，学友会，町内会，スポーツクラブ等，様々な社会的活動を営む法人格のない団体は，そのほとんどが，社団としての実体は有しているものの，法律上，権利義務の主体となり得ないことから，一般に権利能力なき社団と呼ばれ，たとえその実体において社団法人と異ならないものであっても，登記名義人となることは，できないとされています。

　登記先例も，権利能力なき社団の名義による登記を認めていません。その

理由としては，①不動産登記法上，申請人の氏名又は名称及び住所（不登令
3条1号），申請人が法人であるときは，その代表者の氏名（同条2号）を
申請情報の内容としなければならないとされていることから，自然人及び法
人以外の者が登記名義人になることが予定されていないこと，②法人が登記
名義人となる場合には，会社法人等番号若しくは法人の代表者の資格を証す
る情報を提供することを要しますが（不登令7条1項1号），権利能力なき
社団については，直接これを監督する行政機関がないことから，その実態及
び代表者について公証する制度がなく，登記官の形式的審査では架空の名義
人の登記を防止することができず，ひいては，強制執行や滞納処分を免れる
ための財産隠しを助長するおそれがあるほか，一旦権利能力なき社団の登記
を認めると，その後，当該社団を登記義務者とする登記申請をする際に，当
該社団の代表者の資格を証する情報の提供及び印鑑証明書を添付することが
できないために，その真正を担保することができないこと等が挙げられてい
ます（昭和36年7月21日付け民事三発第625号民事局第三課長回答（**注3**））。

　なお，不登令20条2号において，「申請に係る登記をすることによって表
題部所有者又は登記名義人となる者が権利能力を有しないとき。」は，当該
登記の申請は，却下される（不登法25条13号）こととされていることからし
ても，権利能力なき社団が所有権等の登記名義人となることができないこと
は，明らかです。

**（注1）　最高裁昭和32年11月14日第一小法廷判決・民集11巻12号1943頁**
　　　　「思うに，権利能力なき社団の財産は，実質的には社団を構成する総社
　　　員の所謂総有に属するものであるから，総社員の同意をもつて，総有の廃
　　　止その他右財産の処分に関する定めのなされない限り，現社員及び元社員
　　　は，当然には，右財産に関し，共有の持分権又は分割請求権を有するもの
　　　ではないと解するのが相当である。」
**（注2）　最高裁昭和47年6月2日第二小法廷判決・民集26巻5号957頁**
　　　　「権利能力なき社団の資産はその社団の構成員全員に総有的に帰属して
　　　いるのであつて，社団自身が私法上の権利義務の主体となることはないか
　　　ら，社団の資産たる不動産についても，社団はその権利主体となり得るも

のではなく，したがつて，登記請求権を有するものではないと解すべきである。不動産登記法が，権利能力なき社団に対してその名において登記申請をする資格を認める規定を設けていないことも，この趣旨において理解できるのである。したがつて，権利能力なき社団が不動産登記の申請人となることは許されず，また，かかる社団について前記法条の規定を準用することもできないものといわなければならない。

　ところで，右のように権利能力なき社団の構成員全員の総有に属する社団の資産たる不動産については，従来から，その公示方法として，本件のように社団の代表者個人の名義で所有権の登記をすることが行なわれているのである。これは，不動産登記法が社団自身を当事者とする登記を許さないこと，社団構成員全員の名において登記をすることは，構成員の変動が予想される場合に常時真実の権利関係を公示することが困難であることなどの事情に由来するわけであるが，本来，社団構成員の総有に属する不動産は，右構成員全員のために信託的に社団代表者個人の所有とされるものであるから，代表者は，右の趣旨における受託者たるの地位において右不動産につき自己の名義をもつて登記をすることができるものと解すべきであり，したがつて，登記上の所有名義人となつた権利能力なき社団の代表者がその地位を失つてこれに代る新代表者が選任されたときは，旧代表者は右の受託者たる地位をも失い，新代表者においてその地位を取得し，新代表者は，信託法の信託における受託者の更迭の場合に準じ，旧代表者に対して，当該不動産につき自己の個人名義に所有権移転登記手続をすることの協力を求め，これを訴求することができるものと解するのが相当である。」

**（注3）　昭和36年7月21日付け民事三発第625号民事局第三課長回答**

　　　　人格なき社団が有する不動産の登記について

　地方法務局における登記の取扱いにおいては，たとえば同窓会等の人格なき社団の不動産を登記する場合には，登記権利者を当該社団代表何某と記載することは許されないようでありますが，一方，最近において，人格なき社団の財産を登記する場合には，登記権利者を当該社団代表何某と記載すべきであるとする判決（土地所有権移転登記請求事件，東京地裁昭31年㈦331号，昭36・2・15民一一部判決）もあるようであります。そこで，人格なき社団の財産を登記する場合において，登記権利者を当該社団代表何某と記載することができないものであるかどうか，本県における地方出

先機関からの照会に対する指導等事務処理上の参考としたいので，御多忙中まことに恐縮ですが，貴職の御見解を御教示くださるようお願いします。
（回答）
　本年7月8日付36秘書第130号をもって照会のあった標記の件については，貴見の取扱いはできないものと考える。

**Q₃**　　権利能力なき社団が不動産を取得した場合の登記は，誰が，どのようにして申請するのですか。

**A**　　権利能力なき社団が不動産を取得した場合の登記は，当該社団の構成員全員の名義でするか，又は当該社団の代表者個人の名義ですることになります。したがって，その登記名義人となる者が，登記権利者として登記を申請することになります。

## 解　　説

　権利能力なき社団が不動産を取得した場合の登記手続について，登記実務では，当該社団の規約により代表者の定めがあるときはその代表者個人の名義で登記をすることができるが，そのような定めがないときは，構成員全員の名義で登記をすることとしています（昭和28年12月24日付け民事甲第2523号民事局長回答（**注1**））（**注2**）。

　裁判例も，同様に，当該社団の構成員全員の名義で登記をするか，その代表者名義で登記をすることもできるとしていますが，代表者名義で登記する場合の当該代表者は，社団の構成員全員の受託者たる地位において，個人の名義で登記をすることができるにすぎないとしています。したがって，権利能力なき社団の代表者の肩書を付した代表者個人名義の登記をすることは，許されないことになります（**Q2**の**注3**の昭和36年民事局第三課長回答）。

　また，権利能力なき社団の資産たる不動産について，登記記録上所有名義人となった代表者がその地位を失い，これに代わる新代表者が選任されたときは，新代表者は，旧代表者に対して，当該不動産につき自己の個人名義に所有権移転登記手続をすることの協力を求め，これを訴求することができるとしています（**Q2**の**注2**の最高裁昭和47年判決）。登記先例も，同様の解釈を採っています。

　以上のとおり，権利能力なき社団がその資産として不動産を取得した場合，当該社団は，登記名義人になることができません。したがって，この場合は，

当該社団の構成員全員の名義又は当該社団の代表者個人の名義で登記せざるを得ませんから，その登記名義人となる者（当該社団の構成員全員又は代表者個人）が，登記権利者として登記の申請をするということになります。

（注1）　**昭和28年12月24日付け民事甲第2523号民事局長回答**

　　　　　農地法第80条による国有財産の売払に関する登記の取扱について

　さきに3月2日付28地局第673号及び3月11日付法務省民事甲第376号で照復した標記の件に関し，登記嘱託書作成上疑義ある点を左記のとおり取扱って差しつかえないか御意見を賜わりたい。

　　　　　　　　　　　　　　　　記

一．略

二．略

三．法人格のない団体に売払をする場合には，売払通知書に記載する相手方及び登記の嘱託書に記載する登記権利者の表示は，当該団体の性格に従い，次の三様の一による。

　⑴　部落団体の場合には，市町村名義とする。

　⑵　当該団体の規約によって財産を代表者名義とする定があるときは，その代表者の名義とする。この場合代表者個人の住所及び氏名を記載するものとする。

　⑶　以上により難い場合は，当該団体を構成している個人全員の名義とする。

　　　この場合には，「別紙のとおり」と記載し，共有者全員の氏名及び住所を記載（持分の定があるときはその持分も記載）した別紙（略）を末尾に添附する。

（回答）

　本月10日付28地局第4812号で照会のあった標記の件については，貴見の通り取り扱ってさしつかえないものと考える。

（注2）　**「質疑応答」登研188号73頁**

　　問　権利能力なき社団の権利の取得の登記については，㈠代表者名義とするか，㈢構成員全員の名義とする取扱いになっていますが，㈠の場合申請書，その他附属書類に代表者の氏名を書き，括弧書で団体名を記載してよいでしょうか。また，登記簿の記載はどうでしょうか。

　　　　例　甲野太郎（何々組合長）

　　答　申請書，登記簿とも括弧書の記載は相当でないと考えます。

登記記録の表題部所有者として権利能力なき社団の旧代表者が記録されている不動産について，当該旧代表者が死亡している場合，当該不動産を当該権利能力なき社団から買い受けた者は，旧代表者の相続人を被告とする所有権確認判決に基づき，当該買主名義の所有権の保存の登記を申請することができますか。

　　当該所有権の保存の登記は，申請することができるものと考えられます。

## 解　　説

　所有権の保存の登記とは，表題登記がされている不動産について，初めてされる所有権の登記であり，当該登記を申請するか否かは，申請権を有する者の任意に委ねられます。

　所有権の保存の登記を申請することができる者については，不登法に制限的に列挙されています（不登法74条1項）。

　その第1は，表題部所有者又はその相続人その他の一般承継人ですが（同項1号），それ以外の者であっても，所有権を有することが確定判決（確定判決と同一の効力を有するものを含みます。）によって確認された者（同項2号）も，真実の所有権者である蓋然性が高いために，申請権を有するものとされています。

　所有権を確認する判決の種類は，給付判決，確認判決又は形成判決のいずれでも差し支えありません（大審院大正15年6月23日判決・民集5巻536頁）（**注1**）。判決の主文のほか，その理由中において，当該不動産が原告の所有に属することが，証拠に基づいて認定されているときであっても，便宜，当該判決を，不登法74条1項2号にいう判決として取り扱って差し支えないとされています（平成10年3月20日付け民三第552号民事局第三課長通知の二）（**注2**）。また，確定判決と同一の効力を有する和解調書，調停調書，認諾調書等も確定判決に含まれます（不登令別表28の項添付情報欄ロ参照）。

　ところで，当該判決の既判力は，表題部に所有者として記録されている者
又はその相続人に及ぶものでなければなりません。しかしながら，所有権の
登記名義人以外の者から買い受けた不動産について，現在の所有権の登記名
義人との間で，所有権の移転の登記をする旨の和解が成立した場合には，当
該和解調書を提供した所有権の移転の登記申請は，受理して差し支えないと
されています（昭和36年10月27日付け民事甲第2722号民事局長回答）（**注3**）。
すなわち，登記官の形式的審査権限からすれば，確定判決又はこれと同一の
効力を有する和解等によって，当該不動産が，買受人の所有であることが確
認されていれば，当該不動産の登記記録上の所有者は，必ずしも実体上の所
有者でなくても差し支えないものと考えられます。

　したがって，当該不動産の実体上の所有者である権利能力なき社団から，
当該不動産を買い受けた者は，実体上の所有者ではないが，表題部の所有者
として記録されている権利能力なき社団の旧代表者の相続人を被告とする所
有権確認判決を得て，これに基づき，当該買主名義の所有権の保存の登記を
申請することができるものと考えられます（平成2年3月28日付け民三第
1147号民事局第三課長回答）（**注4**）。


**（注1）　大審院大正15年6月23日判決・民集5巻536頁**

　「登記權利者及登記義務者カ連署シテ登記ヲ申請スヘキ場合ニ後者カ之
ヲ肯セサル以上前者ハ後者ニ對シ意思ノ陳述ヲ爲スヘキ旨ノ訴ヲ提起シ以
テ登記權利者ノミニテ登記ヲ申請スルノ外アルヘカラス不動産登記法第
二十七條ハ畢竟民事訴訟法第七百三十六條ノ一適用ニ過キサルカ故ニ茲ニ
所謂判決ハ意思ノ陳述ヲ爲スヘキ旨ヲ命スル給付判決タルコト云フ迄モ無
シ然ルニ保存登記ハ元來權利者ノミニテ之ヲ申請スルヲ得ル性質ノモノナ
ルト共ニ其ノ權利者ナルコトハ當該官吏ニ於テ比較的確實ニ之ヲ認メ得ル
カ如キ方法ニ依リ之ヲ證明スヘキ必要アルハ勿論ナリ不動産登記法第百五
條第百六號各號ノ規定ハ此ノ法意ニ出ルモノニ外ナラス從ヒテ同號中ノ所
謂判決ハ所有權確認ノソレノミナラス原告ノ所有權者タルコトヲ肯定シ以
テ登記義務者タル被告ニ對シ登記ヲ爲スヘキコトヲ命スル給付判決ノ如キ
モ亦之ヲ包含スト解スルヲ相當トスルカ故ニ之ト同趣旨ニ出テタル原判決

ヲ攻撃スル本件上告ハ其ノ理由無シト云ハサルヘカラス」

（注２）　**平成10年３月20日付け民三第552号民事局第三課長通知**

　　　　　判決による所有権保存の登記の取扱いについて（通知）

　標記について，別紙甲号のとおり東京法務局長から民事局長あて照会があり，別紙乙号のとおり回答されたので，この旨貴管下登記官に周知方取り計らい願います。

（別紙甲号）

　　　　　判決による所有権保存の登記の取扱いについて（照会）

一　権利の登記のされていない不動産の登記簿の表題部に記載されている所有者が甲及び乙である場合において，丙が不動産登記法第100条第１項第２号の規定により自己名義で所有権保存の登記を受けるために申請書に添付する判決は，甲及び乙両名が被告であることを要し，表題部に記載されていない者を被告とした判決はもとより，甲又は乙のいずれか１名を被告とした判決も含まないものと考えますが，いかがでしょうか。

二　登記簿の一元化作業により旧土地台帳から移記した登記簿の表題部の所有者欄に「甲外何名」と記載され，共同人名簿が移管されなかった等の理由により「外何名」の氏名住所が明らかでない土地について，「甲」のみを被告とする所有権確認訴訟に勝訴した者から，当該訴訟の判決書を申請書に添付して，不動産登記法第100条第１項第２号の規定による所有権保存の登記の申請があった場合，当該判決の理由中に，「甲外何名」の記載にかかわらず当該土地が原告の所有に属することが証拠に基づいて認定されているときに限り，便宜，当該判決を，不動産登記法第100条第１項第２号にいう判決として取り扱って差し支えないものと考えますが，いかがでしょうか。

（別紙乙号）

　　　　　判決による所有権保存の登記の取扱いについて（回答）

　平成10年３月９日２不登１第41号をもって照会のあった標記の件については，貴見のとおりと考えます。

（注３）　**昭和36年10月27日付け民事甲第2722号民事局長回答**

　　　　　所有権登記名義人以外の者から買受けた不動産につき当該登記名義人を相手方として所有権移転登記をすべきことの和解が成立した場合における登記申請の受否について

　左記和解条項を内容とする和解調書を添付して，申立人から所有権移転

登記申請があった場合，当該登記申請は不動産登記法第49条第４号の規定に該当し，受理することはできないものと考えますが，いささか疑義がありますので，何分の御垂示賜りたく，お伺いいたします。

記

　和解条項
　一．相手方は申立人に対し，現に相手方名義に登記されている後記物件は昭和36年６月７日申立人が申立外何某から買受け取得したものであることを確認する。
　二．相手方は申立人に対し直に右物件の所有権移転登記手続をなすこと。
（回答）
　本年９月１日付登第200号をもって問合せのあった標記の件については，受理してさしつかえないものと考える。
　追って，登記申請書には，「真正なる登記名義の回復」を登記原因として記載すべきであるから，念のため申し添える。

**（注４）　平成２年３月28日付け法務省民三第1147号民事局第三課長回答**
　　弁護士法第23条の２に基づく照会について（表題部の所有者又は所有権の登記名義人が権利能力なき社団の旧代表者である場合における所有権の保存又は移転登記の手続）
（照会）
照会事項１　省略
照会事項２　権利能力なき社団に属する土地について，社団名義で登記ができないために，その登記簿上の表題部に社団の構成員（いずれも故人）が共有者として記載されている場合に，権利能力なき社団から当該土地を買い受けた買主は，共有名義人の相続人らを被告とする所有権確認の判決に基づき，自己名義の所有権保存登記をすることができるか。できないとすれば，買主の所有権取得の登記はどのような手続によるべきか。
（回答）
　　客月９日付け新弁第315号をもって照会のあった標記の件について，下記のとおりと考えます。

記

一　照会事項１について
　　省略

二　照会事項2について
　意見のとおりと考える。

**Q5**　所有権の登記名義人が，権利能力なき社団の代表者である不動産について，当該社団の代表者が変更された場合は，どのような登記を申請するのですか。

**A**　権利能力なき社団の代表者に変更があったときは，「委任の終了」を登記原因とする旧代表者から新代表者への所有権の移転の登記を申請することになります。

## 解　説

### 1　権利能力なき社団に属する不動産の登記手続

　権利能力なき社団がその運営を行っていくためには，不動産を始めとする資産を必要としますが，既に説明したとおり，権利能力なき社団は，私法上の権利義務の主体となることができませんから，その資産は，権利能力なき社団自体に帰属することはなく，社団の構成員全員に総有的に帰属すると解されています（**Q2の注1**の最高裁昭和32年判決，**Q2の注2**の最高裁昭和47年判決）。

　「総有」とは，団体の構成員が，当該団体の資産についての持分権を有しないため，権利を譲渡したり，その権利の分割を請求することができないという形態の共有のことをいいます。

　そこで，権利能力なき社団が，その資産として不動産を取得した場合の登記手続については，まず，現行の不動産登記関係法令には，登記名義人を自然人又は法人以外の者とすることができる旨の規定がないこと，登記官の形式的審査権では，申請人として表示されている社団が，社団としての実体を備えているものか否かを審査することができないこと，仮に，一旦は権利能力なき社団名義の登記をしたとしても，その後，当該権利能力なき社団が登記義務者となって登記を申請する場合に，権利能力なき社団については，法人登記をすることができないことから，その代表者が誰であるかを確認することができず，したがって，当該社団の代表者の資格を証する情報の提供及

び印鑑証明書を添付することができないために，その真正を担保する方法がないことなどを理由として，権利能力なき社団を登記名義人とする所有権の移転の登記は，することができないとされています。

　また，権利能力なき社団の構成員全員から代表者個人に対し，当該代表者個人名義で登記を受けることについての委任があるものと観念する考え方や，構成員全員の総有に属する不動産は，信託的に権利能力なき社団の代表者個人の所有とされるとする考え方（**Q2**の**注2**の最高裁昭和47年判決）を根拠に，当該社団の規約に代表者の名義で登記する定めがあるときは，その代表者個人の名義で登記をし，その定めがないときは，構成員全員の名義で登記する（**Q3**の**注1**の昭和28年民事局長回答）ものとされています。

　そして，代表者個人の名義で登記するときでも，権利能力なき社団の代表者である旨の肩書きを付することはできないとされています（**Q2**の**注3**の昭和36年民事局第三課長回答）。

## 2　権利能力なき社団の代表者に変更があった場合の登記手続

　実質は，権利能力なき社団に帰属する資産である不動産について，代表者個人の名義で登記がされている場合において，代表者に変更があったときは，新代表者は，旧代表者に対し，自己を名義人とする所有権移転登記手続をするよう求めることができます（**Q2**の**注2**の最高裁昭和47年判決）。

　この場合，新・旧代表者の間には，実体上は，何らの権利変動もありませんから，所有権の移転の登記ではなく，登記名義人の氏名等の変更の登記で足りるのではないかとも考えられますが，不動産登記法が予定している登記名義人の氏名等の変更とは，名義人の同一性が失われない範囲での氏名若しくは名称又は住所の変更に限られ（不登法64条1項），名義人を入れ替えて別人とする変更は，これに含まれていません。

　したがって，所有権の名義人を別人である新代表者とするには，移転の登記によらざるを得ません。

　登記の先例においては，権利能力なき社団が所有する不動産について，その構成員のうちの数人を所有権の登記名義人としていたところ，その後，所

有権の登記名義人を，そのうちの一人にするための共有持分の移転の登記の登記原因は，「委任の終了」とするのが相当であるとしています（昭和41年4月18日付け民事甲第1126号民事局長電報回答）（**注**）。

### 3　所有権の移転の登記の申請情報［別記1］及び添付情報

　上記2の所有権の移転の登記における申請情報の内容としては，登記の目的（不登令3条5号）を「所有権移転」，登記原因（同条6号）を「委任の終了」，その日付を「新代表者が就任した日」とし，新代表者を登記権利者，旧代表者を登記義務者として表示します。

　また，添付情報としては，報告的な登記原因証明情報（不登法61条，不登令7条1項5号ロ，不登令別表30の項添付情報欄イ）［**別記2**］，登記名義人となる新代表者の住所を証する市町村長，その他の公務員が作成した情報（公務員が職務上作成した情報がない場合にあっては，これに代わるべき情報）（不登令別表30の項添付情報欄ロ），登記義務者である旧代表者の作成後3か月以内の印鑑証明書（不登令16条2項・3項，18条2項・3項），及び同人が当該不動産について所有権の登記を受けた際に登記官から通知された登記識別情報（不登法22条）又は登記済証（不登法附則7条）を提供又は提出する必要があります。

　（注）　昭和41年4月18日付け民事甲第1126号民事局長電報回答
　　　　　法人格のない社団の代表者の変更による所有権移転登記の登記原因について
　（照会）
　　共有名義の不動産につき，登記原因を左記の如く記載して，共有者のうちの一人を単独所有者とする旨の共有持分移転登記申請があったが，この登記原因による登記申請の受否につき決しかねますので，電信で何分のご指示を願います。
　　なお，本件は，法人格のない社団所有の不動産につき，その構成員のうちの数名を，所有権の登記名義人としていたところ，その後，所有権の登記名義人を，そのうちの一人にするために，右の如き登記申請がされたものであ

る。

　参照　昭和39年10月15日最高裁判所判決に対する香川参事官の解説（登記研究211巻11頁以下）

記

　当該申請により持分を失うこととなる共有者のうち，すでに死亡している者の分については，「準委任終了」生存者の分については，「準委任解除」（回答）

　3月16日付日記登第141号をもって照会の件は，登記原因を「委任の終了」とするのが相当である。

## ［別記1］ 申請情報

登　記　申　請　書

登記の目的　　所有権移転（**注1**）
原　　　因　　平成○年○月○日委任の終了（**注2**）
権　利　者　　○○市○○町二丁目12番地
　　　　　　　（住民票コード　12345678901）
　　　　　　　　甲　野　一　郎（**注3**）
義　務　者　　○○市○○町二丁目34番地
　　　　　　　　乙　山　二　郎（**注4**）
添付書類
登記識別情報又は登記済証（**注5**）　登記原因証明情報（**注6**）
代理権限証書（**注7**）　　　　　　印鑑証明書（**注8**）
住所証明書（**注9**）
登記識別情報（登記済証）を提供することができない理由（**注10**）
□不通知　□失効　□失念　□管理支障　□取引円滑障害　□その他
　（　　　　　　　　）
□登記識別情報の通知を希望しない（**注11**）
送付の方法により登記識別情報の通知書の交付を希望する（**注12**）
送付先　○○の住所又は事務所宛て（**注13**）
その他の事項

```
　　添付書面の原本の還付は，送付の方法によることを希望する（注14）
　　送付先　　○○の住所又は事務所宛て（注15）
　平成○年○月○日申請（注16）○法務局○支局（出張所）（注17）
　代理人　　○市○町○番地
　　　○　○　○　○　　㊞（注18）
　　　　連絡先の電話番号○○－○○○○－○○○○（注19）
　課 税 価 格　　金○円（注20）
　登録免許税　　金○円（注21）
　不動産の表示（注22）
　　不動産番号　　1234567890123（注23）
　　所　　　在　　○○市○○町○○丁目
　　地　　　番　　23番
　　地　　　目　　宅地
　　地　　　積　　123.45平方メートル
```

（注1）　登記の目的（不登令3条5号）は，「所有権移転」と記載する。

（注2）　登記原因及びその日付（不登令3条6号）としては，「委任の終了」及び新代表者が就任した日を記載する。

（注3）　登記権利者（不登法60条）として，新代表者の氏名及び住所を記載する（不登令3条1号）。この記載は，登記原因証明情報（注6）及び住所証明書（注9）と合致していなければならない（不登法25条8号）。この記載が登記原因証明情報と合致しない場合には，同一性を証する情報として，氏名又は住所等の変更又は更正を証する情報（戸籍（除籍）謄抄本，戸籍の附票，（除）住民票等）を提供する。また，登記権利者が代理人を選任せず自ら申請をするときは，氏名の次に押印する（不登令16条1項）。なお，住民票コード（住民基本台帳法7条13号）を申請情報として記載することができる（不登規則36条4項）。

（注4）　登記義務者（不登法60条）として，旧代表者（所有権の登記名義人）の氏名及び住所を記載する（令3条1号）。この記載は，登記記録及び登記原因証明情報（注6）と合致していなければならない（不登法25条7号・8号）。また，登記義務者が代理人を選任せず自ら申請するときは，氏名の次に押印（（注8）の印鑑証明書と同一のもの）する（不登令16条1項）。

（注5）　登記義務者が，当該不動産について所有権の保存又は移転の登記をした

ときに登記所から通知を受けた登記識別情報を提供する（不登法22条）。登記識別情報は，登記識別情報を記載した書面を封筒に入れ，この封筒に登記義務者の氏名及び登記の目的並びに登記識別情報を記載した書面が在中する旨を明記して提供する（不登規則66条１項２号・２項・３項）。新法施行前に所有権の登記を受けた登記義務者が最初に当該登記所に申請する場合には，従来の登記済証を提出することになる（不登法附則７条）。これらの登記識別情報又は登記済証を提供又は提出することができないときは，登記官は登記義務者に対して，当該登記申請があったこと及び当該申請の内容が真実であれば，２週間以内にその旨の申出をするよう通知することになる（不登法23条１項・２項，不登規則70条８項）。ただし，資格者代理人から登記義務者であることを確認するために必要な情報の提供を受け，かつ，登記官がその内容を相当と認めたとき（不登法23条４項１号，不登規則72条），又は公証人から登記義務者であることを確認するために必要な認証がされ，かつ，登記官がその内容を相当と認めたときは（不登法23条４項２号），登記義務者への通知は要しない（不登法23条４項柱書）。

（注６）　登記原因証明情報（不登法61条）とは，登記原因となった事実又は法律行為及びこれに基づき現に権利変動が生じたことを証する情報であり，「委任の終了」の場合には，権利能力なき社団について，代表者の交替があり，新代表者が委任を受けた事実を証する当事者が作成した報告的な登記原因証明情報（不登令別表30項添付情報欄イ）を提供することになるものと考えられる（[**別記２**] 参照）。

（注７）　代理人によって登記を申請する場合には，その代理権限を証する情報（委任状）を提供する（不登令７条１項２号）。なお，法人（司法書士法人，弁護士法人）である代理人によって登記の申請をする場合において，当該代理人の会社法人等番号を提供したときは，当該会社法人等番号の提供をもって，当該代理人の代表者の資格を証する情報の提供に代えることができる（不登規則37条の２）。

（注８）　登記義務者の印鑑証明書（住所地の市区町村長の証明に係るもの）を添付する（不登令16条２項）。なお，この印鑑証明書は，作成後３か月以内のものでなければならない（不登令16条３項）。

（注９）　住所を証する情報として，登記権利者の住所地の市区町村長が証明した住民票の写しを提供する（不登令別表30の項添付情報欄ロ）。ただし，住

民票コード（住民基本台帳法7条13号）を申請情報として記載したとき（不登規則36条4項）は，住所を証する情報の提供は要しない（不登令9条）。

(**注10**)　登記義務者が登記識別情報又は登記済証を提供又は提出することができないときは，その理由を該当する□にチェックする（不登法22条ただし書，不登令3条12号）。

(**注11**)　登記識別情報の通知を希望しないときは，□にチェックする（不登法21条ただし書，不登規則64条1項1号・2項）。

(**注12**)　登記識別情報の通知書の交付を送付の方法により希望する場合には，その旨を申請情報の内容としなければならない（不登規則63条3項）。送付の方法は，①申請人又は代理人が自然人でその住所宛てに送付を希望するとき，②代理人が法人で当該法人の代表者の個人の住所宛てに送付を希望するときには本人限定受取郵便で，③代理人が法人で当該法人の住所宛てに送付を希望するとき，又は④代理人が自然人でその事務所宛てに送付を希望するときは書留郵便等の方法によることとされ（不登規則63条4項・5項），その送付に要する費用を郵便切手等で納付しなければならない（不登規則63条6項・7項・8項）。なお，速達等に係る料金に相当する郵便切手を提出したときは，速達の方法により送付される（不登規則63条8項）。

　　なお，代理人が登記識別情報の通知書を受領する場合には，特別の委任を受けなければならない（不登規則62条2項）。

(**注13**)　（**注12**）の送付先の別を申請情報の内容としなければならない（不登規則63条3項）。

(**注14**)　添付書面の原本還付は，申請人の申出により，送付の方法により請求することができる（不登規則55条6項）。また，送付の方法は確実に送付することができる書留郵便等によることとし（不登規則55条7項），その費用を納付しなければならない（不登規則55条8項）。

(**注15**)　原本の送付先として，申請人又は代理人の住所を記載しなければならない（不登規則55条6項）。

(**注16**)　登記を申請する日，すなわち，申請書を登記所に提出する日を記載する（不登規則34条1項7号）。

(**注17**)　登記を申請する不動産を管轄する登記所の表示として，法務局若しくは地方法務局若しくはこれらの支局又はこれらの出張所を記載する（不登規

則34条1項8号)。

(注18) 代理人によって登記を申請するときは,その代理人の氏名又は名称及び
住所並びに代理人が会社等の法人の場合はその代表者の氏名を記載し(不
登令3条3号),押印する(不登令16条1項)。ただし,代理人が申請書に
署名したときは記名押印を要しない(不登規則47条1号)。この記載は,
(注7)の委任状の受任者の記載と合致していることを要する(不登法25
条4号)。

(注19) 申請書の記載事項等に補正すべき点がある場合に,登記所の担当者から
申請人又は代理人に連絡するための連絡先の電話番号を記載する(不登規
則34条1項1号)。

(注20) 登録免許税の課税標準の金額を記載する(不登規則189条1項)。この金
額は,当該登記のときにおける不動産の価額によるとされている(登免税
法10条1項)が,この価額は当分の間,固定資産課税台帳に登録された価
格に100分の100を乗じて計算した価額とされている(登免税法附則7条,
登免税法施行令附則3項)。また,この金額に1,000円未満の端数があると
きはその端数は切り捨て(国税通則法118条1項),その全額が1,000円に
満たないときはこれを1,000円とするとされている(登免税法15条)。なお,
固定資産課税台帳に登録されていない不動産については,当該不動産に類
似し,かつ,固定資産課税台帳に価格が記載された不動産の金額を基礎と
して登記機関が認定することになる(登免税法施行令附則3項)。

(注21) 登録免許税額を記載する(不登規則189条1項)。この金額は,(注20)
に記載した課税価格の1,000分の20とされている(登免税法別表第1・1・
(2)・ハ)。この金額に100円未満の端数があるときはその端数を切り捨て
(国税通則法119条1項),その金額が1,000円未満のときは1,000円とするも
のとされている(登免税法19条)。

(注22) 不動産の表示として,土地の場合は,その所在,地番,地目,地積を記
載し,建物の場合は,その所在地番,家屋番号,種類,構造及び床面積を
記載する(不登令3条7号・8号)。この記載は,登記記録の表示と合致
していることを要する(不登法25条6号)。

(注23) 不動産を識別するための番号(不登法27条4号,不登規則90条)を記載
したときは,(注22)の記載を省略することができる(不登令6条1項1
号・2号)。

## ［別記２］ 報告的な登記原因証明情報例

1　申請情報の要項
 (1)　登記の目的　　所有権移転
 (2)　登記原因　　平成○年○月○日委任の終了
 (3)　当　事　者　　権利者　○○市○○町二丁目12番地
　　　　　　　　　　　　　　　　　　甲　野　一　郎
　　　　　　　　　　　　　　義務者　○○市○○町二丁目34番地
　　　　　　　　　　　　　　　　　　乙　山　二　郎
 (4)　不動産の表示
　　　　　　　　　　所　　　在　　　○○市○○町○○丁目
　　　　　　　　　　地　　　番　　　23番
　　　　　　　　　　地　　　目　　　宅地
　　　　　　　　　　地　　　積　　　123.45平方メートル
2　登記の原因となる事実又は法律行為
 (1)　「ときわ荘町内会」は，権利能力なき社団である。そのため，上記1
 (4)の本件不動産を取得した際に，代表者である乙山二郎の名義で所有権
 の移転の登記をしている（平成○年○月○日○法務局○支局受付第○
 号）。（注1）
 (2)　平成○年○月○日，「ときわ荘町内会」総会が開催され，代表者が，
 乙山二郎から甲野一郎に交替した。（注2）
 (3)　よって，本件不動産の所有権は，同日，委任の終了により，乙山二郎
 から甲野一郎へ移転した。（注3）

　　　平成○年○月○日○法務局○支局（出張所）

　　　　上記の登記原因のとおり相違ありません。

　　　　　　　　　　　　○○市○○町二丁目12番地
　　　　　　　　　　　　権利者　　　甲　野　一　郎　㊞
　　　　　　　　　　　　○○市○○町二丁目34番地
　　　　　　　　　　　　義務者　　　乙　山　二　郎　㊞

（**注1**）　登記の目的となる不動産が，実体上は，権利能力なき社団の所有であるため，その代表者個人の名義で登記した事実を記載する。

（**注2**）　権利能力なき社団の代表者が交替した事実を記載する。

（**注3**）　登記の目的となる不動産の所有権が，委任の終了により移転した旨を記載する。

　　　　登記原因の日付は，新代表者甲野一郎が就任した日である。

**Q6**　権利能力なき社団に属する不動産について，数人の代表者の名義で所有権の登記がされている場合，そのうちの一人の名義に変更するには，どのような登記を申請するのですか。

　また，一人の代表者の名義で登記されている場合に，数人の代表者の名義に変更するには，どのような登記を申請するのですか。

**A**　数人の代表者の名義を，そのうちの一人の名義に変更する場合には，代表者でなくなった名義人の持分全部を，代表者として残った一人に移転する旨の登記を申請します。

　また，一人の代表者の名義で登記されている場合に，数人の代表者の名義に変更するには，現在の登記名義人の所有権の一部又は全部を，新たに名義人となる者に移転する旨の登記を申請します。

## 解　説

### 1　権利能力なき社団の代表者に変更があった場合の登記手続

　権利能力なき社団の資産に属する不動産については，権利能力なき社団が私法上の権利義務の主体となることができませんから，権利能力なき社団自体の名において登記することはできず，その代表者個人の名義又は構成員全員の名義で登記をし，代表者に変更があったときは，旧代表者から新代表者への「委任の終了」を登記原因とする所有権の移転の登記を申請することになります（**Q3**の解説参照）。

### 2　数人の代表者の名義を，そのうちの一人に変更する場合の登記手続

　権利能力なき社団の代表者が数人（甲，乙，丙の3人）である場合に，権利能力なき社団の資産に属する不動産について，その数人の代表者全員を名義人とする所有権の登記（各人の持分を各3分の1とする共有の登記）をすることができることは，いうまでもありません。

　そのような登記がされている場合に，権利能力なき社団の代表者を一人

（甲）のみにしたときは，代表者でなくなった者（乙，丙）は，その個人の名義で権利能力なき社団の登記を受ける受任者としての地位を失うことになりますので，登記上有する同人（乙，丙）の持分全部を，代表者として残る一人（甲）に移転する旨の登記をすることになります。

　この場合の登記の申請は，残る一人の代表者甲を登記権利者，他の旧代表者乙，丙を登記義務者とし，登記の目的を「乙，丙持分全部移転」，登記原因を「委任の終了」，移転する持分を旧代表者乙，丙の持分各3分の1を合わせた3分の2とする申請情報を提供してすることになります（**Q5**の注の昭和41年民事局長電報回答参照）。

### 3　一人の代表者の名義を，数人に変更する場合の登記手続

　上記2の場合とは逆に，一人の代表者の名義で登記がされている場合に，代表者を数人に変更し，その全員を名義人とする登記をすることもできます。

　この場合には，現在の登記名義人である代表者が代表者の地位に残る場合と，その地位を去る場合とが，考えられます。

　例えば，権利能力なき社団の代表者甲の名義で登記がされている場合において，これを代表者甲及び乙の名義とする場合は，登記の形式面からみれば，甲の単独所有が，甲及び乙の共有に変わることになりますから，甲の所有権の一部（乙が取得する持分に相当する持分。例えば，2分の1）を乙に移転する旨の登記をすることになります。

　この場合の登記の申請は，新たに代表者となる乙を登記権利者，旧代表者で持分の一部を失う甲を登記義務者とし，登記の目的を「所有権一部移転」，登記原因を「委任の終了」，移転する持分を乙が取得する持分2分の1とする申請情報を提供してすることになります（昭和53年2月22日付け民三第1102号民事局長回答）（**注**）。

　また，代表者甲の名義で登記がされている場合に，これを代表者乙及び丙の名義とする場合は，登記の形式面からみれば，甲の単独所有が，乙及び丙の共有（各自の持分2分の1）に変わることになりますから，甲の所有権を乙及び丙に移転する旨の登記をすることになります。

　この場合の登記の申請は，新たに代表者となる乙及び丙を登記権利者，旧代表者甲を登記義務者とし，登記の目的を「所有権移転」，登記原因を「委任の終了」，乙及び丙の持分を各２分の１とする申請情報を提供してすることになります。

（注）　昭和53年２月22日付け民三第1102号民事局長回答

　　　　法人格なき社団の代表者が変更した場合の所有権移転登記の登記原因等について

（照会）

　標記について，別紙のとおり和歌山地方法務局長から照会があり，左記のとおり回答したいと考えますが，いささか疑義がありますので何分の御指示をお願いします。

記

　甲説により取り扱うのが相当と考える。

理由

　法人格なき社団がその所有の不動産について個人の名義による登記を受けた場合，それは当該名義人が社団の委任に基づく受任者の立場において登記名義人となっているものと理解すべきである。

別紙

登第111号

昭和51年２月27日

和歌山地方法務局長

　大阪法務局長　　殿

　　　　法人格なき社団の代表者１名を３名に変更した場合の所有権移転登記の登記原因等について（伺い）

　法人格なき社団の所有する不動産につき登記名義人は代表者Ａ１名のところ，Ｂ，Ｃを加え３名に増員する登記の登記原因を「委任の変更」としＡよりＢ，Ｃに対し持分一部移転の登記申請がありましたが，受否に関し左記両説あり，小職は乙説を相当と考えますが決しかねますので御多忙中恐縮ながら何分の御垂示を賜わりますようお願いいたします。

記

　甲説　人格なき社団の不動産につき，その構成員のうち数名を代表者と
　　して，これら数名の共有名義としている場合においてそのうちの１名
　　とするための共有持分移転の登記をするには他の者の生存の如何を問
　　わず，その登記原因を「委任の終了」とする先例があり（昭和41・
　　4・18民甲第1126号）これを類推すれば本件登記は受理さしつかえな
　　い。

　乙説　人格なき社団の資産は構成員に総有的に帰属するものであるから，
　　持分的観念をいれる余地がなく（昭和39・10・15最高裁判決）共有関
　　係において持分の記載のない登記は認めるべきではない。甲説引用の
　　先例は共有名義の登記を人格なき社団の実態に符合さすための登記を
　　認めたものである。

　　　このような登記を認めるとすれば例えば代表者A，B２名（持分各
　　1/2）のときAが辞任し，C，Dが新たに加った場合Aについては委
　　任が終了しB，C，Dについては委任の変更がなされ２個の登記原因
　　が同時に発生することになり登記の方法がない。また持分についてこ
　　れをみるにA持分２分の１をC，Dに移転するとその結果B２分の１，
　　C，D各４分の１となり，社団の代表者が量的に異なることとなり，
　　公示上このような関係を認めるべき法律的根拠がない。

（回答）

　昭和51年３月26日付け不登第111号をもって照会のあった標記の件につい
ては，登記原因を「委任の終了」とするのが相当であると考える。

**Q7**　　所有権の登記名義人が，権利能力なき社団の代表者である不動産について，当該社団の代表者が死亡した場合は，どのような登記を申請するのですか。

**A**　　権利能力なき社団の代表者が死亡したときは，新代表者と旧代表者の相続人全員から，「委任の終了」を登記原因とする所有権の移転の登記を申請することになります。

## 解　説

　権利能力なき社団の資産は，権利能力なき社団自体に帰属することはなく，社団の構成員全員に総有的に帰属するものであり，そのため，社団構成員の総有に属する不動産は，当該構成員全員のために信託的に社団代表者個人の所有とされるものですから，当該代表者は，その趣旨における受託者としての地位において，また，当該代表者名義で登記を受けることについて委任があるものとして，当該不動産につき自己の名義をもって登記をすることができると解されています（**Q2**の**注2**の最高裁昭和47年判決）。

　したがって，実質は，権利能力なき社団の資産に属する不動産について，代表者個人名義で登記がされている場合において，当該代表者が死亡したときは，当該不動産は，死亡した旧代表者個人名義の所有権の登記がされていても，旧代表者の相続財産を構成するものではありませんから，旧代表者の相続人に対する相続の登記をすることは，できません。

　この場合は，旧代表者の死亡により，同人と権利能力なき社団との委任関係が終了しますので（民法653条1号），旧代表者の相続人は，旧代表者の登記名義を権利能力なき社団に返還するため，新たに選任された代表者に対し，所有権移転登記手続をする義務を負うことになります。すなわち，旧代表者の相続人全員が，申請人になります。

　この場合の所有権の移転の登記における申請情報の内容としては，登記の目的（不登令3条5号）を「所有権移転」，登記原因（同条6号）を「委任

の終了」，その日付を「新代表者が就任した日」とし，新代表者を登記権利者，旧代表者の相続人全員を登記義務者として表示します（**注**）。

　また，添付情報としては，報告的な登記原因証明情報（不登法61条，不登令7条1項5号ロ，不登令別表30の項添付情報欄イ）**[別記]**，登記名義人となる新代表者の住所を証する市町村長，その他の公務員が作成した情報（公務員が職務上作成した情報がない場合にあっては，これに代わるべき情報）（不登令別表30の項添付情報欄ロ），旧代表者について相続があったことを証する市町村長，その他の公務員が作成した情報（公務員が職務上作成した情報がない場合にあっては，これに代わるべき情報）（不登令7条1項5号イ）としての戸籍（除籍）謄抄本等，旧代表者の登記申請義務を承継した旧代表者の相続人全員の作成後3か月以内の印鑑証明書（不登令16条2項・3項，同令18条2項・3項），及び旧代表者が当該不動産について所有権の登記を受けた際に登記官から通知された登記識別情報（不登法22条）又は登記済証（不登法附則7条）を提供又は提出する必要があります。

**（注）　「質疑応答」登研239号75頁**

　　問　法人格のない社団の代表者甲が死亡し，新たに乙が代表者に選任された場合，甲名義になっている社団所有の不動産を乙名義に変更するときの登記手続に関し，次の点をご教示下さい。

　　⑴　登記の形式は，所有権移転の方法によるべきと考えるがどうか。

　　⑵　右の場合の登記権利者は乙で，登記義務者は甲の相続人と考えるがどうか。

　　⑶　登記原因及び日付はどのように記載すべきか。

　　⑷　登記原因証書は常に存しないので，申請書副本を添付すべきものと考えるがどうか。

　　答　⑴⑵　ご意見のとおり。

　　⑶　登記原因は「委任の終了」で，その日付は，乙が代表者に就任した日と考えます（昭和41年4月18日付け民事甲1126号民事局長回答参照）。

　　⑷　ご意見のとおり。

## ［別記］ 報告的な登記原因証明情報例

1　申請情報の要項
- (1)　登記の目的　　所有権移転
- (2)　登記原因　　　平成○年○月○日委任の終了
- (3)　当事者　　　権利者　○○市○○町二丁目12番地
  甲　野　一　郎
  　　　　　　　　　義務者　○○市○○町二丁目34番地
  乙　山　三　郎
  　　　　　　　　　　　　　○○市○○町二丁目34番地
  乙　山　花　子
- (4)　不動産の表示
  　　　　　　　　　所　　　在　　　○○市○○町○○丁目
  　　　　　　　　　地　　　番　　23番
  　　　　　　　　　地　　　目　　宅地
  　　　　　　　　　地　　　積　　123.45平方メートル

2　登記の原因となる事実又は法律行為
- (1)　ときわ荘町内会は，権利能力なき社団である。そのため，上記1(4)の本件不動産を取得した際に，代表者である乙山二郎の名義で所有権の移転の登記をしている（平成○年○月○日○法務局○支局受付第○号）。(**注1**)
- (2)　平成○年○月○日，ときわ荘町内会の代表者乙山二郎は，死亡した。その相続人は，乙山三郎及び乙山花子である。(**注2**)
- (3)　平成○年○月○日，ときわ荘町内会総会が開催され，甲野一郎が，新代表者に就任した。(**注3**)
- (4)　よって，本件不動産の所有権は，同日，委任の終了により，乙山二郎から甲野一郎へ移転した。(**注4**)


平成○年○月○日○法務局○支局（出張所）


　　上記の登記原因のとおり相違ありません。


○○市○○町二丁目12番地

> 権利者　　　甲　野　一　郎　㊞
> ○○市○○町二丁目34番地
> 義務者（亡）乙　山　二　郎
> 上記相続人　○○市○○町二丁目34番地
> 　　　　　　乙　山　三　郎　㊞
> 　　　　　　○○市○○町二丁目34番地
> 　　　　　　乙　山　花　子　㊞（**注5**）

（**注1**）　登記の目的となる不動産が，実体上は，権利能力なき社団の所有であるため，その代表者個人の名義で登記した事実を記載する。

（**注2**）　権利能力なき社団の代表者が死亡した事実とその相続人を記載する。

（**注3**）　権利能力なき社団の新代表者が就任した事実を記載する。

（**注4**）　登記の目的となる不動産の所有権が，委任の終了により移転した旨を記載する。

　　　　　登記原因の日付は，新代表者甲野一郎が就任した日である。

（**注5**）　旧代表者が死亡しているため，その相続人全員が，登記原因証明情報の作成者となる。

**Q8** 所有権の登記名義人が，権利能力なき社団の代表者である不動産について，当該社団が，当該不動産を第三者に売り渡した場合に，当該代表者が死亡しているときは，当該代表者の相続人から，直接，買主である第三者への所有権の移転の登記を申請することができますか。

**A** 死亡した権利能力なき社団の代表者の相続人から，直接，買主である第三者へ所有権の移転の登記を申請することは，できません。

この場合は，まず，権利能力なき社団の現在の代表者名義に所有権の移転の登記をした上で，その者を登記義務者，買主を登記権利者とする所有権の移転の登記を申請することになります。

## 解　説

権利能力なき社団の資産は，権利能力なき社団自体に帰属することはなく，社団の構成員全員に総有的に帰属するものであり，そのため，社団構成員の総有に属する不動産は，当該構成員全員のために信託的に社団代表者個人の所有とされるものですから，当該代表者は，その趣旨における受託者としての地位において，若しくは当該代表者名義で登記を受けることについて委任があるものとして，当該不動産につき自己の名義をもって登記をすることができると解されています（**Q2の注2**の最高裁昭和47年判決）。

したがって，所有権の登記名義人である権利能力なき社団の代表者が交替又は死亡した場合には，委任が終了した場合（民法653条1号）又は信託における受託者の任務が終了した場合（信託法56条1項）に準じて，旧代表者又はその相続人は，「委任の終了」を登記原因とする新代表者への所有権の移転の登記を申請しなければなりません（**Q5及びQ7**の解説参照）。

そこで，権利能力なき社団が，その資産である不動産を第三者に売り渡した場合に，当該不動産の所有権の登記名義人が，権利能力なき社団の現在の

代表者であるときは，当該登記名義人は，権利能力なき社団との間の委任契約又は信託契約に基づいて，当該不動産の登記名義を買受人に移転する義務があるものと解されます。したがって，その場合には，買主を登記権利者，登記名義人である現在の代表者を登記義務者として，「売買」を登記原因とする所有権の移転の登記を申請することができるものと考えられます。

　一方，登記名義人である代表者が死亡しているときは，上記のとおり，当該登記名義人と権利能力なき社団との間における委任又は信託は，既に終了していることになりますから，死亡した代表者の相続人が，買主に対して，直接，「売買」を登記原因とする所有権の移転の登記を申請することは，できないというべきです。

　この場合には，まず，権利能力なき社団の新代表者を登記権利者，死亡した代表者の相続人全員を登記義務者として，「委任の終了」を登記原因とする所有権の移転の登記（**Q 7**参照）をした上で，新代表者を登記義務者，買主を登記権利者として，「売買」を登記原因とする所有権の移転の登記を申請することになります（平成 2 年 3 月28日付け法務省民三第1147号民事局第三課長回答）（**注**）。

**（注）　平成2年3月28日付け法務省民三第1147号民事局第三課長回答**
　　　弁護士法第23条の2に基づく照会について（表題部の所有者又は所有権の登記名義人が権利能力なき社団の旧代表者である場合における所有権の保存又は移転登記の手続）
（照会）
照会事項1　権利能力なき社団に属する土地について，社団名義で登記ができないために，社団の構成員数名（いずれも故人。また，一部はその後に社団の構成員たる資格を喪失）の名義で所有権保存登記がなされている場合に，権利能力なき社団が当該土地を第三者に売り渡したときは，買主の所有権取得の登記手続はどのようにすべきか。
　　　買主を登記権利者，登記名義人の相続人を登記義務者として，所有権移転登記又は共有権移転登記をするものと解してよろしいか。
照会事項2　省略

（回答）

客月9日付け新弁第315号をもって照会のあった標記の件について，下記のとおりと考えます。

記

一 照会事項1について

　権利能力なき社団の現在の代表者名義に所有権移転登記の手続をした上で，その者が登記義務者となり買主が登記権利者となって所有権移転登記の申請をすべきものと考える。

二 照会事項2について

　（省略）

**Q₉**　権利能力なき社団に属する不動産の所有権の登記名義人となっていた代表者が死亡したところ，誤ってその相続人の一人に対し相続による所有権移転の登記がされた場合，当該社団の新たな代表者名義の登記をするには，どのような申請をすることになりますか。

**A**　相続による登記を抹消した上で，社団の新代表者及び相続人全員により，「委任の終了」を登記原因とする新代表者への所有権移転の登記を申請することになります。

## 解　説

　権利能力なき社団の資産に属する不動産について，当該社団の代表者を名義人とする所有権の登記がされている場合に，当該代表者が死亡したとしても，当該不動産は，当該相続人の相続財産を構成するものではありませんから，これについて旧代表者の相続人に対する相続の登記をすることは，できません。

　この場合は，新代表者と死亡した旧代表者の相続人全員により，「委任の終了」を登記原因とする新代表者名義への所有権の移転の登記を申請することになることについては，既に説明したとおりです（**Q7**参照）。

　したがって，登記名義人である旧代表者（被相続人）の相続人の一人に対して相続の登記がされた場合，当該登記は，実体を欠く無効なものですから，抹消されるべきであり，登記名義人となっている相続人の一人から，直接，新代表者への所有権の移転の登記をすることはできません（**注**）。

　その抹消の登記は，死亡した代表者（相続の登記がされる直前の所有権の登記名義人）の相続人全員を登記権利者，現在の所有権の登記名義人（相続人の一人）を登記義務者として申請することになります。

　そして，相続の登記が抹消された後，新代表者を登記権利者，死亡した旧代表者の相続人全員を登記義務者とし，登記の目的を「所有権移転」，登記原因を「委任の終了」とする所有権の移転の登記を申請することになります。

　なお，実際には，上記の相続の登記の抹消は，当該社団の新代表者が，「委任の終了」を登記原因とする所有権の移転の登記を申請する前提として，登記権利者である相続人全員に代位して申請するのが，一般的な登記手続であると考えられます。

　ところで，上記の事例において登記名義人となった相続人が，当該不動産に抵当権を設定し，その抵当権者の承諾を得られないために，相続による登記を抹消することができない旨を内容とする登記原因証明情報を提供して，当該相続登記の登記名義人から，権利能力なき社団の新代表者に対する「真正な登記名義の回復」を登記原因とする所有権の移転の登記の申請がされたときは，これを受理することができるものと考えられます。この場合には，当該相続登記の抹消と新代表者個人名義への所有権の移転の登記という二段の登記を省略できることになります。

　また，権利能力なき社団の旧代表者個人名義の登記がされた後，同人の生存中に，当該権利能力なき社団から旧代表者に対して当該不動産が贈与されていた場合は，当該不動産は実体上も代表者個人の所有となるのですが，現行法の下では，所有権の登記名義人から同一人に対して所有権の移転の登記をすることは認められていませんから，その旨を登記記録上で明らかにする方法はありません。したがって，代表者個人名義の所有権の登記は，そのまま存置されることになります。そして，このような状態において，代表者が死亡し，その相続人のための相続の登記が申請されたときは，その申請に基づく相続の登記は，有効と解すべきことになります。すなわち，この場合，代表者個人名義の登記は，同人が当該権利能力なき社団から贈与を受けた後は，名実ともに同人の所有であることを公示する登記に転換され，これに続く相続の登記に実体上の根拠を与えることになるとみるべきだからです。

**（注）**　「質疑応答」登研550号181頁

　　　問　いわゆる権利能力なき社団の代表者甲名義で登記されていた不動産について，甲が死亡し，乙名義に相続登記がされている。この場合，乙への相続登記を抹消することなく，「委任の終了」を登記原因として新代表者丙

　への所有権移転登記の申請をすることができると考えますが，いかがで
しょうか。

答　乙への相続登記の抹消を要するものと考えます。

権利能力なき社団が，売買により農地を取得した場合におい
て，農地法所定の許可書の譲受人に「ときわ荘町内会　A市B
町1番地甲某」と記載されているときは，登記権利者を「A市B町二丁
目1番地　甲某」として，所有権の移転の登記を申請することができる
でしょうか。

**A**　　当該登記は，申請することができると考えられます。

### 解　説

　権利能力なき社団であっても，不動産を取得することができることは，い
うまでもありません。

　しかしながら，権利能力なき社団は，法人格を有しないことから，所有権
等の登記名義人となることはできません。そこで，登記実務では，当該権利
能力なき社団の規約により，代表者の定めがあるときは，その代表者個人の
名義で登記をすることができるが，そのような定めがないときは，構成員全
員の名義で登記をすることとしています（**Q3の注1**の昭和28年民事局長回
答）。

　また，代表者名義で登記をする場合の当該代表者は，社団の構成員全員の
受託者たる地位において，若しくは当該代表者名義で登記を受けることにつ
いて委任があるものとして，個人の名義で登記をすることができるにすぎな
いことから，権利能力なき社団の代表者の肩書を付した代表者個人名義の登
記をすることは，許されないことになります（**Q2の注2**の昭和47年最高裁
判決）。また，例えば，「甲野太郎（何々組合長）」のように，当該団体名を
括弧書きで表示することも相当でないとされています（**Q3の注2**）。

　そこで，権利能力なき社団が，売買により農地を取得した場合において，
農地法所定の許可書に，譲受人として，当該権利能力なき社団名を付した
「ときわ荘町内会　A市B町二丁目1番地甲某」と記載されているときは，

権利能力なき社団である「ときわ荘町内会」を登記権利者とする所有権の移転の登記申請は認められません。

　この場合，「甲某」は，権利能力なき社団である「ときわ荘町内会」の代表者と考えられますから，登記権利者を「Ａ市Ｂ町二丁目１番地　甲某」とする所有権の移転の登記を申請せざるを得ません。また，農地法の許可書の譲受人と登記権利者との同一性については，提供された登記権利者の住所を証する情報（不登令別表30の項添付情報欄ロ）によって確認すれば足りるものと考えられます。

　したがって，権利能力なき社団が，売買により農地を取得した場合において，農地法所定の許可書の譲受人に「ときわ荘町内会　Ａ市Ｂ町１番地甲某」と記載されているときは，登記権利者を「Ａ市Ｂ町二丁目１番地　甲某」として，所有権の移転の登記を申請することができると考えられます。

**Q₁₁** 　権利能力なき社団の旧代表者甲，乙及び丙の共有名義となっている農地について，「委任の終了」を登記原因として，新代表者丁に所有権の移転の登記を申請する場合は，農地法所定の許可書の提供を要するでしょうか。

**A** 　農地法所定の許可書の提供は要しないものと考えられます。

## 解　説

　実質は，権利能力なき社団に帰属する資産である不動産について，代表者個人の名義で登記がされている場合において，代表者に変更があったときは，新代表者は，旧代表者に対し，自己を名義人とする所有権移転登記手続をするよう求めることができます（**Q2**の**注2**の最高裁昭和47年判決）。

　この場合，新・旧代表者の間には，実体上は，何らの権利変動もありませんから，所有権の移転の登記ではなく，登記名義人の氏名等の変更の登記で足りるのではないかとも考えられますが，不動産登記法が予定している登記名義人の氏名等の変更とは，名義人の同一性が失われない範囲での氏名若しくは名称又は住所の変更に限られ（不登法64条1項），名義人を入れ替えて別人とする変更は，これに含まれていません。したがって，所有権の名義人を別人である新代表者とするには，移転の登記によらざるを得ません。

　そこで，登記の先例においては，権利能力なき社団に帰属する不動産について，その構成員のうち甲，乙及び丙を所有権の登記名義人としていたところ，その後，所有権の登記名義人を，そのうちの一人である甲にするための共有持分の移転の登記の登記原因は「委任の終了」とするのが相当であるとされ（**Q5**の**注**の昭和41年民事局長電報回答），また，逆に，一人の代表者甲の名義で登記がされている場合に，その代表者を甲，乙及び丙とする甲持分一部移転の登記の場合も，その登記原因は「委任の終了」とするのが相当であるとされています（**Q6**の**注**の昭和53年民事局長回答）。

　以上のことから，権利能力なき社団が所有する不動産は，代表者個人の固有財産ではなく，当該不動産についての「委任の終了」を登記原因とする所有権の移転の登記は，登記名義人である権利能力なき社団の代表者の辞任又は死亡により委任が終了し，それによってその登記名義のみを新しい代表者に移す（又は新たな代表者を加える）にすぎないものであり，当事者の法律行為による権利変動には該当しないものと解されます（Q5及びQ6の解説参照）。したがって，権利能力なき社団の旧代表者である甲，乙及び丙の共有名義となっている農地について，「委任の終了」を登記原因として，新代表者丁に所有権の移転の登記を申請する場合には，農地法所定の許可書の提供は要しないものと考えられます（注）。

（注）　「質疑応答」登研435号116頁
　　　問　法人格のない社団所有の農地につき，その構成員のうちA・B・Cを代表者として，これらの者の共有名義としている場合において，「委任の終了」を登記原因として代表者Dへの移転登記には農地法所定の許可書は必要でしょうか。
　　　答　所問の場合，農地法所定の許可書は要しないものと考えます。

権利能力なき社団は，抵当権の設定の登記における債務者になることができますか。

権利能力なき社団は，抵当権の設定の登記における債務者になることができます。

## 解　説

　社団としての実体は有しているものの，法律上，法人格を有しないため，権利義務の主体となり得ない権利能力なき社団は，所有権等の登記名義人となることはできないとされています。

　その理由としては，不動産登記法上，申請人の氏名又は名称及び住所（不登令3条1号），申請人が法人であるときは，その代表者の氏名（同条2号）を申請情報の内容としなければならないとされていることから，自然人及び法人以外の者が登記名義人になることが予定されていません。また，法人が登記名義人となる場合には，会社法人等番号若しくは法人の代表者の資格を証する情報を提供することを要しますが（不登令7条1項1号），権利能力なき社団については，直接これを監督する行政機関がないことから，その実態及び代表者について公証する制度がなく，登記官の形式的審査では架空の名義人の登記を防止することができず，ひいては，強制執行や滞納処分を免れるための財産隠しを助長するおそれがあるほか，一旦権利能力なき社団の登記を認めると，その後，当該社団を登記義務者とする登記申請をする際に，当該社団の代表者の資格を証する情報の提供及び印鑑証明書を添付することができないために，その真正を担保することができないこと等が挙げられています（**Q2の注3**の昭和36年民事局第三課長回答）。

　しかしながら，抵当権の設定の登記における債務者は，登記名義人ではなく，かつ，法人でない社団又は財団で代表者又は管理人の定めがあるものは，その名において訴え，又は訴えられることができるとされ，民事訴訟法上，当事者能力が認められている（民事訴訟法29条）ことから，権利能力なき社

団を抵当権の設定の登記の債務者とする登記の申請は，受理して差し支えないとされています（昭和31年 6 月13日付け民事甲第1317号民事局長回答）（注）。

　（注）　昭和31年 6 月13日付け民事甲第1317号民事局長回答
　　　　　　登記事務の取扱について
　　　抵当権設定登記申請書に表示した債務者が（抵当権設定者でない）社会通念上一般に法人格を有しないものと登記官吏において認められる場合（例えば青年団，婦人会，PTA会等），次の説のいずれによるべきでしようか。至急何分の御教示をお願いいたします。
　　　　　　　　　　　　　　　　　　記
　甲説　基本契約が明らかに無効であるのでこれを被担保債権とする抵当権設
　　　定契約も無効であり，不動産登記法第49条第 2 号により却下する。
　乙説　不動産登記法第119条第 1 項の記載が違法であるので，同法第49条第
　　　 4 号により却下する。
　丙説　債務者は登記申請の当事者でなく，なお登記官吏は基本契約について
　　　有効，無効を調査する権限はないので受理するほかない。
　（回答）
　　　 4 月13日付登第255号で照会された標記の件については，次のように考える。
　　　　　　　　　　　　　　　　　　記
　　　法人格を有しない社団は，社団名義をもって登記名義人となることはできないが，所問の場合は，右の登記名義人に該当せず，かつ，法人格を有しない社団でも，債務者となり得るから，所問の抵当権設定登記の申請は受理してさしつかえない。

**Q13** 権利能力なき社団を債権者とする差押えの登記をする前提として，当該権利能力なき社団を代位者とする差押債務者の相続による所有権の移転の代位登記を申請することができますか。

**A** 当該代位登記は，申請することができないものと考えられます。

## 解　説

　社団としての実体は有しているものの，法律上，法人格を有しないため，権利義務の主体となり得ない権利能力なき社団は，所有権等の登記名義人となることはできませんが，抵当権の設定の登記における債務者は，登記名義人ではないことから，権利能力なき社団を抵当権の設定の登記の債務者とする登記の申請は，受理して差し支えないとされています（**Q12の注**の昭和31年民事局長回答）。したがって，代位者も債務者と同様に登記名義人でないことから，権利能力なき社団を代位者とする登記申請を認めても差し支えないとも考えられます。

　しかしながら，債権者代位権は，債権者が自己の債権を保全するために，債務者に属する権利を行使する（民法423条1項）ものであり，登記記録上，債権者と代位者の氏名若しくは名称及び住所は，同一の表記がされることになります。すなわち，当該代位者は，その後にされる差押えの登記の登記名義人である差押債権者となるべき者であるということになります。したがって，当該代位者を上記の抵当権の設定の登記における債務者と同様に解することはできません。

　以上のことから，権利能力なき社団は，差押えの登記の登記名義人である差押債権者となることはできませんから，その前提登記としてする差押債務者の相続による所有権の移転の登記申請の代位者となることもできないと考えられます。

**Q14**　　権利能力なき社団である自治会（町内会）が所有し，当該自治会の代表者名義で所有権の登記がされている不動産について，市町村を受託者とし，当該自治会を受益者とする信託の登記をすることができますか。

**A**　　当該信託の登記は，することができないものと考えられます。

## 解　　説

　社団としての実体は有しているものの，法律上，法人格を有しないため，権利義務の主体となり得ない権利能力なき社団は所有権等の登記名義人となることはできませんが，抵当権の設定の登記における債務者は，登記名義人ではないことから，権利能力なき社団を抵当権の設定の登記の債務者とする登記の申請は，受理して差し支えないとされています（**Q12**の**注**の昭和31年民事局長回答）。そこで，信託の登記における受益者は，信託の登記の申請人ではないことから，抵当権の債務者と同様に，権利能力なき社団が，受益者となることが可能であるかが問題となります。

　「受益者」とは，受益権を有する者をいい（信託法2条6項），「受益権」とは，信託行為に基づいて受託者が受益者に対して負う債務であって信託財産に属する財産の引渡しその他の信託財産に係る給付をすべきものに係る債権及びこれを確保するために信託法の規定に基づいて受託者その他の者に対し一定の行為を求めることができる権利をいいます（同条7項）。

　ところで，不動産の所有権を信託する場合の登記は，当該信託に係る権利の保存，設定，移転又は変更の登記の申請と同時に（不登法98条1項），かつ，一の申請情報によってしなければならず（不登令5条2項），受託者が単独で申請することができるとされています（不登法98条2項）。したがって，設問の場合は，受託者である市町村が，単独で信託の登記を申請することになります。そして，受益者の氏名又は名称及び住所は信託の登記の登記

事項とされていますが（不登法97条1項1号），登記官は，同項各号に掲げる事項を明らかにするため，信託目録を作成することができる（同条3項）とされており，受益者の氏名又は名称及び住所も，その信託目録に記録されるものとされています（不登規則176条，不登規則別記第5号様式）。そこで，上記のとおり，受益者は，信託の登記の申請人ではなく，その登記能力の有無は，直接問題とはならないことから，権利能力なき社団である自治会名をもって受益者とすることも差し支えないのではないかとも考えられます。

しかしながら，権利能力なき社団が所有権等の登記名義人となることができない理由としては次の3点が考えられます。まず，第1に，不動産登記法上，自然人及び法人以外の者が登記名義人になることが予定されていないからであるとされており，そのことは，不登法97条1項1号の規定においても，同様に解釈すべきであって，そのため，形式的に，権利能力なき社団を受益者とすることはできないと解されます。また，実質的にも，権利能力なき社団である自治会名をもって受益者として登記することを認めるとしても，何を名称及び住所とするかについては，問題があるものと考えられます。

第2に，信託の併合又は分割により不動産に関する権利が一の信託の信託財産に属する財産から他の信託の信託財産に属する財産となった場合における当該権利に係る当該一の信託についての信託の登記の抹消及び当該他の信託についての信託の登記（不登法104条の2第1項前段），又は不動産に関する権利が固有財産に属する財産から信託財産に属する財産となった場合等のように信託財産の帰属に変更が生じた場合の権利の変更の登記（同条2項）は，受益者が登記権利者又は登記義務者として申請することになります。しかしながら，当該権利能力なき社団については，これを公証する機関がないことから，その代表者の資格を証する情報の提供及び印鑑証明書を添付することができません。

第3に，受益者は，受託者に代わって信託の登記を申請することができるとされており（不登法99条），この場合の受益者は，登記の申請人ですから，権利能力なき社団名で申請することができないことは，いうまでもありません。

　以上のことから，信託の登記における受益者を権利能力なき社団とする登記の申請は，することができないと解されます（昭和59年３月２日付け法務省民三第1131号民事局長回答）（**注**）。

**（注）　昭和59年３月２日付け法務省民三第1131号民事局長回答**

　　　　　　信託登記において権利能力のない自治会名義で受益者となることの可否について

（進達）標記について，貴職あて岐阜地方法務局長から別添のとおり照会がなされましたので，左記当職意見を付して進達いたします。

　　　　　　　　　　　　　記

　権利能力のない社団が，受益者として指定されたときの受益権は，その社団の構成員に総有的に帰属すべきものと解すべきであり，したがって，受益者の登記は，その実質権利者たる構成員全員の名義又はその代表者名義をもってする必要があるので，別添岐阜局意見甲説を相当と考える。

（照会）

　権利能力のない自治会（町内会）の財産を公示する方法として自治会の代表者個人名義で登記されている不動産（公民館の建物及び敷地）について市町村を受託者とし当該自治会を受益者とする信託財産の登記をする場合，権利能力のない自治会名義で受益者となることの可否について左記のとおり意見があり，当職は甲説を相当と考えますが，なお疑義がありますので何分の御指示をお願いします。

　　参照　自治実務セミナー11巻７号59頁

　　行政管理セミナー「町内会財産の所有と管理」

　　　　　　　　　　　　　記

甲説　信託終了により不動産の所有権が受益者に帰属する旨の信託法第61条の規定及び受益者又は委託者は受託者に代位して信託の登記を申請できる旨の不動産登記法第110条の規定等から，受益者は権利能力を有する必要があるものと解すべきであり，権利能力を有しない自治会名義（「○○町内会」等）では登記法上受益者となり得ない。

乙説　受益者については，不動産登記法第108条の規定により信託登記の申請人ではないので抵当権の債務者と同様，権利能力を有しない自治会でも差し支えない。

参照 昭和31年6月13日民事甲第1317号民事局長回答

（回答）

昭和57年7月26日付け登第537号をもって照会のあった標記の件については，貴見のとおりと考えます。

第三者名義で登記された権利能力なき社団の構成員全員の総有に属する不動産について，強制競売開始決定に基づく差押え，又は仮差押命令に基づく仮差押えの登記を嘱託することができますか。

**A**　当該嘱託登記は，することができます。

## 解　　説

　差押えの登記の嘱託情報の内容とされる登記義務者は，所有権の登記名義人が表示されることから，その表示が登記記録上の表示と符合しないときは，当該嘱託登記は，「申請情報の内容である登記義務者……の氏名若しくは名称又は住所が登記記録と合致しないとき。」（不登法25条7号）に該当し，却下されることになります。

　これまで繰り返し説明してきたように，権利能力なき社団に属する資産は，構成員に総有的に帰属するものであって，団体自体に帰属するものではありませんから，権利能力なき社団に属する不動産について，当該社団名義で登記することは，認められていません。そこで，権利能力なき社団を債務者とする金銭債権を表示した公正証書若しくは確定判決等の債務名義を有する債権者が，権利能力なき社団の構成員の総有不動産に対して，強制執行をしようとする場合，債務名義上の債務者（権利能力なき社団）と強制執行の対象となる当該不動産の登記名義人（権利能力なき社団の構成員）とが一致することは，ありません。

　したがって，当該債務名義の正本に基づいて強制執行が実施され（民事執行法25条），強制競売開始決定に基づく差押えの登記を嘱託するとしても（同法48条1項），債務名義上の債務者と強制執行の対象となる当該不動産の登記名義人とが一致しないために，当該嘱託登記は，却下されることになります。

　ところで，登記がされた不動産について，登記事項証明書及び登記記録の

表題部に債務者以外の者が所有者として記録されている場合にあっては，不動産に対する強制競売の申立書には，執行力のある債務名義の正本のほかに，債務者の所有に属することを証する文書を添付しなければならないとされています（民事執行規則23条1号）。

そこで，判例は，債務名義上の債務者と強制執行の対象となる当該不動産の登記名義人とが一致しない場合には，民事執行規則23条1号の規定に準じて，権利能力なき社団を債務者とする金銭債権を表示した債務名義の正本のほか，当該不動産が当該権利能力なき社団の構成員全員の総有に属することを確認する旨の債権者と当該権利能力なき社団及び当該不動産の登記名義人との間の確定判決，又はこれに準ずる書面を添付して，当該不動産に対する強制執行の申立てをすることができるとしています（最高裁平成22年6月29日第三小法廷判決・民集64巻4号1235頁）（**注1**）。

なお，民事執行法23条3項は，「第1項に規定する債務名義による強制執行は，同項各号に掲げる者のために請求の目的物を所持する者に対しても，することができる。」としていますが，この規定は，特定物の引渡請求権等についての強制執行を予定しているものであり，同法27条2項に規定する執行文付与の手続及び執行文付与の訴えにおいて，強制執行の対象となる財産が，債務名義上の債務者に帰属するか否かを審理することも予定されていないことからすると，同法23条3項の規定を金銭債権についての強制執行の場合まで拡張解釈することは許されないとして，上記の債務名義について，登記名義人である構成員全員を債務者として当該不動産を執行対象財産とする執行文の付与を求めることはできないとしています（上記最高裁平成22年判決）。

以上のことから，設問の嘱託登記は，することができるということになります。

そして，この場合の嘱託情報における「登記権利者・義務者目録」には，登記記録上所有者として記録されている者の住所，氏名を登記義務者として記載するとともに，その下に，強制競売事件の債務者である権利能力なき社団の名称及び住所を付記するものとされています（平成22年10月12日付け民二第2558号民事局民事第二課長依命通知の（別紙）の1）（**注2**）。

　また，嘱託登記の登記原因が「強制競売開始決定」である場合には，登記原因証明情報として，その決定正本を提供すべきであるとされています（昭和24年12月20日付け民事甲第2900号民事局長回答（**注3**），昭和55年8月28日付け民三第5267号民事局長通達第三の一の2の㈡）（**注4**）。そこで，当該強制競売開始決定の「当事者目録」には，所有者であることが確定判決等で確認された権利能力なき社団を債務者として記載し，登記記録上所有者とされている者については，強制競売開始決定の物件目録において，その氏名又は名称を付記するものとされています（前掲**注2**の民事局民事第二課長依命通知の（別紙）の2）。さらに，この取扱いは，強制競売の申立ての場合のみならず，仮差押えの申立ての場合にも適用するものとされています（前掲**注2**の平成22年民事局民事第二課長依命通知の（別紙）の3）。

**（注1）　最高裁平成22年6月29日第三小法廷判決・民集64巻4号1235頁**
　　　　「権利能力のない社団を債務者とする金銭債権を表示した債務名義を有する債権者が，当該社団の構成員の総有不動産に対して強制執行をしようとする場合において，上記不動産につき，当該社団のために第三者がその登記名義人とされているときは，上記債権者は，強制執行の申立書に，当該社団を債務者とする執行文の付された上記債務名義の正本のほか，上記不動産が当該社団の構成員全員の総有に属することを確認する旨の上記債権者と当該社団及び上記登記名義人との間の確定判決その他これに準ずる文書を添付して，当該社団を債務者とする強制執行の申立てをすべきものと解するのが相当であって，特定物の引渡請求権等についての強制執行の場合を予定する民事執行法第23条第3項の規定を金銭債権についての強制執行の場合にまで拡張解釈して，上記債務名義につき，上記登記名義人を債務者として上記不動産を執行対象財産とする民事執行法第27条第2項の執行文の付与を求めることはできないというべきである。」

**（注2）　平成22年10月12日付け法務省民—第2558号法務省民事局民事第二課長依命通知**
　　　　権利能力なき社団の構成員全員の総有に属する第三者名義の不動産に対する強制執行における登記嘱託について（依命通知）
　　　　標記について，最高裁判所事務総局民事局長から法務省民事局長あて別

紙甲号のとおり照会があり，別紙乙号のとおり回答がされましたので，この旨貴管下登記官に周知方お取り計らい願います。

（別紙甲号）

最高裁民三第000735号

平成22年9月28日

法務省民事局長　殿

最高裁判所事務総局民事局長　永野厚郎

権利能力なき社団の構成員全員の総有に属する第三者名義の不動産に対する強制執行における登記嘱託について（照会）

先日，第三者名義で登記された権利能力なき社団の構成員全員の総有に属する不動産については，権利能力なき社団を債務者とする金銭債権を表示した債務名義の正本のほか，当該不動産が当該社団の構成員全員の総有に属することを確認する旨の確定判決又はこれに準ずる書面を添付して，当該不動産に対する強制執行の申立てをすることができるとの判決が言い渡されました（平成22年6月29日最高裁判所第三小法廷判決）。

この判決の趣旨に基づく強制執行の申立事件について強制競売開始決定がされたとき，当該開始決定上の債務者の表示と当該開始決定に基づく差押えの登記嘱託書に記載された登記義務者（不動産登記記録上の所有者）の表示は一致しないこととなります。このため，登記原因を証する情報として強制競売開始決定正本を添付して差押えの登記嘱託をする場合は，差押登記嘱託書及び強制競売開始決定の記載については別紙の取扱いのとおりとするのが相当と考えるところ，いささか疑義がありますので，貴局の御意見を承知したく照会します。

なお，上記のような事案であっても，登記原因を証する情報として登記原因を裁判所書記官が証明した書面により提供する場合の登記嘱託書及び登記原因証明情報の取扱いについては，平成17年2月23日付け法務省民二第490号をもって回答されたとおりとします。

おって，本照会への回答につきましては，貴管下法務局及び地方法務局の登記官にその旨を周知いただくようお願いいたします。

（別紙）

1　登記嘱託書の登記権利者義務者目録には，登記記録上所有者とされている者の住所氏名を登記義務者として記載するとともに，その下に，強制競売事件の債務者である権利能力なき社団の名称及び住所を付記する。

（記載例1）

2　強制競売開始決定の当事者目録には，所有者であることが確定判決等
で確認された権利能力なき社団を債務者として記載する。

なお，登記記録上所有者とされている者については，強制競売開始決
定の物件目録においてその氏名又は名称を付記する。（記載例2）

3　この取扱いは，強制競売の申立てのみならず，仮差押えの申立ての場
合にも適用する。

以上

（記載例1）

【登記原因証明情報に開始決定正本を添付する場合】

---

平成○○年(ヌ)第○○号

登　記　嘱　託　書

○○法務局○○出張所　御中

平成○○年○○月○○日

○○地方裁判所

裁判所書記官　○○○○

登記の目的　　　差押

原　　　因　　　平成○○年○○月○○日○○地方裁判所強制競売開始決定

権利者・義務者　別紙登記権利者・義務者目録記載のとおり

添付書類　　　　強制競売開始決定正本

課税価格　　　　債権金額　金○○，○○○，○○○円

登録免許税　　　　　　　　金○○，○○○円

不動産の表示　　別紙物件目録記載のとおり

登記権利者・義務者目録

○○市○○区○○町○丁目○番○号

登記権利者　　株式会社○○○○

○○市○○区○○町○丁目○番○号

登記義務者　　乙野太郎

（強制競売開始決定における債務者の表示

○○市○○区○○町○丁目○番○号　　　甲山連合会）

物件目録
1 所　　在　○○県○○市○○町○丁目
　　地　　番　○○番○
　　地　　目　宅地
　　地　　積　○○・○○平方メートル
2 所　　在　○○県○○市○○町○丁目○番地○
　　家屋番号　○○番○
　　種　　類　居宅
　　構　　造　木造瓦葺2階建
　　床 面 積　1階　○○・○○平方メートル
　　　　　　　2階　○○・○○平方メートル

（記載例2）

平成○○年(ヌ)第○○号

## 強制競売開始決定

　当事者　　別紙目録のとおり
　請求債権　別紙目録のとおり


　債権者の申立てにより，上記請求債権の弁済に充てるため，別紙請求債権目録記載の執行力のある債務名義の正本に基づき，債務者の所有する別紙物件目録記載の不動産について，強制競売の手続を開始し，債権者のためにこれを差し押さえる。


　平成○○年○○月○○日
　　○○地方裁判所

　　　　　　　　　　　　　　　　　　　　裁判官　　○○○○

当事者目録
　○○○−○○○○　○○市○○区○○町○丁目○番○号
　　　　　　　　申立債権者　株式会社○○○○
　　　　　　　　　代表者代表取締役　○○○○

　　　○○○-○○○○　　○○市○○区○○町○丁目○番○号
　　　　　　　　　債務者　甲山連合会
　　　　　　　　　代表者代表理事　乙野太郎


請求債権目録
　　債権者債務者間の○○地方裁判所平成○○年(ワ)第○○号事件の執行力ある
判決正本に表示された下記金員

　　　　　　　　　　　　　　　記

(1)　元　金　金○○，○○○，○○○円
(2)　利息金　金○○○，○○○円
　　　ただし，(1)の金員に対する平成○○年○○月○○日から平成○○年○○
　　月○○日まで年○%の利息金銭
(3)　損害金
　　　ただし，(1)の金員に対する平成○○年○○月○○日から完済に至るまで
　　年○○%の割合による遅延損害金


物件目録
1　所　　　在　　○○県○○市○○町○丁目
　　地　　　番　　○○番○
　　地　　　目　宅地
　　地　　　積　　○○・○○平方メートル
　　　登記記録上の所有者　乙野太郎
2　所　　　在　　○○県○○市○○町○丁目○番地○
　　家屋番号　　○○番○
　　種　　　類　居宅
　　構　　　造　　木造瓦葺2階建
　　床　面　積　　1階　○○・○○平方メートル
　　　　　　　　　　2階　○○・○○平方メートル
　　　登記記録上の所有者　乙野太郎


（別紙乙号）
法務省民二第2557号

平成22年10月12日

　　最高裁判所事務総局民事局長　永野厚郎　殿

　　　　　　　　　　　　　　法務省民事局長　原　　　優

　　　権利能力なき社団の構成員全員の総有に属する第三者名義の不動産
　　に対する強制執行における登記嘱託について（回答）

　　本年9月28日付け最高裁民三第000735号をもって照会のありました標記
の件については，貴見のとおり取り扱われて差し支えありません。

　　なお，この旨法務局長及び地方法務局長に通知しましたので，申し添えます。

**（注3）　昭和24年12月20日付け民事甲第2900号民事局長回答**

　　　　競売記入の嘱託の場合添附すべき登記原因を証する書面について

　　標記の件について左の説があって取扱上疑義がありますので何分の御指
示を賜り度く御伺いいたします。

　一．登記原因を証する書面は申立書を添附する。

　二．登記原因を証する書面は競売開始決定正本を添附する。

　三．右一，二の何れを添附してもよい。

　　　回答

　　登記原因を証する書面としては競売手続開始決定正本を添附すべきもの
と考える（明治32年7月8日民刑第1，266号民刑局長回答参照）。

**（注4）　昭和55年8月28日付け民三第5267号民事局長通達第三の一の2の㈡**

　　　　民事執行法及び民事執行規則の施行に伴う登記事務の取扱いについ
　　　て（抄）

　　民事執行法（昭和54年法律第4号）及び民事執行規則（昭和54年最高裁
判所規則第5号）が本年10月1日から施行されることとなり，民事訴訟法
中強制執行に関する規定が削除されるとともに，競売法並びに自動車及び
建設機械強制執行規則及び自動車及び建設機械競売規則が廃止されること
となったが，これに伴う登記事務の取扱いについては，左記の点に留意す
るよう貴管下登記官に周知方しかるべく取り計らわれたい。

　　　　　　　　　　　　　　　　記

第三　強制執行関係

　一　不動産に対する強制執行

　　2　強制競売の開始決定に係る差押えの登記

　　　㈡　差押えの登記の嘱託書には，登記原因を証する書面として，当
　　　　該開始決定の正本を添付することを要する。

# 第**2**章　認可地縁団体による登記

 認可地縁団体とは，どのようなものをいうのですか。

　　　　認可地縁団体とは，地域的な共同活動のための不動産又は不
　　　　動産に関する権利等を保有するために市町村の認可を受けた町
又は字の区域その他市町村内の一定の区域に住所を有する者の地縁に基
づいて形成された団体をいいます。

## 解　　説

### 1　認可地縁団体の意義

　地域の住民間の連絡等の共同活動を行っている自治会や町内会は，会館等
の不動産を所有していても，権利能力なき社団として，自治会又は町内会の
団体名義で登記をすることは許されず，当該団体の構成員全員の名義で登記
するか，又はその代表者の個人名義で登記せざるを得ませんでした。そのた
め，登記記録上は，代表者の個人財産との区別ができないために，代表者が
死亡して相続が開始した場合には，本来，旧代表者から新代表者への「委任
の終了」による所有権の移転の登記をすべきところ，当該代表者の相続人へ
の相続による所有権の移転の登記がされ，さらに，その相続人が，当該不動
産を第三者に売却したり，あるいは代表者の債権者が，代表者個人の財産と
して当該不動産を差し押さえる等の不都合がある旨の指摘が，されていまし
た。

　そこで，地方自治法の一部を改正する法律（平成3年法律第24号。同年4
月2日施行）によって，自治会等の団体に法人格を付与する制度が創設され
ました。すなわち，「町又は字の区域その他市町村内の一定の区域に住所を

有する者の地縁に基づいて形成された団体（以下本条において「地縁による団体」という。）は，地域的な共同活動のための不動産又は不動産に関する権利等を保有するため市町村長の認可を受けたときは，その規約に定める目的の範囲内において，権利を有し，義務を負う。」（自治法260条の2第1項）ものとされ，その認可を受けた地縁による団体を「認可地縁団体」というものとされました（同条7項）。

## 2　認可地縁団体となるための要件

　認可地縁団体となるためには，①当該団体が，町又は字の区域その他市町村内の一定の区域に住所を有する者の地縁に基づいて形成された団体（以下，単に「地縁団体」といいます。）である必要があります（自治法260条の2第1項）。

　団体とは，特定の目的のための多数人の結合体をいうものと解されます。また，「地縁による」ことが要件とされていますから，一定の区域に住所を有する者を構成員とする団体であっても，他の特定の事情によって結びついているスポーツクラブのようなものは，地縁による団体とはいえませんから，該当しないと考えられます。

　次に，②その区域の住民相互の連絡，環境の整備，集会施設の維持管理等良好な地域社会の維持及び形成に資する地域的な共同活動を行うことを目的とし，現にその活動を行っていると認められること（同条2項1号），③その区域が，住民にとって客観的に明らかなものとして定められていること（同項2号），④その区域に住所を有するすべての個人は，構成員となることができるものとし，その相当数の者が現に構成員となっていること（同項3号），⑤規約を定めていること（同項4号）が必要とされています。したがって，上記のスポーツクラブであっても，②から④の要件を満たせば，地縁による団体であると判断される余地もあると考えられます。

認可地縁団体が不動産を取得した場合，その団体は，所有権の登記名義人となることができますか。

認可地縁団体が不動産を取得した場合，その団体は，所有権の登記名義人となることができます。

## 解　説

　所有権等の登記名義人となり得る者は，権利能力を有する者，すなわち不動産の権利に関する権利の主体となることができる者であって，その範囲は，民法その他の法令によって定められていますが，自然人及び法人は，全て登記名義人となり得ます。

　法人は，民法その他の法律の規定により成立し（民法33条1項），法令の規定に従い，定款その他の基本約款で定められた目的の範囲内において，権利を有し，義務を負うものとされています（同法34条）。

　ところで，**Q16**で説明したとおり，地方自治法の一部を改正する法律（平成3年法律第24号。同年4月2日施行）によって，「町又は字の区域その他市町村内の一定の区域に住所を有する者の地縁に基づいて形成された団体（以下本条において「地縁による団体」という。）は，地域的な共同活動のための不動産又は不動産に関する権利等を保有するため市町村長の認可を受けたときは，その規約に定める目的の範囲内において，権利を有し，義務を負う。」（自治法260条の2第1項）ものとされ，民法その他の法律の規定により成立する法人と同様に，自治会等の団体も，認可を受けることにより権利を有し，義務を負うものとして，法人格が付与されることになりました。その認可を受けた地縁による団体を「認可地縁団体」といいます（同条7項）。

　したがって，市町村長の認可を受けた地縁団体が不動産を取得した場合，当該認可地縁団体は，所有権の登記名義人となることができることになります。

**Q18** 認可地縁団体を所有者又は登記権利者とする登記の申請には，当該団体の住所を証する情報及び代表者の資格を証する情報を提供する必要があると考えられますが，具体的には，どのような情報を提供するのですか。

**A** 認可地縁団体の住所を証する情報及び代表者の資格を証する情報としては，市町村長が交付する当該認可地縁団体の名称，事務所，代表者の氏名及び住所が記載された台帳の写し（証明書）を提供する必要があります。

## 解　説

### 1　住所を証する情報及び代表者の資格を証する情報の提供

　地縁による団体は，市町村長の認可を受けて法人格が付与されることによって，不動産の所有権等の登記名義人となることができることとなりました。

　ところで，登記の申請をする場合には，申請人の氏名又は名称及び住所を申請情報の内容としなければなりません（不登令3条1号）。そして，表題登記，所有権の保存又は移転の登記等の申請には，表題部所有者となる者若しくは登記名義人となる者の住所を証する市町村長，登記官その他の公務員が作成した情報（公務員が職務上作成した情報がない場合にあっては，これに代わるべき情報）を提供するものとされており（不登令別表4，別表12及び別表28の添付情報欄ニ，別表30の添付情報欄ロ等），一般的には，申請人が法人であるときの住所を証する情報としては，登記官が作成した当該法人の登記事項証明書を提供します。

　また，申請人が法人であるときは，会社法人等番号（特定の会社，外国会社その他の商人を識別するための番号。商業登記法7条）を有する法人にあっては当該法人の会社法人等番号を（不登令7条1項1号イ），それ以外の法人にあっては当該法人の代表者の資格を証する情報を提供しなければな

りません（不登令7条1項1号ロ）。この場合の当該法人の代表者の資格を
証する情報についても，一般的には，登記官が作成した当該法人の登記事項
証明書を提供することになります。

　株式会社等について，新たに商業登記の登記記録を起こすときは，当該登
記記録に12桁の会社法人等番号を付するものとされており（商業登記等事務
取扱手続準則7条），同準則82条は，「この準則は，その性質に反しない限り，
法人に関する登記事務の取扱いについて準用する。」と規定していますから，
法人についても，同様の取扱いがされることになります。したがって，商業
登記をした株式会社，その他の法人については，上記のとおり，住所を証す
る情報として，登記官が作成した当該法人の登記事項証明書を，また，代表
者の資格を証する情報として，会社法人等番号を提供することになります。

　しかしながら，認可地縁団体については，商業登記所における法人登記は
されませんから，登記事項証明書及び会社法人等番号を提供することは，で
きません。そこで，認可地縁団体についての住所を証する情報及び代表者の
資格を証する情報として何を提供すればよいかが，問題となります。

## 2　認可地縁団体に係る証明書

　自治法260条の2第1項の認可は，地縁による団体の代表者が総務省令で
定めるところにより行う申請に基づいて行われます（同条2項）。そして，
当該申請は，申請書に①規約，②認可を申請することについて総会で議決し
たことを証する書類，③構成員の名簿，④申請時に不動産又は不動産に関す
る権利等（以下「不動産等」といいます。）を保有している団体にあっては
保有資産目録，申請時に不動産等を保有することを予定している団体にあっ
ては保有予定資産目録，⑤その区域の住民相互の連絡，環境の整備，集会施
設の維持管理等良好な地域社会の維持及び形成に資する地域的な共同活動を
現に行っていることを記載した書類，⑥申請者が代表者であることを証する
書類を添えて，当該地縁による団体の区域を包括する市町村の長に対して行
うものとされています（自治規則18条1項）。詳細については，第1編第1
章2⑷（9頁以下）を参照してください。

　一方，市町村長は，申請のあった地縁による団体について，自治法260条の2第1項の認可をしたときは，当該認可地縁団体の名称，規約に定める目的，区域，主たる事務所，代表者の氏名及び住所，認可年月日等を告示するとともに（同条10項，自治規則19条1項1号），これらの事項を記載した台帳を作成しなければならず，また，告示した事項に変更があったときも，当該変更事項を告示するとともに，台帳の記載事項をも変更しなければならないとされています（自治法260条の2第10項，自治規則21条2項・3項）。

　そして，何人も，市町村長に対し，告示した事項に関する証明書の交付を請求することができるものとされており，市町村長は，その請求があったときは，告示した事項を記載した台帳の写しの末尾に原本と相違ない旨を記載して交付しなければならないとされています（自治法260条の2第12項，自治規則21条1項・2項）。この場合の証明書の作成方法については，台帳全部の写しによるものとされており，台帳に記載された事項の一部について作成する方法（抄本）は，設けられていません。

　上記のとおり，市町村長が交付する認可地縁団体に係る証明書については，当該認可地縁団体の名称及び主たる事務所が記載されていることから，当該証明書は，不動産登記令で規定する表題部所有者若しくは登記名義人となる者の住所を証する市町村長が作成した情報に該当するものとして，取り扱って差し支えないと考えられます。

　また，当該証明書には，当該認可地縁団体の代表者の氏名及び住所が記載されており，認可地縁団体の代表者は一人とされている（自治法260条の5参照）ことから，当該証明書をもって，不登令7条1項1号ロに規定する代表者の資格を証する情報として取り扱って差し支えないと考えられます（平成3年4月2日付け民三第2246号民事局長通達）（**注**）。

　なお，認可地縁団体の証明書は，東京都の特別区を含む市町村長が交付するものとされており，政令指定都市の区長が交付することは，ありません。


**（注）　平成3年4月2日付け民三第2246号民事局長通達**
　　　　　地方自治法第260条の2第1項の認可を受けた地縁による団体に係る

　　登記の申請について（通達）

　標記の件について，別紙甲号のとおり自治省行政局長から照会があり，別紙乙号のとおり回答したので，この旨貴管下登記官に周知方しかるべく取り計らわれたい。

（別紙甲号）　標記につき，地方自治法第260条の2第1項の認可を受けた地縁による団体を所有者又は登記権利者とする登記申請書に添付することが必要とされる同団体の住所証明書及び代表者の資格証明書を別紙様式による証明書とすること，並びに登記名義人である認可を受ける前の地縁による団体の代表者から認可を受けた地縁による団体への所有権移転登記の原因を「委任の終了」，その日付を同項の市町村長の認可の日とすることについて，登記手続上差し支えないか意見の回示を願いたく照会します。

（別紙乙号）　客月29日付け自治行第35号をもって照会のあった標記の件については，貴見のとおり取り扱われて差し支えないものと考えます。

　おって，この旨各法務局長及び地方法務局長に通達したので，申し添えます。

（別紙）

地縁団体台帳（何市（町）（村））

| 名称 | |
|---|---|
| 規約に定める目的 | |
| | |

目的欄　　丁

| 名称 | |
|---|---|
| 区　　域 | |
| | |

区域欄　　丁

| 名称 | |
|---|---|
| その他の事項 | |

その他欄　　丁

認可を受ける前の地縁による団体（権利能力なき社団）の代表者から，認可地縁団体へ所有権の移転の登記を申請する場合の登記原因及びその日付は，どのようにすべきでしょうか。

 登記原因は「委任の終了」，その日付は自治法260条の2第1項に規定する市町村長の「認可のあった日」とすることになります。

解　説

　実質は，権利能力なき社団に帰属する資産である不動産について，代表者個人の名義で登記がされている場合において，代表者に変更があったときは，新代表者は，旧代表者に対し，当該不動産につき自己の個人名義に所有権移転登記手続をすることの協力を求め，これを訴求することができるとしています（**Q2の注2**の最高裁昭和47年判決）。

　この場合，新・旧代表者の間には，実体上は，何らの権利変動もありませんから，所有権の移転の登記ではなく，登記名義人の氏名等の変更の登記で足りるのではないかとも考えられますが，不登法が予定している登記名義人の氏名等の変更とは，名義人の同一性が失われない範囲での氏名若しくは名称又は住所の変更に限られ（不登法64条1項），名義人を入れ替えて別人とする変更は，これに含まれていません。したがって，所有権の名義人を別人である新代表者とするには，移転の登記によらざるを得ません。

　登記の先例においては，権利能力なき社団が所有する不動産について，その構成員のうちの数人を所有権の登記名義人としていたところ，その後，所有権の登記名義人を，そのうちの一人にするための共有持分の移転の登記の登記原因は，「委任の終了」とするのが相当であるとしています（**Q5の注**の昭和41年民事局長電報回答）。

　そこで，認可を受ける前の地縁による団体（権利能力なき社団）の代表者個人名義で登記されている不動産の登記名義を，法人格を取得した認可地縁

団体の名義とする場合も，実体上の所有権が移転するものではありませんが，上記のとおり，現行の不登法においては，名義人を入れ替えて別人の氏名とする変更の登記は認められていませんから，この場合も，所有権の移転の登記の形式によらざるを得ません。そして，実体上は，当該認可地縁団体が法人格を取得したことによって，権利能力なき社団の代表者個人名義で登記しておくことについての委任関係が終了したものと解されますから，所有権の移転の登記原因は，「委任の終了」とすべきであり，また，その委任関係は，認可地縁団体が法人格を取得した日に終了するものと解されますから，登記原因の日付は，自治法260条の2第1項に規定する市町村長の「認可のあった日」ということになります（**Q18**の**注**の平成3年民事局長通達）。

　以上のことから，上記の所有権の移転の登記における申請情報 [**別記1**] の内容としては，登記の目的（不登令3条5号）を「所有権移転」，登記原因（同条6号）を「委任の終了」，その日付を市町村長の「認可のあった日」とし，認可地縁団体を登記権利者，旧代表者を登記義務者として表示します。

　また，添付情報としては，報告的な登記原因証明情報（不登法61条，不登令7条1項5号ロ，不登令別表30の項添付情報欄イ）[**別記2**]，登記名義人となる認可地縁団体の代表者の資格を証する情報（不登令7条1項1号ロ）及び住所を証する情報（不登令別表30の項添付情報欄ロ）として，市町村長が交付する認可地縁団体に係る証明書（台帳の写し），登記義務者である旧代表者の作成後3か月以内の印鑑証明書（不登令16条2項・3項，同令18条2項・3項），及び同人が当該不動産について所有権の登記を受けた際に登記官から通知された登記識別情報（不登法22条）又は登記済証（不登法附則7条）を提供又は提出する必要があります。

## ［別記1］ 申請情報

### 登 記 申 請 書

登記の目的　　所有権移転（**注1**）
原　　　因　　平成○年○月○日委任の終了（**注2**）

権　利　者　　○○市○○町二丁目12番地

　　　　　　　ときわ荘町内会

　　　　　　　　　代表者　甲　野　一　郎（**注3**）

義　務　者　　○○市○○町二丁目34番地

　　　　　　　　　　乙　山　二　郎（**注4**）

添付書類

登記識別情報又は登記済証（**注5**）　登記原因証明情報（**注6**）

代理権限証書（**注7**）　　　　　　　印鑑証明書（**注8**）

住所証明書（**注9**）

登記識別情報（登記済証）を提供することができない理由（**注10**）

□不通知　□失効　□失念　□管理支障　□取引円滑障害　□その他

（　　　　　　　　）

□登記識別情報の通知を希望しない（**注11**）

送付の方法により登記識別情報の通知書の交付を希望する（**注12**）

送付先　　○○の住所又は事務所宛て（**注13**）

その他の事項

　　添付書面の原本の還付は，送付の方法によることを希望する（**注14**）

　　送付先　　○○の住所又は事務所宛て（**注15**）

平成○年○月○日申請（**注16**）　○法務局○支局（出張所）（**注17**）

代理人　　○○市○○町○○番地

　　○　○　○　○　　㊞（**注18**）

　　　　連絡先の電話番号○○－○○○○－○○○○（**注19**）

課 税 価 格　　金○円（**注20**）

登録免許税　　金○円（**注21**）

不動産の表示（**注22**）

　　不動産番号　　1234567890123（**注23**）

　　所　　　在　　○○市○○町○○丁目

　　地　　　番　　23番

　　地　　　目　　宅地

　　地　　　積　　123.45平方メートル

（**注1**）　登記の目的（不登令3条5号）は，「所有権移転」と記載する。

（**注2**）　登記原因及びその日付（不登令3条6号）としては，「委任の終了」及

び地縁による団体であるときわ荘町内会について，自治法260条の２第１
項に規定する市町村長の認可のあった日を記載する。

（注３）　登記権利者（不登法60条）として，認可地縁団体の名称・主たる事務所
及び代表者の氏名を記載する（不登令３条１号）。この記載は，登記原因
証明情報（**注６**）及び住所証明書（**注９**）と合致していなければならない
（不登法25条８号）。また，登記権利者が代理人を選任せず自ら申請をする
ときは，氏名の次に押印する（不登令16条１項）。

（注４）　登記義務者（不登法60条）として，旧代表者（所有権の登記名義人）の
氏名及び住所を記載する（不登令３条１号）。この記載は，登記記録及び
登記原因証明情報（**注６**）と合致していなければならない（不登法25条７
号・８号）。また，登記義務者が代理人を選任せず自ら申請するときは，
氏名の次に押印（（**注８**）の印鑑証明書と同一のもの）する（不登令16条
１項）。

（注５）　登記義務者が，当該不動産について所有権の保存又は移転の登記をした
ときに登記所から通知を受けた登記識別情報を提供する（不登法22条）。
登記識別情報は，登記識別情報を記載した書面を封筒に入れ，この封筒に
登記義務者の氏名及び登記の目的並びに登記識別情報を記載した書面が在
中する旨を明記して提供する（不登規則66条１項２号・２項・３項）。新
法施行前に所有権の登記を受けた登記義務者が最初に当該登記所に申請す
る場合には，従来の登記済証を提出することになる（不登法附則７条）。
これらの登記識別情報又は登記済証を提供又は提出することができないと
きは，登記官は登記義務者に対して，当該登記申請があったこと及び当該
申請の内容が真実であれば，２週間以内にその旨の申出をするよう通知す
ることになる（不登法23条１項・２項，不登規則70条８項）。ただし，資
格者代理人から登記義務者であることを確認するために必要な情報の提供
を受け，かつ，登記官がその内容を相当と認めたとき（不登法23条４項１
号，不登規則72条），又は公証人から登記義務者であることを確認するた
めに必要な認証がされ，かつ，登記官がその内容を相当と認めたときは
（不登法23条４項２号），登記義務者への通知は要しない（不登法23条４項
柱書）。

（注６）　登記原因証明情報（不登法61条）とは，登記原因となった事実又は法律
行為及びこれに基づき現に権利変動が生じたことを証する情報であり，本
書式の場合には，権利能力なき社団が認可を受けて法人格を取得したこと

により，旧代表者から認可地縁団体名義への「委任の終了」による所有権の移転の登記を申請する旨を記載した当事者が作成した報告的な登記原因証明情報（不登令別表30の項添付情報欄イ）を提供することになるものと考えられる（[**別記2**] 参照）。

（**注7**） 代理人によって登記を申請する場合には，その代理権限を証する情報（委任状）を提供する（不登令7条1項2号）。

また，申請人が会社法人等番号を有しない法人であるときは，当該法人の代表者の資格を証する情報の提供を要するが（不登令7条1項1号ロ），市町村長は，認可地縁団体の名称，主たる事務所，代表者の氏名及び住所，認可年月日等を記載した台帳を作成するものとされていることから，登記権利者である認可地縁団体の代表者の資格を証する情報として，市町村長が交付する当該認可地縁団体に係る証明書（当該台帳の写し）を提供する。

なお，法人（司法書士法人，弁護士法人）である代理人によって登記の申請をする場合において，当該代理人の会社法人等番号を提供したときは，当該会社法人等番号の提供をもって，当該代理人の代表者の資格を証する情報の提供に代えることができる（不登規則37条の2）。

（**注8**） 登記義務者の印鑑証明書（住所地の市区町村長の証明に係るもの）を添付する（不登令16条2項）。なお，この印鑑証明書は，作成後3か月以内のものでなければならない（不登令16条3項）。

（**注9**） 所有権の移転の登記を申請するときは，登記権利者の住所を証する情報の提供を要するが（不登令別表30の項添付情報欄ロ），認可地縁団体に係る当該情報としては，市町村長が交付する認可地縁団体に係る証明書（当該台帳の写し）を提供する。ただし，当該情報は，（**注7**）の代表者の資格を証する情報として提供する証明書をもって兼ねることができる。

（**注10**） 登記義務者が登記識別情報又は登記済証を提供又は提出することができないときは，その理由を該当する□にチェックする（不登法22条ただし書，不登令3条12号）。

（**注11**） 登記識別情報の通知を希望しないときは，□にチェックする（不登法21条ただし書，不登規則64条1項1号・2項）。

（**注12**） 登記識別情報の通知書の交付を送付の方法により希望する場合には，その旨を申請情報の内容としなければならない（不登規則63条3項）。送付の方法は，①申請人又は代理人が自然人でその住所宛てに送付を希望するとき，②代理人が法人で当該法人の代表者の個人の住所宛てに送付を希望

するときには本人限定受取郵便で，③代理人が法人で当該法人の住所宛て
に送付を希望するとき，又は④代理人が自然人でその事務所宛てに送付を
希望するときは書留郵便等の方法によることとされ（不登規則63条 4 項・
5 項），その送付に要する費用を郵便切手等で納付しなければならない
（不登規則63条 6 項・ 7 項・ 8 項）。なお，速達等に係る料金に相当する郵
便切手を提出したときは，速達の方法により送付される（不登規則63条 8
項）。

　なお，代理人が登記識別情報の通知書を受領する場合には，特別の委任
を受けなければならない（不登規則62条 2 項）。

(注13)　(注12) の送付先の別を申請情報の内容としなければならない（不登規
則63条 3 項）。

(注14)　添付書面の原本還付は，申請人の申出により，送付の方法により請求す
ることができる（不登規則55条 6 項）。また，送付の方法は確実に送付す
ることができる書留郵便等によることとし（不登規則55条 7 項），その費
用を納付しなければならない（不登規則55条 8 項）。

(注15)　原本の送付先として，申請人又は代理人の住所を記載しなければならな
い（不登規則55条 6 項）。

(注16)　登記を申請する日，すなわち，申請書を登記所に提出する日を記載する
（不登規則34条 1 項 7 号）。

(注17)　登記を申請する不動産を管轄する登記所の表示として，法務局若しくは
地方法務局若しくはこれらの支局又はこれらの出張所を記載する（不登規
則34条 1 項 8 号）。

(注18)　代理人によって登記を申請するときは，その代理人の氏名又は名称及び
住所並びに代理人が会社等の法人の場合はその代表者の氏名を記載し（不
登令 3 条 3 号），押印する（不登令16条 1 項）。ただし，代理人が申請書に
署名したときは記名押印を要しない（不登規則47条 1 号）。この記載は，
(注 7 ) の委任状の受任者の記載と合致していることを要する（不登法25
条 4 号）。

(注19)　申請書の記載事項等に補正すべき点がある場合に，登記所の担当者から
申請人又は代理人に連絡するための連絡先の電話番号を記載する（不登規
則34条 1 項 1 号）。

(注20)　登録免許税の課税標準の金額を記載する（不登規則189条 1 項）。この金
額は，当該登記のときにおける不動産の価額によるとされている（登免税

法10条1項）が，この価額は当分の間，固定資産課税台帳に登録された価格に100分の100を乗じて計算した価額とされている（登免税法附則7条，登免税法施行令附則3項）。また，この金額に1,000円未満の端数があるときはその端数は切り捨て（国税通則法118条1項），その全額が1,000円に満たないときはこれを1,000円とするとされている（登免税法15条）。なお，固定資産課税台帳に登録されていない不動産については，当該不動産に類似し，かつ，固定資産課税台帳に価格が記載された不動産の金額を基礎として登記機関が認定することになる（登免税法施行令附則3項）。

（注21） 登録免許税額を記載する（不登規則189条1項）。この金額は，（注20）に記載した課税価格の1,000分の20とされている（登免税法別表第1・1・⑵・ハ）。この金額に100円未満の端数があるときはその端数を切り捨て（国税通則法119条1項），その金額が1,000円未満のときは1,000円とするものとされている（登免税法19条）。

（注22） 不動産の表示として，土地の場合は，その所在，地番，地目，地積を記載し，建物の場合は，その所在地番，家屋番号，種類，構造及び床面積を記載する（不登令3条7号・8号）。この記載は，登記記録の表示と合致していることを要する（不登法25条6号）。

（注23） 不動産を識別するための番号（不登法27条4号，不登規則90条）を記載したときは，（注22）の記載を省略することができる（不登令6条1項1号・2号）。

## ［別記2］ 報告的な登記原因証明情報例

```
 1  申請情報の要項
 ⑴  登記の目的    所有権移転
 ⑵  登記原因     平成○年○月○日委任の終了
 ⑶  当 事 者     権利者  ○○市○○町二丁目12番地
                       ときわ荘町内会
                         代表者 甲 野 一 郎
                 義務者  ○○市○○町二丁目34番地
                         乙 山 二 郎
 ⑷  不動産の表示
                 所   在    ○○市○○町○○丁目
```

```
　　　　　　　地　　番　　23番
　　　　　　　地　　目　　宅地
　　　　　　　地　　積　　123.45平方メートル
```

2　登記の原因となる事実又は法律行為

⑴　「ときわ荘町内会」は，権利能力なき社団である。そのため，上記1
　⑷の本件不動産を取得した際に，代表者である乙山二郎の名義で所有権
　の移転の登記をしている（平成○年○月○日○法務局○支局受付第○
　号）（**注1**）。

⑵　平成○年○月○日，「ときわ荘町内会」は，認可地縁団体として法人
　格を取得した（**注2**）。

⑶　よって，本件不動産の所有権は，同日，委任の終了により，乙山二郎
　から「ときわ荘町内会」へ移転した（**注3**）。


　平成○年○月○日○法務局○支局（出張所）


　　上記の登記原因のとおり相違ありません。



　　　　　　　○○市○○町二丁目12番地
　　　　　　　権利者　ときわ荘町内会
　　　　　　　　　　代表者　甲　野　一　郎　㊞
　　　　　　　○○市○○町二丁目34番地
　　　　　　　義務者　　　　乙　山　二　郎　㊞

（**注1**）　登記の目的となる不動産が，実体上は，権利能力なき社団の所有である
　　　　ため，その代表者個人の名義で登記した事実を記載する。
（**注2**）　権利能力なき社団が法人格を取得した事実を記載する。
（**注3**）　登記の目的となる不動産の所有権が，委任の終了により移転した旨を記
　　　　載する。
　　　　　登記原因の日付は，自治法260条の2第1項に規定する市町村長の認可
　　　　のあった日である。

認可地縁団体は，未登記不動産の表題登記を申請することが
できますか。

 認可地縁団体は，未登記不動産の表題登記を申請することが
できます。

## 解　説

　地縁による団体は，市町村長の認可を受けることにより法人格を付与され，不動産の所有権の登記名義人となる地位を取得します。

　したがって，認可地縁団体は，当該団体の所有に係る未登記の土地や建物について，所有権を有することを証する情報（不登令別表4の項及び12の項添付情報欄ハ）を提供して，表題登記の申請をすることができます（不登法36条・47条）。

表題部の所有者として権利能力なき社団の代表者個人名義で
登記されている場合に，直接，認可地縁団体名義に所有権の保
存の登記をすることができますか。
　また，その代表者が死亡している場合は，どうですか。

　　　　いずれの場合も，代表者個人名義で所有権の保存の登記をし
た上で，認可地縁団体への所有権の移転の登記をすることにな
ります。

## 解　　説

### 1　表題部の所有者として権利能力なき社団の代表者個人名義で登記されている場合

　不登法74条１項１号は，所有権の保存の登記の申請適格者として，「表題部所有者又はその相続人その他の一般承継人」を規定しています。そこで，権利能力なき社団が，市町村長の認可により法人格を取得した場合であっても，当該社団の代表者個人名義で表題登記がされている不動産の実質的な所有関係に変わりはないことから，当該規定を類推適用して，直接，認可地縁団体名義での所有権の保存の登記を認めて差し支えないとも考えられます。

　しかしながら，表題部所有者の相続人が所有権の保存の登記を申請するときは，相続を証する情報を提供することによって，当該申請人が，表題部所有者の相続人，すなわち所有権の保存の登記の申請適格者であることを担保することができますが，権利能力なき社団が法人格を取得して認可地縁団体となった場合には，両者が，実体的には同一であったとしても，相続を証する情報と同様の同一性を証する情報がないため，これを提供することはできませんから，不登法74条１項１号の規定を類推適用することはできないと考えられます。

　したがって，この場合は，まず，権利能力なき社団の代表者個人名義で所有権の保存の登記をした上で，認可地縁団体への所有権の移転の登記をする

ことになるものと考えられます。

## 2 表題部の所有者として登記されている権利能力なき社団の代表者が死亡している場合

　次に，表題部の所有者として登記されている権利能力なき社団の代表者が死亡している場合，当該代表者個人が所有権の保存の登記を申請することができないことは，いうまでもありません。

　また，代表者個人の相続人が，実質的に権利能力なき社団に属する不動産を承継することはあり得ませんから，当該代表者個人の相続人名義で所有権の保存の登記を申請することもできません。

　しかしながら，不登法74条1項1号の規定が，「表題部所有者の相続人」を所有権の保存の登記の申請適格者としているのは，本来であれば，一旦死亡者名義での所有権の保存の登記をした上で，相続人への所有権の移転の登記をすべきところ，その中間の手続を省略して，直接，相続人名義での所有権の保存の登記の申請を認めたものであって，死亡者名義での所有権の保存の登記を申請することはできないとする趣旨ではないと解されます（昭和32年10月18日付け民事甲第1953号民事局長通達）**（注）**。

　したがって，この場合も，死亡した権利能力なき社団の代表者個人名義で所有権の保存の登記をした上で，認可地縁団体への所有権の移転の登記をすることになるものと考えられます。

　なお，認可地縁団体自身は，不登法74条1項1号に規定する「表題部所有者又はその相続人その他の一般承継人」のいずれにも該当しませんから，認可地縁団体名義での所有権の保存の登記を申請することはできません。

## 3 地方自治法の一部を改正する法律の施行後の取扱い

　認可地縁団体が所有する不動産に係る不動産登記法の特例を設けた地方自治法の一部を改正する法律（平成26年法律第42号）が，平成26年5月30日に公布され，当該不動産登記法の特例に係る部分については平成27年4月1日から施行されましたが，改正法においては，認可地縁団体が，市町村長から

提供された「証する情報」を登記所に提供する場合には，上記１及び２のいずれの場合であっても，直接，当該認可地縁団体名義での所有権の保存の登記を申請することができることとされました（改正後の自治法260条の39）。

その詳細については，**Q26**を参照してください。

**（注）　昭和32年10月18日付け民事甲第1953号民事局長通達**

　　　　死亡者である被相続人名義の所有権保存登記の申請について

　標記の件について，別紙甲号のとおり静岡地方法務局長から照会があり，別紙乙号のとおり回答したから，この旨貴管下登記官吏に周知方しかるべく取り計らわれたい。

（別紙甲号）

　台帳上の所有名義人が被相続人である未登記の宅地につき被相続人が生前すでにその不動産を第三者に売却し登記申請をなさずに死亡した場合には相続人から，すでに死亡している被相続人名義に右土地の所有権保存登記を申請し得るものと解して差しつかえないと考えますが聊か疑義がありますので御垂示を賜わりたくお伺いいたします。

　若し，差しつかえないとすれば申請書の登記名義人の住所の記載は，被相続人の死亡当時における住所でよろしいでしょうか。併せてお伺いします。

（別紙乙号）

　昭和32年８月16日付日記登第389号で照会のあった標記の件については，前後，後段とも貴見のとおりと考える。

　なお，申請書には，所有者として，被相続人の氏名及び住所を記載すべきである。

権利能力なき社団に属する不動産の所有権の登記名義人である代表者個人が死亡し，その後，当該権利能力なき社団が認可地縁団体として法人格を取得した場合は，死亡した代表者の相続人から，直接，当該認可地縁団体への所有権の移転の登記を申請することができますか。

　当該不動産について，死亡した代表者の相続人への所有権の移転の登記がされている場合は，どうですか。

　また，権利能力なき社団の構成員全員の共有名義となっている場合は，どうですか。

　　　　設問の登記の申請は，いずれもすることができると考えられます。

## 解　　説

### 1　代表者個人が死亡している場合

　認可を受ける前の地縁による団体（権利能力なき社団）の代表者個人名義で登記されている不動産の登記名義を，法人格を取得した認可地縁団体の名義とする場合，実体上の所有権が移転するものではありませんが，現行の不動産登記法においては，名義人を入れ替えて別人の氏名とする変更の登記は認められていませんから，この場合は，所有権の移転の登記の形式によらざるを得ません。そして，実体上は，当該認可地縁団体が法人格を取得したことによって，権利能力なき社団の代表者個人名義で登記しておくことについての委任関係が終了したものと解されますから，所有権の移転の登記原因は，「委任の終了」とすべきであり，また，その委任関係は，認可地縁団体が法人格を取得した日に終了するものと解されますから，登記原因の日付は，自治法260条の2第1項に規定する市町村長の「認可のあった日」ということになります（**Q18の注**の平成3年民事局長通達）。

　ところで，登記権利者，登記義務者又は登記名義人が権利に関する登記の

申請人となることができる場合において，当該登記権利者，登記義務者又は登記名義人について相続その他の一般承継があったときは，相続人その他の一般承継人は，当該権利に関する登記を申請することができる（不登法62条）とされていますから，権利能力なき社団に属する不動産の所有権の登記名義人である団体の代表者が死亡した後，その団体が地縁団体としての認可を受けた場合の登記の申請手続については，当該登記名義人である代表者個人の相続人全員を登記義務者とし，登記の目的を「所有権移転」，登記原因を「委任の終了」として，直接，認可地縁団体への所有権の移転の登記を申請することができます。なお，その場合の登記原因の日付は，地縁団体の「認可のあった日」とします（**注**）。

　なお，登記名義人である代表者が死亡し，後任者が選任された後に，権利能力なき社団が地縁団体の認可を受けた場合には，まず，新代表者個人名義への登記を経由した上で，認可地縁団体への所有権の移転の登記をするのが本来の登記手続ですが，新代表者個人名義への登記を経由することなく，認可地縁団体と旧代表者の相続人全員から，所有権の移転の登記が申請されたときは，当該登記の申請は，一種の中間省略の登記に該当するものと解されます。しかしながら，当該認可地縁団体について，新代表者が選任されたかどうかは，通常，登記官にとって，知り得ない事情であると考えられますから，未だ新代表者は選任されていないとして，認可地縁団体と旧代表者の相続人全員から所有権の移転の登記の申請があった場合であっても，当該申請は，受理せざるを得ないものと考えられます。

## 2　代表者の相続人への所有権の移転の登記がされている場合

　実質的に権利能力なき社団に属する不動産については，代表者個人の相続人が承継することはあり得ませんから，死亡した代表者の相続人への所有権の移転の登記がされている場合，認可地縁団体への所有権の移転の登記をするには，その前提として，死亡した代表者の相続人への所有権の移転の登記を抹消する必要があるものと考えられます（**Q9**参照）。

　一方で，当該権利能力なき社団とその代表者との間で，権利能力なき社団

に属する不動産を当該代表者個人の固有財産とする売買等の権利変動が生じ
ていた場合は，当該代表者の死亡によって相続が開始し，当該不動産の所有
権が相続人に承継されたということが考えられます。

　しかしながら，現行の不動産登記法上，この場合に，登記名義人である権
利能力なき社団の代表者から，同一人である固有財産の権利者としての当該
代表者に対して所有権の移転の登記をすることは，認められていません。そ
のため，死亡した代表者の相続人への所有権の移転の登記が，誤った登記で
あるとは必ずしもいえないことから，当該相続登記は，全ての場合において
抹消されなければならないとすることは，相当でないと考えられます。

　したがって，上記のような権利変動が生じている場合があることを考慮す
れば，実質的に権利能力なき社団に属する不動産について，死亡した代表者
の相続人への所有権の移転の登記がされている場合に，その相続人から認可
地縁団体への所有権の移転の登記申請があったときは，受理せざるを得ない
ものと考えられます。

### 3　権利能力なき社団の構成員全員の共有名義となっている場合

　以上のことは，権利能力なき社団に属する不動産の所有権の登記名義人が，
その構成員全員の共有名義となっている場合であっても，同様に取り扱って
差し支えないと考えられます。

　したがって，当該登記名義人である構成員全員を登記義務者とし，登記の
目的を「共有者全員持分全部移転」，登記原因を「委任の終了」，その日付を
地縁団体の「認可のあった日」として，直接，認可地縁団体への所有権の移
転の登記を申請することができます。

### 4　地方自治法の一部を改正する法律の施行後の取扱い

　認可地縁団体が所有する不動産に係る不動産登記法の特例を設けた地方自
治法の一部を改正する法律（平成26年法律第42号）が，平成26年5月30日に
公布され，当該不動産登記法の特例に係る部分については平成27年4月1日
から施行されましたが，改正法においては，認可地縁団体が，市町村長から

提供された「証する情報」を登記所に提供する場合には，上記1から3のいずれの場合であっても，直接，当該認可地縁団体名義への所有権の移転の登記を申請することができることとされました（改正後の自治法260条の39）。

その詳細については，**Q26**を参照してください。

**（注）** **「質疑応答」登研563号127頁**

　　問　権利能力なき社団の代表者の個人名義で所有権の登記がされている不動産につき，右社団が代表者の死亡後に地方自治法第260条の2第1項の認可を受けて法人格を取得した場合には，登記原因を「委任の終了」，現在の登記名義人である代表者の相続人全員を登記義務者として，直接法人格取得後の地縁団体名義へ所有権移転の登記を申請することができると考えますが，いかがでしょうか。できるとした場合，登記原因の日付は，認可のあった日と考えますがいかがでしょうか。

　　答　いずれも御意見のとおりと考えます。

権利能力なき社団が不動産を取得したが，その登記を申請する前に，当該団体が地縁による団体としての認可を受けた場合，当該認可地縁団体に，直接，所有権の移転の登記を申請することができますか。

　できるとした場合，「登記原因及びその日付」は，どのようになりますか。

**A**　　　設問の登記の申請は，することができます。

　　　その場合の登記原因及びその日付は，権利能力なき社団が所有権を取得した原因とその日付を表示することになります。

## 解　説

　権利能力なき社団が地縁団体としての認可を受ける前に不動産の所有権を取得したが，その代表者個人名義又は権利能力なき社団の構成員全員の名義による登記を申請する前に，地縁団体としての認可を受けた場合，本来の登記手続からすれば，まず，地縁団体としての認可を取得する前の権利能力なき社団の代表者個人名義又は構成員全員の名義の登記を経由した上で，認可地縁団体への所有権の移転の登記をすべきことになりますが，この点については，権利能力のない社団の代表者個人名義の登記を経由する必要はないとする考え方もあります。その根拠とする考え方は，概ね次のとおりです。

⑴　そもそも権利能力なき社団が保有する不動産についてする代表者個人名義の登記は，当該社団名義の登記をする方法がないためにするやむを得ない便法であって，合理的な方法とは言い難く，他方，団体の構成員全員の名義で登記することは，その員数が多数に及ぶこともあり，手続的に煩瑣であること。

⑵　権利能力なき社団の代表者名義から認可地縁団体への登記は，形式的には権利（所有権）の移転の登記であるが，その実質は，登記名義人の氏名等の変更の登記にすぎないから，代表者名義の登記を経由しなくて

も，中間省略登記を容認するという次元の問題は，生じないこと。

(3) 地縁団体としての認可を受けることによって，認可前の権利能力なき社団の代表者は，潜在的に有していた個人名義で当該社団の登記を受ける受任者の地位を失っているから，当該認可後においては，そもそも当該社団の代表者名義による登記を受けることができないこと。

　この考え方に立てば，地縁団体としての認可を受けた権利能力なき社団は，その認可前に不動産を取得した相手方から，直接，所有権の移転の登記を受けることができることになります。これは当事者にとっては簡便な方法ですが，問題は，直接，所有権の移転の登記を申請する場合の登記原因をどうするかです。

　直接，所有権の移転の登記をすることを認める以上は，例えば，認可を受ける前の権利能力なき社団が売買によって当該不動産を取得したときは，その登記原因を「売買」とし，その売買の日を登記原因の日付とすべきであると考えられます。そうすると，法人格を取得する前の時点でされた「売買」を登記原因として，法人格を取得した後に登記を申請することが論理上認められるかという問題が生じます。

　この点に関する登記先例においては，被相続人の死亡時に設立計画中であった財団法人に対して不動産を遺贈する旨の遺言が効力を生じたときは，その財団法人成立後に，遺贈による所有権の移転の登記を申請することができるとして，財団が法人格を取得する前の登記原因による登記の申請を認めたものがあります（昭和44年6月5日付け民事三発第203号民事局第三課長回答）（**注1**）。この先例の考え方に従えば，設問の場合についても，当該認可地縁団体に，直接，所有権の移転の登記を申請することができると考えられ，その場合の登記原因及びその日付は，権利能力なき社団が所有権を取得した原因（上記の例の場合の原因は「売買」）とその日付（売買契約締結日若しくは所有権の移転時期について特約がある場合のその履行の日）を表示することになります。

　また，認可地縁団体への所有権の移転の登記申請に係る登記原因の日付が，自治法260条の2第1項の認可前であっても，不動産を取得した権利能力な

き社団である地縁団体と当該認可地縁団体とに同一性が認められるのであれば，直接，認可地縁団体名義に所有権の移転の登記をすることができるとされています（平成16年1月21日付け民二第146号民事局第二課長通知）（**注2**）。

　この同一性の有無は，当該認可地縁団体の名称，主たる事務所，代表者等について，申請情報，併せて提供された代表者の資格を証する情報としての市町村長が交付する認可地縁団体に係る証明書（台帳の写し。自治規則21条2項），登記原因証明情報の内容等を資料として審査することになるものと考えられます。

### （注1）　昭和44年6月5日付け民事三発第203号民事局第三課長回答

　　　　　　公正証書による遺贈の受遺者について

　　別紙遺言公正証書による相続登記につき，次のことを御照会申し上げます。

一．第一項の「遺言者は甲を遺言者の相続人に指定する」とあるのは，甲に対し包括的に財産を遺贈する意であって，したがって甲は登記権利者として遺言者の全不動産についての登記ができるものと思いますが，貴見をお伺い申します。（遺言者の法定相続人は姉妹のみであり，遺言証書中目録物件目録（壱）および（弐）の物件は，いずれも被相続人が生前所有していたものである。）

二．第三項の「目下設立計画中の財団法人乙育英会に対し別紙物件目録（弐）の物件を遺贈する」とあるのは，包括受遺者甲が財団法人に対する遺贈義務者として，物件目録（弐）の物件を一旦甲の登記名義にした後，更に右の法人の名義にすることを命じているものと思いますが，貴見をお伺い申します。

三．「財団法人設立計画中」というのは，寄附行為は完成しているが，主務官庁の許可手続が未了のものをいい，寄附行為も存在していないような法人は，受遺者たる適格を有しないものと思いますが貴見をお伺い申します。

　　別紙

　　　　昭和41年第4326号

　　　　遺言公正証書

　　　本職は当事者の嘱託に因り左の法律行為に関し陳述の趣旨を録取して

　　この証書を作成する

　　遺言者Aは昭和41年10月25日当職の面前に於て証人B及び証人C立会のもとに左の遺言の趣旨を陳述した

一．遺言者は何県何町何番地甲を遺言者の相続人に指定する

一．遺言者は右甲に対し別紙物件目録（壱）の物件を遺贈する

一．遺言者は目下設立計画中の財団法人乙育英会に対し別紙物件目録（弐）の物件を遺贈する

一．遺言者は遺言の執行者を左のとおり指定した

　　　　　何県何町何番地

　　　　　遺言執行者　　　　　丙

　　　　　　　　　　　　　　　　　　　　　　以上

　　本旨外要件その他（省略）

　　物件目録（壱）（省略）

　　物件目録（弐）（省略）

（回答）

　　昭和44年2月20日付東照第1,286号をもって問合せのありました標記の件については，次のとおりと考えます。

　　　　　　　　　　　　　記

一．物件目録（壱）の物件については，遺言執行者と甲の共同申請により本件公正証書を添付して遺贈による登記を受けることができる。

二．物件目録（弐）の物件については，乙育英会が受遺者となりえた場合（後掲三参照）には，その成立後遺言執行者と同育英会との共同申請により直接遺贈による登記を受けることができる。

三．貴見が遺言者の死亡の時を基準としてのものであれば，貴見のとおり。

**（注2）　平成16年1月21日付け民二第146号民事局第二課長通知**

　　　　　認可地縁団体への所有権移転登記申請に係る登記原因の日付が地方自治法第260条の2第1項の認可前である場合の当該所有権移転登記の可否について（通知）

　　標記の件について，別紙甲号のとおり東京法務局民事行政部長から照会があり，別紙乙号のとおり回答しましたので，この旨貴管下登記官に周知方取り計らい願います。

　　別紙甲号

　　（照会）

　権利能力なき社団である地縁団体（町又は字の区域その他市町村内の一定の区域に住所を有する者の地縁に基づいて形成された団体）が，売買等により不動産を取得し，その後，所有権移転の登記申請時までに地方自治法第260条の2第1項の市町村長の認可を受けている場合には，不動産を取得した権利能力なき社団である地縁団体と当該認可を受けた地縁団体（以下「認可地縁団体」という。）とに同一性が認められるのであれば，直接認可地縁団体名義に所有権移転登記をすることができると考えますが，いささか疑義がありますので照会します。

別紙乙号

（回答）

　平成16年1月5日付け2登1第1号をもって照会のありました標記の件については，貴見のとおりと考えます。

権利能力なき社団が所有する不動産の登記名義人が，その代表者である甲及び乙の共有名義で登記されている場合において，当該社団が自治法260条の2第1項の認可を受けたときは，甲は，「委任の終了」を登記原因として，当該認可地縁団体への自己の持分のみの全部移転の登記を申請することができますか。

 　　　甲は，自己の持分のみの全部移転の登記を申請することができると考えられます。

## 解　　説

　権利能力なき社団が所有する不動産は，代表者個人の固有財産ではなく，当該不動産についての「委任の終了」を登記原因とする旧代表者から新代表者への所有権の移転の登記は，その登記名義のみを新しい代表者に移す（又は新たな代表者を加える）にすぎないものであり，当事者の法律行為による権利変動には該当しないものと解されます（Q5及びQ6の解説参照）。そうであれば，権利能力なき社団が所有する不動産の登記名義が甲，乙の共有名義となっている場合に，当該社団が自治法260条の2第1項の認可を受けたときは，登記原因を「委任の終了」，その日付を「自治法260条の2第1項の認可の日」とし，甲及び乙が登記義務者となり，共有者全員持分全部移転の登記を申請すべきであると考えられます。

　ところで，相続による所有権の移転の登記の申請は，相続によって取得した共有財産に関する民法252条ただし書に規定するいわゆる保存行為に該当すると解されていることから，共同相続人中の一人から，相続人全員のために当該相続による所有権の移転の登記を申請することができますが，共同相続人のうちの一人が，個々に別件として同時に（同順位で），各自己の相続分のみについて，相続による持分の移転の登記や，未登記共有不動産の保存登記を申請することはできないとされています（昭和30年10月15日付け民事甲第2216号民事局長電報回答）（**注1**）。相続によって，相続人は，被相続人

の権利・義務を包括的に承継することから，相続による所有権の移転の登記
も包括的な承継の登記をすべきであるところ，その一部のみしか登記をしな
いときは，一時的ではあっても，包括的に承継された他の部分を登記しない
結果となること，また，持分の移転の登記原因が「相続」であるため，生存
しない被相続人と相続人との共有状態を公示することになり，相当でないと
考えられるからです。

　また，数人で共有する不動産を，共有者以外の者が，共有者全員から取得
した場合，又は共有者の一人が，他の共有者から持分の全部若しくは一部を
取得した場合，例えば，甲，乙及び丙の3名が共有する不動産について，甲
が，乙及び丙の持分全部を取得した場合には，甲・乙間，甲・丙間でそれぞ
れすべき登記は，いずれも持分移転の登記であることから，登記の目的は，
同一であるといえるものの，それぞれの持分移転の一方の当事者は同一人で
ある甲ですが，他方の当事者は乙又は丙であり異なることから，登記原因が
同一であるとはいえないことになります。それでも，甲が，乙及び丙の持分
を同日付の売買で取得した場合のように，原因行為の種類が同一であり，さ
らにその日付も同一であるときは，第三者の権利に関する登記（処分制限の
登記等）がされていない場合に限って，便宜，一の申請情報による1個の登
記で所有権の移転の登記又は持分移転の登記を申請して差し支えないとされ
ています（昭和37年1月23日付け民事甲第112号民事局長通達）（**注2**）。

　しかしながら，この場合は，上記の相続の場合と異なり，甲と乙，甲と丙
間においては，それぞれ別個の売買契約が締結されているのですから，それ
ぞれの共同申請により，各別の登記で持分移転の登記を申請することができ
ることは，いうまでもありません。

　したがって，設問における「委任の終了」を登記原因として認可地縁団体
に所有権の移転の登記をする場合であっても，その日付も同一であることか
ら，一の申請情報による1個の登記で甲及び乙の共有持分全部の移転の登記
を申請して差し支えありませんが，上記の売買の場合と同様に，共有者の一
方である甲の持分についてのみ全部移転の登記を申請することもできると考
えられます（**注3**）。

（注1）　**昭和30年10月15日付け民事甲第2216号民事局長電報回答**

　　　既登記不動産につき，共同相続人中の一部の者が，自己の相続分のみについて，相続による所有権移転登記を申請した場合，又は共同相続人全員が，各自己の相続分のみについて個々に別件として，同時に申請をなした場合は，何れも不動産登記法第49条第4号により却下すべきものと考えますが，反対意見もありますので御伺いします。

　　　追って，右は当面する事件があるので，折返し電信御回答をお願いする。
回答

　　　昭和30年9月30日付日記登第680号で照会のあった相続による所有権移転登記の件，不動産登記法第49条第2号により却下すべきものと考える。

（注2）　**昭和37年1月23日付け民事甲第112号民事局長通達**

　　　　　共有不動産の登記について

　　　標記の件について，別紙甲号のとおり神戸地方法務局長から問合せがあったので，別紙乙号のとおり回答したからこの旨貴管下登記官吏に周知方しかるべく取り計らわれたい。

（別紙甲号）

　　　持分を同じくし，または持分を異にし数人が共有する不動産について，共有者以外の他の者が共有者の全員から所有権を取得し，または共有者の1人が他の共有者から持分の全部もしくは一部を取得した場合，同一の申請書をもって登記の申請ができる旨の客年5月18日付民事甲第1186号貴職御回答は，本年1月20日付民事甲第168号貴職御回答により変更されたものなのでしょうか。

　　　いささか疑義を生じましたので折り返し何分の御指示をお願いします。

（別紙乙号）

　　　客年9月16日付日記第5，654号をもって問合せのあった標記の件については，便宜，同一の申請書により1個の登記で所有権移転の登記又は持分移転の登記をしてさしつかえない。ただし，第三者の権利に関する登記（処分制限の登記及び予告登記を含む。）がなされている持分の移転については，別個の申請書により各別に登記すべきである。

（注3）　**「質疑応答」登研581号145頁**

　　　問　地縁団体が所有する不動産を甲乙共有名義で登記している場合，当該地縁団体が地方自治法260条の2第1項の認可を受けたときは，甲及び乙が登記義務者となり，共有者全員持分全部移転の登記を申請すべきで

あり，甲のみが，右地縁団体のために「委任の終了」を原因として自己の持分のみの全部移転の登記を申請することはできないものと考えますがいかがでしょうか。

答　甲は，自己の持分のみを全部移転する登記の申請をすることができるものと考えます。

**Q25** 認可地縁団体が登記義務者として登記を申請する場合において提出する当該認可地縁団体の代表者の印鑑証明書は，どのような様式のものを提出すればよいのでしょうか。

**A** 自治省行政局長から各都道府県知事宛てに示達された「認可地縁団体印鑑登録証明事務処理要領」に準拠して各市町村において制定される条例に基づいて発行された認可地縁団体の印鑑登録証明書を提出することになります。

## 解　説

　地方自治法の一部を改正する法律（平成３年法律第24号）の施行に伴う認可地縁団体に係る登記事務の取扱いの細目については，平成３年４月２日付け民三第2246号民事局長通達（**Q18の注**参照）が発出されています。そこで，これまでは，認可地縁団体が不動産を取得した場合，すなわち，当該認可地縁団体が，登記権利者として登記を申請する場合の登記手続について，説明してきましたが，同通達においては，認可地縁団体が登記義務者として登記を申請する場合において提出するものとされている認可地縁団体の代表者の印鑑証明書の様式等については，何ら言及されていませんでした。

　これは，当時，認可地縁団体に係る印鑑の登録及び証明制度が設けられていなかったことによるものであると考えられますが，平成４年５月１日付け自治振第87号（後掲・**注１**の平成４年民事局第三課長，民事局第四課長通知参照）をもって，当時の自治省行政局長から各都道府県知事宛てに，「認可地縁団体印鑑登録証明事務処理要領」が，示達されました。

　同要領においては，印鑑登録を受ける資格を認可地縁団体の代表者等に限っており（同要領第２の１），また，当該印鑑登録証明書の交付申請は，登録している認可地縁団体の印鑑を押印した申請書により，印鑑登録を受けている者自らが，申請することとされており（同要領第３の１(1)），市町村長が，審査の上，認可地縁団体印鑑登録証明書を交付する（同要領第３の１

(2)) こととされていることから，同要領に準拠して各市町村において制定される条例に基づいて発行された認可地縁団体の印鑑登録証明書は，不登令16条２項又は18条２項等に規定する印鑑証明書として取り扱って差し支えないものとされています（平成４年５月20日付け法務省民三第2430号民事局第三課長，第四課長通知）**（注１）**。

　なお，総務省（旧自治省）において制定された「印鑑登録証明事務処理要領」に準拠して制定又は改正された条例に基づいて発行される印鑑登録証明書については，市町村長から，当該条例の写しを添付の上「『印鑑登録証明事務処理要領』に準拠して条例を制定（又は改正）した」旨の通知をさせることをもって，認容手続に代えることとされています（昭和50年６月25日付け法務省民三第3323号民事局第三課長通知）**（注２）**。そこで，当該認可地縁団体の代表者に関して市町村長が発行する印鑑証明書に関する取扱いについては，「認可地縁団体印鑑登録証明事務処理要領」に準拠して制定された条約に基づいて発行されたものであることを要することから，登記所においては，市町村長から，当該条例の写しを提供の上，「『認可地縁団体印鑑登録証明事務処理要領』に準拠して条例を制定した」旨の通知をさせることによって，認容手続に代えることができるものと考えられます。

**（注１）　平成４年５月20日付け法務省民三第2430号民事局第三課長，民事局第四課長通知**

　　　地方自治法第260条の２第１項の認可を受けた地縁による団体の代表者に関し市町村長が発行する印鑑登録証明書を不動産登記法施行細則第42条及び供託規則第26条に規定する印鑑証明書として取り扱うことについて（通知）

　標記の件について，別添のとおり平成４年５月１日付け自治振第87号をもって自治省行政局長から各都道府県知事あて「認可地縁団体印鑑登録証明事務処理要領」が示達されたところ，今後，同要領に準拠して各市町村において制定される条例に基づいて発行された標記の印鑑登録証明書については，不動産登記法施行細則第42条及び供託規則第26条所定の印鑑証明書として取り扱って差し支えないので，この旨貴管下登記官及び供託官に

周知方しかるべく取り計らい願います。

（別添）

平成４年５月11日

自治振第90号

　　法務省民事局第三課長　　殿

　　法務省民事局第四課長　　殿

　　　　　　　　　　　　　　　　　　　自治省行政局振興課長

　　　　地方自治法第260条の２第１項の認可を受けた地縁による団体の印

　　　　鑑の登録及び証明に関する事務について

　標記のことについて別添のとおり示達したので，貴職におかれてもよろ

しくお取り計らい願いたい。

　　平成４年５月１日

　　自治振第87号

各都道府県知事　　殿

　　　　　　　　　　　　　　　　　　　　自治省行政局長

　　　　認可地縁団体印鑑の登録及び証明に関する事務について

　地方自治法の一部を改正する法律（平成３年４月法律第24号）が施行さ

れ，自治会，町内会等の地縁による団体については法律上の権利能力が付

与されるよう所要の措置が講じられたところであるが，今般，同団体の代

表者等に係る印鑑の登録及び証明に関する事務について別添のとおり「認

可地縁団体印鑑登録証明事務処理要領」をまとめたので送付する。

　ついては，各市町村における認可地縁団体に係る印鑑事務についてはこ

の事務処理要領に準拠することが適当であるので，その旨，管下市町村に

示達のうえ，よろしくご指導願いたい。

　　　　認可地縁団体印鑑登録証明事務処理要領

第１　目的

　　　この要領は，町又は字の区域その他市町村（特別区を含む。以下同

　　じ。）の一定の区域に住所を有する者の地縁に基づいて形成された団体

　　のうち地方自治法（昭和22年法律第67号）第260条の２第１項の規定に

　　基づく市町村長（特別区の区長を含む。以下同じ。）の認可を受けたも

　　の（以下「認可地縁団体」という。）の代表者等に係る印鑑（以下「認

　　可地縁団体印鑑」という。）の登録及び証明に関する事務について，市

　　町村長が準拠すべき事項を定め，もって地縁による団体の利便を増進す

るとともに，取引の安全に寄与することを目的とする。

第2　印鑑の登録に関する事項

1　登録資格

認可地縁団体印鑑の登録を受けることができる者は，認可地縁団体の代表者のほか，次に掲げる者が選任されているときには代表者に代えてこれらの者とする。なお，以下，これらの登録資格を有する者を「代表者等」と総称する。

ア　民法第46条第3項に規定する職務代行者

イ　地方自治法第260条の2の規定により読み替えられた民法第56条に規定する仮理事

ウ　民法第57条に規定する特別代理人

エ　民法第74条に規定する清算人

2　登録申請

(1)　認可地縁団体印鑑の登録を受けようとする者は，登録を受けようとする認可地縁団体印鑑を自ら持参し市町村長に対して書面によりその旨を申請するものとする。

(2)　印鑑登録申請書の代表者等の氏名の次に押す印鑑は当該市町村において登録している代表者等の個人の印鑑（以下「個人印鑑」という。）とする。

3　登録

市町村長は，認可地縁団体印鑑の登録を受けようとする者から認可地縁団体印鑑の登録の申請があったときは，当該認可地縁団体につき地方自治法施行規則第21条第2項に基づき作成された台帳（以下「地縁団体登録台帳」という。）の記載事項並びに個人印鑑に係る印鑑登録原票の記載事項及び印影と照合するほか，認可地縁団体印鑑登録申請書に記載されている事項等について審査した上，登録するものとする。

4　登録印鑑

(1)　登録できる地縁団体印鑑の数量は，1個に限るものとする。

(2)　市町村長は，登録を受けようとする認可地縁団体印鑑が次に掲げるもののうちのいずれかに該当する場合には，当該地縁団体印鑑を登録しないものとする。

ア　ゴム印その他の印鑑で変形しやすいもの

　　　　イ　印影の大きさが一辺の長さ８ミリメートルの正方形に収まるも
　　　　　の又は一辺の長さ30ミリメートルの正方形に収まらないもの
　　　　ウ　印影を鮮明に表しにくいもの
　　　　エ　その他登録を受けようとする認可地縁団体印鑑として適当でな
　　　　　いもの
　５　認可地縁団体印鑑登録原票
　　(1)　市町村長は，認可地縁団体印鑑登録原票を備え，印影のほか次に
　　　掲げる事項を登録するものとする。
　　　　ア　登録番号
　　　　イ　登録年月日
　　　　ウ　認可地縁団体の名称
　　　　エ　認可地縁団体の事務所の所在地
　　　　オ　認可地縁団体の認可年月日
　　　　カ　登録資格（第２−１に掲げる登録資格のうちいずれかを記載す
　　　　　るものとする）
　　　　キ　代表者等の氏名
　　　　ク　代表者等の生年月日
　　　　ケ　代表者等の住所
　　(2)　任意的登録事項
　　　　市町村長は，認可地縁団体登録原票に(1)に掲げる事項のほか印鑑
　　　の登録及び証明に関して必要と認めるその他の事項を登録できるも
　　　のとする。
第３　印鑑登録証明書に関する事項
　１　認可地縁団体印鑑登録証明書の交付
　　(1)　認可地縁団体印鑑の登録を受けている者は，市町村長に対して認
　　　可地縁団体印鑑登録証明書の交付を申請する場合には，登録してい
　　　る認可地縁団体印鑑を押印した申請書により自ら申請しなければな
　　　らないものとする。
　　(2)　市町村長は，認可地縁団体印鑑登録証明書の交付の申請があった
　　　ときは，認可地縁団体印鑑登録原票の登録事項及び地縁団体台帳の
　　　記載事項に基づき審査するとともに，認可地縁団体印鑑の印影と認
　　　可地縁団体印鑑登録原票に登録された印影の照合を行い当該申請が
　　　適正であることを確認した上で，申請者に対して認可地縁団体印鑑

登録証明書を交付するものとする。

2　認可地縁団体印鑑登録証明書の記載事項等

(1)　認可地縁団体印鑑登録証明書は，認可地縁団体印鑑の登録を受けている者に係る地縁団体印鑑登録原票に登録されている印影の写しについて市町村長が証明するものとし，あわせて次に掲げる事項を記載するものとする。

ア　認可地縁団体の名称

イ　認可地縁団体の事務所の所在地

ウ　登録資格

エ　代表者等の氏名

オ　代表者等の生年月日

(2)　市町村長が認可地縁団体印鑑登録証明書を作成するに当たっては，特に印影の写しが鮮明になるような方法により複写するものとする。

(3)　市町村長は，認可地縁団体印鑑登録証明書を交付する場合には，その末尾に認可地縁団体印鑑登録原票に登録されている印影の写しであることに相違ない旨を記載するものとする。

第4　印鑑登録の廃止等に関する事項

1　認可地縁団体印鑑登録の廃止の申請

(1)　認可地縁団体印鑑の登録を受けている者は，当該印鑑の登録を廃止しようとする場合には市町村長に対して自ら書面によりその旨を申請しなければならないものとする。

この場合，申請書には登録している認可地縁団体印鑑を押印するものとする。

(2)　認可地縁団体印鑑の登録を受けている者は，当該登録された認可地縁団体印鑑を亡失した場合には，市町村長に対して直ちに当該印鑑の登録の廃止を申請しなければならないものとする。

この場合，個人印鑑を添付するものとする。

2　登録事項の修正

市町村長は，地方自治法第260条の2第11項の規定に基づく届出により認可地縁団体登録原票の登録事項のうち変更に係るもの（ただし，認可地縁団体印鑑の登録の抹消に係るものを除く。）が生じたときは，職権によりこれを修正するものとする。

3　認可地縁団体印鑑登録の抹消

⑴　市町村長は，次に掲げる場合には，職権により認可地縁団体印鑑の登録を抹消するものとする。なお，ウ又はエの事由による登録の抹消については当該印鑑登録を受けている者にこのことを通知するものとする。

ア　認可地縁団体印鑑の登録を受けている者の登録資格に変更が生じた場合

イ　地方自治法第260条の２により準用する民法第68条（ただし，同条第１項第２号を除く。）の規定に基づき認可地縁団体が解散した場合

ウ　認可地縁団体の名称又は代表者等の氏名の変更により登録印鑑として適当でないと認められた場合

エ　その他認可地縁団体印鑑の登録を抹消すべき事由が生じたことを知った場合

⑵　市町村長は，認可地縁団体印鑑の登録の廃止の申請があったときは，審査した上，当該申請に係る認可地縁団体印鑑の登録を抹消するものとする。

第５　その他に関する事項

１　代理人による申請等

地方自治法施行規則第19条第１項第１号トに規定する代理人を置いている団体にあっては，委任状により当該代理人による申請又は届出をすることができるものとする。

なお，この場合，第２－２，第２－３，第３－１及び第４－１においては，「認可地縁団体印鑑の登録を受けようとする者」は「認可地縁団体印鑑登録を受けようとする者の代理人」，「認可地縁団体印鑑の登録を受けている者」は「認可地縁団体印鑑の登録を受けている者の代理人」とそれぞれ読み替えるものとする。

２　閲覧の禁止

市町村長は，認可地縁団体印鑑登録原票その他認可地縁団体印鑑の登録又は証明に関する書類を閲覧に供しないものとする。

３　質問調査

市町村長は，認可地縁団体印鑑の登録又は証明の事務に関し，関係者に対して質問し，又は必要な事項について調査することができるものとする。

4　保存期間

認可地縁団体印鑑登録原票の除票その他の書類の保存期間は，次に掲げる期間の範囲内とするものとする。

ア　認可地縁団体印鑑登録原票の除票にあっては，5年

イ　認可地縁団体印鑑登録原票の除票を除く書類にあっては，2年

5　磁気テープによる調製

認可地縁団体印鑑登録原票の磁気テープによる調製を行う場合にあっては，「印鑑登録証明書事務処理要領の一部改正に係る留意事項等について」（平成2年7月30日自治振第72号）に準拠するものとする。

6　手数料

認可地縁団体印鑑登録証明書の交付に関する手数料は，他の手数料との均衡を考慮して決定するものとする。

（参考）

・様式1

認可地縁団体印鑑登録申請書

○○　市（区町村）長　殿　　　　　　　　　　平成　年　月　日

| 登録しようとする認可地縁団体印鑑 | 認可地縁団体の名称 | | |
| | 認可地縁団体の事務所の所在地 | | |
| | （資　格）<br>氏　名 | （　　　　　　）㊞ | 生年月日 | 明治<br>大正　年　月　日<br>昭和 |
| | 住所 | | |

上記のとおり認可地縁団体印鑑の登録を申請します。

申請者　　□本人　　住所
　　　　　□代理人　氏名

（注意事項）

1　この申請は本人が自ら手続きして下さい。代理人によるときは，委任の旨を証する書面が必要です。

2　登録しようとされている認可地縁団体印鑑を併せて提出して下さい。

3　氏名の次には当市（区町村）において登録されている個人の印鑑を押印して下さい。

4　資格（　　）の欄には，代表者，職務代行者，仮代表者，特別代理人又は精算人のいずれかを記載して下さい。

・様式2

認可地縁団体印鑑登録証明書交付申請書

○○　市（区町村）長　殿　　　　　　　　平成　年　月　日

| 登録されている認可地縁団体印鑑 | 認可地縁団体の名称 | |
|---|---|---|
| | 認可地縁団体の事務所の所在地 | |
| | （資　格）（　　　　　　）氏　名 | 生年月日 | 明治大正　年　月　日昭和 |

上記のとおり認可地縁団体印鑑登録証明書＿＿枚の交付を申請します。

申請者　　□本人　　　住所
　　　　　□代理人　氏名

（注意事項）
1　この申請は本人が自ら手続きして下さい。代理人によるときは，委任の旨を証する書面が必要です。
2　資格（　）の欄には，代表者，職務代行者，仮代表者，特別代理人又は精算人のいずれかを記載して下さい。

• 様式3

| 認可地縁団体印鑑登録証明書 | | |
|---|---|---|
| 印　影 | 認可地縁団体の名称 | |
| | 認可地縁団体の事務所の所在地 | |
| | （資　格）<br>氏　名　（　　　　） | 生年月日 　明治<br>大正　年　月　日<br>昭和 |

この写しは，登録された印影に相違ないことを証明します。

　　　　　　　　　　　　　　　　　　　　平成　　年　　月　　日

　　　　　　　○○市（区町村）長　　　　　　㊞

・様式4

---

**認可地縁団体印鑑登録廃止申請書**

○○　市（区町村）長　殿　　　　　　　平成　年　月　日

| 廃止しようとする認可地縁団体印鑑 | 認可地縁団体の名称 | |
|---|---|---|
| | 認可地縁団体の事務所の所在地 | |
| | （資　格）（　　　　　　　）<br>氏　名 | 生年月日　明治<br>大正　年　月　日<br>昭和 |

上記のとおり認可地縁団体印鑑の登録の廃止を申請します。

申請者　　□本人　　　住所
　　　　　□代理人　氏名

（注意事項）
1　この申請は本人が自ら手続きして下さい。代理人によるときは，委任の旨を証する書面が必要です。
2　登録している地縁団体印鑑を亡失された場合には，当市（区町村）において登録されている個人の印鑑を添付して下さい。
3　資格（　）の欄には，代表者，職務代行者，仮代表者，特別代理人又は精算人のいずれかを記載して下さい。

---

**（注2）　昭和50年6月25日付け法務省民三第3323号民事局第三課長通知**

　　　　　　　　市町村長の発行する印鑑登録証明書を不動産登記法施行細則第42条等に規定する印鑑証明書として取扱うことについて（通知）

　　標記の件については，昭和45年4月21日付け民事三発第368号当職事務連絡により貴職において認容する取扱いがされているところであるが，過般，自治省において「印鑑登録証明事務処理要領」が制定され（昭和49年2月1日付け自治振第10号都道府県総務部長あて自治省行政局振興課長通知），各市区町村においては，右要領に準拠して印鑑の登録及び証明に関

する条例を制定又は改正している実情にかんがみ，今後は，右要領に準拠
して制定又は改正された条例に基づいて発行される印鑑登録証明書につい
ては，市区町村長から，当該条例の写しを添付の上「『印鑑登録証明事務
処理要領』に準拠して条例を制定（又は改正）した」旨の通知をさせるこ
とをもって，現行の認容手続に代えることとされたく，この旨関係市区町
村にも周知方お取り計らい願いたい。

**Q26** 認可地縁団体が所有する一定の要件を満たした不動産について，所有権の保存又は移転の登記を申請する場合の手続は，どのようにするのですか。

**A** 認可地縁団体が所有する一定の要件を満たした不動産について，所有権の保存又は移転の登記を申請するときは，当該認可地縁団体の区域を包括する市町村長が自治法260条の38第2項の公告をしたこと，及び登記関係者等が同条2項の期間内に異議を述べなかったことを証する情報を登記所に提供します。

　なお，この場合の所有権の移転の登記は，認可地縁団体が単独で申請することができます。

## 解　説

### 1　不動産登記法の特例が設けられた経緯

　権利能力なき社団の資産に属する不動産の表題部所有者又は所有権の登記名義人が，当該社団の構成員全員となっている場合，そのほとんどは，構成員の員数が多数に上っています。そして，この場合は，当該構成員が死亡していることが多く，その法定相続人を確定する必要があるところ，その相続人もまた多数に上り，確定に困難を来す場合があり，さらには，そもそもその所在が不明となっている者がいたりします。そのため，当該社団が，地縁団体としての認可を受けたことにより，当該認可地縁団体名義に所有権の保存又は移転の登記を申請しようとしても，所有権の登記名義人等の協力を得ることが非常に困難であることから，事実上，当該登記の申請をすることができない状況にあります。

　そこで，地方自治法に認可地縁団体が所有する不動産に係る不動産登記法の特例（第1編第2章の説明に倣い，以下「特例制度」といいます。）を設けることとされ，認可地縁団体が所有する一定の要件を満たした不動産については，市町村長が一定の手続を経て証明書を発行することとし，当該証明

書を提供することによって，認可地縁団体が，所有権の保存又は移転の登記を単独で申請することができる旨の規定を盛り込んだ地方自治法の一部を改正する法律（平成26年法律第42号）が，平成26年５月30日に公布され，当該特例制度に係る部分については，平成27年４月１日から施行されています。

## 2　特例制度が適用される不動産の要件

　特例制度が適用される不動産であるためには，一定の要件を満たす必要があります。

　その要件とは，①当該認可地縁団体が当該不動産を所有していること（自治法260条の38第１項１号），②当該認可地縁団体が当該不動産を10年以上所有の意思をもって平穏かつ公然と占有していること（同項２号），③当該不動産の表題部所有者又は所有権の登記名義人の全てが当該認可地縁団体の構成員又はかつて当該認可地縁団体の構成員であった者であること（同項３号），④当該不動産の登記関係者（当該不動産の表題部所有者若しくは所有権の登記名義人又はこれらの相続人）の全部又は一部の所在が知れないこと（同項４号）の四つです。

## 3　認可地縁団体による公告の申請手続

　認可地縁団体が所有する上記２の要件を満たした不動産について，当該認可地縁団体が自己を表題部所有者又は所有権の登記名義人とする当該不動産の所有権の保存又は移転の登記をしようとするときは，当該認可地縁団体は，総務省令（地方自治法施行規則等の一部を改正する省令（平成27年総務省令第３号）による改正後の自治規則22条の２）で定めるところにより，以下に説明する自治法260条の38第２項の公告を求める旨を市町村長に申請することができるものとされました。この場合において，当該申請を行う認可地縁団体は，上記２の①から④（同条１項１号から４号）の事項を疎明するに足りる資料を添付しなければなりません（同条１項本文）。

　申請手続等については，第１編第２章を参照してください。

## 4　市町村長による公告等の手続

　市町村長は，同条1項の申請を受けた場合は，当該申請に係る不動産が，同条1項各号の事項を満たす不動産であるかどうかを確認し，当該申請を相当と認めるときは，当該申請を行った認可地縁団体が当該不動産の所有権の保存又は移転の登記をすることについて異議のある当該不動産の登記関係者（上記2の④参照）又は当該不動産の所有権を有することを疎明する者（以下，登記関係者を含めて「登記関係者等」といいます。）は，当該市町村長に対し異議を述べるべき旨を公告することになります。この場合の公告期間は，3か月を下ってはならないこととされています（同条2項）。

　登記関係者等が，上記の公告期間内に同項の異議を述べなかったときは，同条1項に規定する不動産の所有権の保存又は移転の登記をすることについて，当該公告に係る登記関係者の承諾があったものとみなされます（同条3項）。

　次に，市町村長は，登記関係者の承諾があったものとみなされた場合には，自治規則22条の4で定めるところにより，当該市町村長が自治法260条の38第2項の規定による公告をしたこと，及び登記関係者等が同項の期間内に異議を述べなかったことを証する情報（以下「証する情報」といいます。）を認可地縁団体に提供することになります（同条4項）。

## 5　特例制度に基づく不動産登記事務の取扱い

　認可地縁団体は，上記4の「証する情報」を申請情報と併せて登記所に提供するときは，不登法74条1項の規定にかかわらず，「証する情報」に係る不動産の所有権の保存の登記を申請することができるとされる（自治法260条の39第1項）とともに，不登法60条の規定にかかわらず，単独で証する情報に係る不動産の所有権の移転の登記を申請することができることとされました（自治法260条の39第2項）。

　そして，「証する情報」が提供された場合における所有権の保存又は移転の登記の申請があった場合の取扱いについては，「地方自治法の一部を改正する法律の施行に伴う不動産登記事務の取扱いについて」（平成27年2月26

日付け法務省民二第124号民事局長通達）（**注1**）によって示されています。

### (1)　所有権の保存の登記

　これまでは，表題部の所有者欄に権利能力なき社団（地縁による団体）の代表者又は構成員全員の名義で登記がされていた場合は，不登法74条1項1号を類推適用することはできず，同号の規定に従い，代表者又は構成員全員の名義で所有権の保存の登記をした上で，認可地縁団体への所有権の移転の登記をしなければならないとされていました（**Q21の解説1参照**）。しかしながら，登記所に「証する情報」を提供する場合には，認可地縁団体が，自己名義で直接，所有権の保存の登記を申請することができることとされました（自治法260条の39第1項）。

　また，表題部所有者として記録されている権利能力なき社団の代表者又は構成員が死亡している場合（**Q21の解説2参照**）も，同様に取り扱うことができるものと考えられます。

　なお，所有権の保存の登記の申請には，登記名義人となる者の住所を証する市町村長，登記官その他の公務員が職務上作成した情報（公務員が職務上作成した情報がない場合にあっては，これに代わる情報）の提供を要するものとされていますが（不登令別表28の項添付情報欄ニ），同項の規定が適用されるのは，不登法74条1項各号に掲げる者が，所有権の保存の登記を申請する場合に限られています。したがって，「証する情報」が提供された場合における認可地縁団体名義の所有権の保存の登記の申請については，同項の規定が適用されないため，当該認可地縁団体の住所を証する市町村長が作成した情報は，提供されません。しかし，不登令7条1項1号ロの当該法人の代表者の資格を証する情報として，自治法260条の2第12項の証明書（規則別記台帳様式（第21条関係）。平成3年4月2日付け法務省民三第2246号民事局長通達（**Q18の注**）別紙甲号の別紙様式による証明書。以下「台帳の写し」といいます。）が提供されるところ，当該証明書には，当該申請における登記名義人となる認可地縁団体の主たる事務所の所在地が記載されているため，これをもって，「証する情報」が提供された場合における所有権の保存の登記名義人となる者の住所を認定することになります（前掲**注1**の平成

27年民事局長通達の記第2の1）。また，「証する情報」にも，その名宛先として，当該認可地縁団体の主たる事務所が記載されることとされています。

所有権の保存の登記における申請情報は，**[別記1]** のとおりです。

### (2)　所有権の移転の登記

次に，権利に関する登記の申請については，法令に別段の定めがある場合を除き，登記権利者及び登記義務者が共同していなければならない（不登法60条）とされ，共同申請によるのが原則である旨，規定されています。

しかしながら，認可地縁団体が申請情報と併せて「証する情報」を登記所に提供するときは，不登法60条の規定にかかわらず，当該地縁団体のみ，すなわち当該認可地縁団体が，単独で，自己名義への所有権の移転の登記を申請することができるとされました（自治法260条の39第2項）。

この取扱いは，所有権の登記名義人として記録されている権利能力なき社団（地縁による団体）の代表者又は構成員が死亡している場合，及びその者の死亡による相続を登記原因とする相続人への所有権の移転の登記がされている場合であっても，同様であると考えられます。

「証する情報」が提供された場合における所有権の移転の登記の申請における登記原因（これを証する情報を含みます。）及びその日付については，前掲平成3年民事局長通達（**Q18の注**）のとおり，原因を「委任の終了」とし，その日付を自治法260条の2第1項の市町村長の認可の日とするほか，登記原因を証する情報は，台帳の写しとするものとされています（前掲**注1**の平成27年民事局長通達の記第2の2）。

所有権の移転の登記における申請情報は，**[別記2]** のとおりです。

なお，自治法260条の38及び260条の39の規定による特例制度は，過去に地縁団体の代表者又は構成員全員の名義で登記されたものの，認可地縁団体が所有し続けている不動産を適用対象として想定しているものであり，地縁団体の構成員でない第三者が登記名義人となっている不動産については，特例制度の対象外となるものと考えられます。したがって，権利能力なき社団である地縁団体が，所有権の登記名義人である第三者から売買等により不動産を取得し，その後，所有権の移転の登記申請時までに自治法260条の2第1

項の市町村長の認可を受けている場合には，不動産を取得した権利能力なき社団である地縁団体と当該認可地縁団体とに同一性が認められるのであれば，当該売主等から，直接，認可地縁団体名義に売買等を登記原因とする所有権の移転の登記をすることはできますが（**Q23の注2**の平成16年民事局第二課長通知），自治法260条の39第2項の規定による所有権の移転の登記をすることはできません（**注2**）。

## 6　登記関係者等が異議を述べた場合の措置

　登記関係者等が公告期間内に異議を述べたときは，市町村長は，自治規則22条の5で定めるところにより，その旨及びその内容を申請を行った認可地縁団体に通知するものとされています（自治法260条の38第5項）。

　通知を受けた認可地縁団体は異議を述べた者と協議を行うことができますが，認可地縁団体を表題部所有者又は所有権の登記名義人とすることについての協議が整った場合において，異議を述べた者以外に所在が知れない者がいないときは，表題登記のみがされている不動産については，全ての登記関係者が表題部所有者名義での所有権の保存の登記をした上で，その全ての登記関係者と認可地縁団体との共同申請によって，所有権の移転の登記を行い，また，認可地縁団体の構成員（かつて構成員であった者を含みます。）が所有権の登記名義人とされている不動産については，当該所有権の登記名義人と認可地縁団体との共同申請によって，所有権の移転の登記を行うことになるものと考えられます。

　また，異議を述べた者以外に所在が知れない者がいる場合には，再度，同条1項に規定する公告の申請を行い，公告の結果，異議を述べる者がいないときは，自治法260条の39の規定に基づいて，当該認可地縁団体が，所有権の保存又は移転の登記を申請することができるものと考えられます。

### （注1）　平成27年2月26日付け法務省民二第124号民事局長通達

　　　　地方自治法の一部を改正する法律の施行に伴う不動産登記事務の取扱いについて

（通達）

　地方自治法の一部を改正する法律（平成26年法律第42号。以下「改正法」という。）及び地方自治法施行規則等の一部を改正する省令（平成27年総務省令第3号。以下「改正省令」という。）のうち，認可地縁団体が所有する不動産に係る登記の特例に関する規定が，本年4月1日から施行されることとなりましたが，これに伴う不動産登記事務の取扱いについては，下記の点に留意し，事務処理に遺憾のないよう，貴管下登記官に周知方お取り計らい願います。

　なお，本通達中，「法」とあるのは改正法による改正後の地方自治法（昭和22年法律第67号）を，「規則」とあるのは改正省令による改正後の地方自治法施行規則（昭和22年内務省令第29号）をいいます。

記

第1　改正法の概要

　認可地縁団体（法第260条の2）が所有する一定の要件を満たした不動産について，当該認可地縁団体が自己を登記名義人とする当該不動産の所有権の保存又は移転の登記をしようとするときは，当該認可地縁団体は，当該登記をすることについて異議のある当該不動産の表題部所有者若しくは所有権の登記名義人若しくはこれらの相続人又は当該不動産の所有権を有することを疎明する者（以下「登記関係者等」という。）は市町村長（当該認可地縁団体の区域を包括する市町村の長（規則第22条の2第1項））に対し異議を述べるべき旨の公告を求める旨を当該市町村長に申請することができることとされた（法260条の38第1項）。

　当該市町村長が当該公告を行い，登記関係者等が法第260条の38第2項の期間内に異議を述べなかった場合には，当該市町村長が当該公告をしたこと及び登記関係者等が同項の期間内に異議を述べなかったことを証する情報（以下「証する情報」という。）を当該認可地縁団体に提供することとされた（同条第4項）。

　認可地縁団体は，証する情報を申請情報と併せて登記所に提供するときは，不動産登記法（平成16年法律第123号）第74条第1項の規定にかかわらず，証する情報に係る不動産の所有権の保存の登記を申請することができるとされる（法第260条の39第1項）とともに，不動産登記法第60条の規定にかかわらず，単独で証する情報に係る不動産の所有権の移転の登記を申請することができるとされた（法第260条の39第2項）。

　また，証する情報の様式は，別添のとおりとされた（規則別記情報提供様式（第22条の4関係））。

第2　証する情報が提供された場合における所有権の保存又は移転の登記の申請があった場合の取扱い

　1　所有権の保存の登記の申請における登記名義人となる者の住所の認定の方法

　　証する情報が提供された場合における所有権の保存の登記の申請については，不動産登記令（平成16年政令第379号）別表28の項の適用はないため，同項添付情報欄ニの情報は提供されないが，同令7条第1項第1号の当該法人の代表者の資格を証する情報として，法第260条の2第12項の証明書（規則別記台帳様式（第21条関係）。平成3年4月2日付け法務省民三第2246号当職通達別紙甲号の別紙。以下「台帳の写し」という。）が提供されるところ，当該証明書には，当該申請における登記名義人となる認可地縁団体の主たる事務所の所在地が記載されているため，これをもって，その住所を認定する。

　2　所有権の移転の登記の申請における登記原因（これを証する情報を含む。）及びその日付の認定

　　証する情報が提供された場合における所有権の移転の登記の申請についても，前掲当職通達のとおり，原因を「委任の終了」とし，その日付を法第260条の2第1項の市町村長の認可の日とするほか，登記原因を証する情報は，台帳の写しとする。

## 【情報提供様式（第二十二条の四関係）】

第　号<br>
何年何月何日

（申請団体）御中<br>
認可地縁団体の名称及び主たる事務所の所在地<br>
　名　称<br>
　所在地<br>
代表者の氏名及び住所<br>
　氏　名<br>
　住　所

何市(町)(村)長

公告結果（承諾）の情報提供について

　地方自治法第260条の38第1項の規定により，　年　月　日付け文書をもって申請のあった不動産については，同条第2項の規定により公告をした結果，登記関係者等が同項の期間内に異議を述べなかったため，同条第3項の規定により，貴認可地縁団体が当該不動産の所有権の保存又は移転の登記をすることについて登記関係者の承諾があったものとみなすこととなりましたので，同条第4項に規定する証する情報を提供します。

1　公告に関する事項<br>
　(1)　申請を行った認可地縁団体の名称<br>
　(2)　申請不動産に関する事項<br>
　　・建物

| 名　　　称 | 延　床　面　積 | 所　　在　　地 |
|---|---|---|
|  |  |  |

　　・土地

| 地　　　目 | 面　　　積 | 所　　在　　地 |
|---|---|---|
|  |  |  |

　　・表題部所有者又は所有権の登記名義人の氏名又は名称及び住所<br>
　　氏名又は名称<br>
　　住　　　所<br>
　(3)　公告期間

2　公告の結果<br>
　1の公告については，1(3)の公告期間内に異議の申出はありませんでした。

（注２）　「質疑応答」登研817号187頁

　　　問　権利能力なき社団である地縁団体が，売買等により不動産を取得し，
　　　その後，所有権移転の登記申請時までに地方自治法（昭和22年法律第
　　　67号）第260条の２第１項の市町村長の認可を受けている場合には，
　　　不動産を取得した権利能力なき社団である地縁団体と当該認可を受け
　　　た地縁団体（以下「認可地縁団体」という。）とに同一性が認められ
　　　るのであれば，その売主等から直接当該認可地縁団体名義に売買等に
　　　よる所有権移転登記をすることはできるとされているところ（平成16
　　　年１月21日付け法務省民二第146号法務省民事局第二課長通知），同法
　　　260条の38及び260条の39の規定による登記申請の特例は，過去に地縁
　　　団体の代表者名義等で登記されたものの，認可地縁団体が所有し続け
　　　ている不動産を適用の対象として想定しており（本誌809号８頁参照），
　　　上記の通知の事案においては，同条第２項の規定による所有権の移転
　　　の登記をすることはできないと考えますが，いかがでしょうか。
　　　答　御意見のとおりと考えます。

## ［別記1］ 所有権の保存の登記の申請情報

---

登 記 申 請 書

登記の目的　　所有権保存（**注1**）

所　有　者　　○○市○○町二丁目12番地

　　　　　　　　ときわ荘町内会

　　　　　　　　　代表者 甲 野 一 郎（**注2**）

添付書類

証する情報（**注3**）　　代理権限証書（**注4**）　　住所証明書（**注5**）

□登記識別情報の通知を希望しない（**注6**）

送付の方法により登記識別情報の通知書の交付を希望する（**注7**）

送付先　　○○の住所又は事務所宛て（**注8**）

その他の事項

　　添付書面の原本の還付は，送付の方法によることを希望する（**注9**）

　　送付先　　○○の住所又は事務所宛て（**注10**）

平成○年○月○日申請（**注11**）　　○法務局○支局（出張所）（**注12**）

代理人　　○○市○○町○○番地

　　　　　○ ○ ○ ○ ㊞（**注13**）

連絡先の電話番号○○－○○○○－○○○○（**注14**）

課 税 価 格　　金○円（**注15**）

登録免許税　　金○円（**注16**）

不動産の表示（**注17**）

　　不動産番号　　1234567890123（**注18**）

　　所　　　在　　○○市○○町○○丁目

　　地　　　番　　23番

　　地　　　目　　宅地

　　地　　　積　　123.45平方メートル

---

（**注1**）　登記の目的（不登令3条5号）は，「所有権保存」と記載する。

（**注2**）　所有者として，認可地縁団体の名称・主たる事務所及び代表者の氏名を記載する（不登令3条1号）。この記載は，住所証明書（**注5**）として提供される「台帳の写し」と合致していなければならない（不登法25条8

号）。また，申請人が，代理人を選任せず自ら申請をするときは，代表者の氏名の次に押印する（不登令16条１項）。

（**注３**）　所有者となる認可地縁団体の区域を包括する市町村長が自治法260条の38第２項の規定による公告をしたこと，及び登記関係者等が同項の期間内に異議を述べなかったことを証する情報を提供する。所有権の保存の登記は，不登法74条１項に規定する者以外の者が申請することはできないとされているが，認可地縁団体は，「証する情報」を提供することにより，同項の規定にかかわらず，所有権の保存の登記を申請することができる（自治法260条の39第１項）。

（**注４**）　代理人によって登記を申請する場合には，その代理権限を証する情報（委任状）を提供する（不登令７条１項２号）。

　　　　　また，申請人が会社法人等番号を有しない法人であるときは，当該法人の代表者の資格を証する情報の提供を要するが（不登令７条１項１号ロ），市町村長は，認可地縁団体の名称，主たる事務所，代表者の氏名及び住所，認可年月日等を記載した台帳を作成するものとされていることから，代表者の資格を証する情報として，市町村長が交付する認可地縁団体に係る証明書（当該台帳の写し）を提供する。

　　　　　なお，法人（司法書士法人，弁護士法人）である代理人によって登記の申請をする場合において，当該代理人の会社法人等番号を提供したときは，当該会社法人等番号の提供をもって，当該代理人の代表者の資格を証する情報の提供に代えることができる（不登規則37条の２）。

（**注５**）　所有権の保存の登記を申請するときは，所有者となる者の住所を証する情報の提供を要するが（不登令別表28の項添付情報欄ニ），認可地縁団体に係る当該情報としては，市町村長が交付する認可地縁団体に係る証明書（当該台帳の写し）を提供する。ただし，当該情報は，（**注４**）の代表者の資格を証する情報として提供する証明書をもって兼ねることができる。

（**注６**）〜（**注15**）については，**Q19**の［**別記１**］の（**注11**）〜（**注20**）参照

（**注16**）　登録免許税額を記載する（不登規則189条１項）。この金額は，（**注15**）に記載した課税価格の1,000分の４とされている（登免税法別表第１・１・(1)）。この金額に100円未満の端数があるときはその端数を切り捨て（国税通則法119条１項），その金額が1,000円未満のときは1,000円とするものとされている（登免税法19条）。

（**注17**）・（**注18**）については，**Q19**の［**別記１**］の（**注22**）・（**注23**）参照

**［別記2］ 所有権の移転の登記の申請情報**

## 登 記 申 請 書

登記の目的　　所有権移転（**注1**）

原　　　因　　平成○年○月○日委任の終了（**注2**）

権　利　者　　○○市○○町二丁目12番地

　　　　　　　ときわ荘町内会

　　　　　　　　　代表者 甲 野 一 郎（**注3**）

義　務　者　　○○市○○町二丁目34番地

　　　　　　　　　　乙 山 二 郎（**注4**）

添付書類

証する情報（**注5**）　　　登記原因証明情報（**注6**）

代理権限証書（**注7**）　　住所証明書（**注8**）

□登記識別情報の通知を希望しない（**注9**）

送付の方法により登記識別情報の通知書の交付を希望する（**注10**）

送付先　　○○の住所又は事務所宛て（**注11**）

その他の事項

　　添付書面の原本の還付は，送付の方法によることを希望する（**注12**）

　　送付先　　○○の住所又は事務所宛て（**注13**）

平成○年○月○日申請（**注14**）　○法務局○支局（出張所）（**注15**）

代理人　　○○市○○町○○番地

　　○ ○ ○ ○　㊞（**注16**）

連絡先の電話番号○○－○○○○－○○○○（**注17**）

課 税 価 格　　金○円（**注18**）

登録免許税　　金○円（**注19**）

不動産の表示（**注20**）

　　不動産番号　　1234567890123（**注21**）

　　所　　　在　　○○市○○町○○丁目

　　地　　　番　　23番

　　地　　　目　　宅地

　　地　　　積　　123.45平方メートル

（注１）　登記の目的（不登令３条５号）は，「所有権移転」と記載する。

（注２）　登記原因及びその日付（不登令３条６号）としては，「委任の終了」及び地縁による団体である「ときわ荘町内会」について，自治法260条の２第１項に規定する市町村長の認可のあった日を記載する。

（注３）　登記権利者（不登法60条）として，認可地縁団体の名称・主たる事務所及び代表者の氏名を記載する（不登令３条１号）。この記載は，住所証明書（**注８**）として提供される「台帳の写し」と合致していなければならない（不登法25条８号）。また，登記権利者が，代理人を選任せず自ら申請をするときは，代表者の氏名の次に押印する（不登令16条１項）。

（注４）　登記義務者（不登法60条）として，旧代表者（所有権の登記名義人）の氏名及び住所を記載する（不登令３条１号）。この記載は，登記記録及び「証する情報」（**注５**）と合致していなければならない（不登法25条７号・８号）。

（注５）　登記名義人となる認可地縁団体の区域を包括する市町村長が自治法260条の38第２項の規定による公告をしたこと，及び登記関係者等が同項の期間内に異議を述べなかったことを証する情報を提供する。権利に関する登記の申請は，法令に別段の定めがある場合を除き，登記権利者及び登記義務者が共同でしなければならない（不登法60条）とされているが，認可地縁団体は，「証する情報」を提供することにより，同条の法令に別段の定めがある場合として，単独で，所有権の移転の登記を申請することができる（自治法260条の39第２項）。

　　したがって，通常の共同申請の場合に提供及び添付が求められている登記義務者の登記識別情報及び印鑑証明書については，その提供及び添付は要しないものと解される。

（注６）　市町村長は，認可地縁団体の名称，主たる事務所，代表者の氏名及び住所，認可年月日等を記載した台帳を作成するものとされていることから，登記原因証明情報（不登法61条）として，市町村長が交付する認可地縁団体に係る証明書（当該台帳の写し）を提供する（平成27年２月26日付け法務省民二第124号民事局長通達の記第２の２）。

（注７）　代理人によって登記を申請する場合には，その代理権限を証する情報（委任状）を提供する（不登令７条１項２号）。

　　また，申請人が会社法人等番号を有しない法人であるときは，当該法人の代表者の資格を証する情報の提供を要するが（不登令７条１項１号ロ），

　　認可地縁団体に係る当該情報としては，（**注6**）の登記原因証明情報とし
　て提供する証明書をもって兼ねることができる。

　　　なお，法人（司法書士法人，弁護士法人）である代理人によって登記の
　申請をする場合において，当該代理人の会社法人等番号を提供したときは，
　当該会社法人等番号の提供をもって，当該代理人の代表者の資格を証する
　情報の提供に代えることができる（不登規則37条の2）。

（**注8**）　所有権の移転の登記を申請するときは，登記権利者の住所を証する情報
　　の提供を要するが（不登令別表30の項添付情報欄ロ），認可地縁団体に係
　　る当該情報としては，（**注6**）の登記原因証明情報として提供する証明書
　　をもって兼ねることができる。

（**注9**）〜（**注21**）については，**Q19**の［**別記1**］の（**注11**）〜（**注23**）参照

# 第3章　一般社団法人等による登記

一般社団法人とは，どのようなものをいうのですか。

　　一般社団法人とは，「一般社団法人及び一般財団法人に関する法律」（平成18年法律第48号。以下，本問及び次問以降において「法人法」といいます。）に基づいて設立された法人をいいます。

### 解　　説

　法人法は，一般社団法人が行うことができる事業について，制限を設けていません。そのため，①公益事業を行う団体，②町内会，同窓会，サークルなど，非公益かつ非営利の事業を行う団体ばかりでなく，③収益事業を行う団体をも含めた各種の活動を行う団体が，一般社団法人となることができます。また，法人法は，一般財団法人が行うことができる事業についても制限を設けていませんから，上記の各種の活動を行う団体は，一般財団法人となることもできます。

　法人法は，営利法人との区別を明確にするため，一般社団法人の社員（一般財団法人にあっては設立者（法人法153条３項２号））に剰余金又は残余財産の分配を受ける権利を与える旨の定款の定めは，その効力を有しないとしており（法人法11条２項），また，社員総会は，社員に剰余金を分配する旨の決議をすることができないとされています（法人法35条３項）。

　そして，一般社団法人は，法人とするものとされ（法人法３条），その主たる事務所の所在地において設立の登記をすることによって成立します（法人法22条）。

　以上のことをまとめると，一般社団法人とは，法人法に基づいて設立され

た剰余金の分配を目的としない社団であり，その行う事業の公益性の有無に
かかわらず，準則主義（法人設立に際して主務官庁の許可を要せず，定款の
作成や設立時役員の選任等，法律の定める設立手続をとることにより一定の
組織を備えた上で，設立登記を行い法人として成立すること。）によって法
人格を取得した社団であるといえます。

一般社団法人と権利能力なき社団との相違点は，何ですか。

 　　一般社団法人が，法人格を付与され権利義務の主体となることが認められる法人であるのに対して，権利能力なき社団は，法人格が付与されないために権利義務の主体となることができない点に，最も大きな相違があります。

## 解　説

　社団とは，「一定の目的をもって結合した人の集まり」であり，したがって，社団法人とは，「一定目的のために結合した人の集団を基礎として作られる法人」と定義されます（高橋和之＝伊藤眞＝小早川光郎＝能見善久＝山口厚『法律学小辞典』597頁（有斐閣，第5版，2016年））。

　そして，法人は，法律によって権利義務の主体となることが認められていますが，我が国の法人は，「この法律（民法）その他の法律の規定によらなければ，成立しない。」（民法33条1項）と定められており（法人法定主義），また，「法人及び外国法人は，この法律（民法）その他の法令の定めるところにより，登記をするものとする。」（民法36条）と規定されています。したがって，法人法に規定する要件を満たし，設立の登記をすることによって成立し法人格を取得した法人が，一般社団法人であるといえます。

　これに対して，「法人格を有しない一定の目的をもって結合した人の集まり」が，権利能力なき社団であるといえます。

　Q1で説明したとおり，「権利能力なき社団」の法律上の取扱いについては，民法上の組合に関する規定を適用するのではなく，できる限り社団法人に準ずべきものとされていますが，そのような取扱いを受けるためには，「団体としての組織をそなえ，多数決の原則が行われ，構成員の変更にもかかわらず団体そのものが存続し，その組織によって代表の方法，総会の運営，財産の管理等団体としての主要な点が確定していること」が要件とされてい

ます（**Q**1の**注**の最高裁昭和39年判決）。例えば，法人化されていないマンションの管理組合や労働組合など，実質的に社団としての要件を満たしているものは，権利能力なき社団として扱われています。

　以上のとおり，一般社団法人と権利能力なき社団との相違点は，法人格の付与の有無にあります。

権利能力なき社団は，一般社団法人に法人成りすることができますか。

　　　権利能力なき社団も，当然に，一般社団法人に法人成りすることができます。

## 解　説

「地方自治法の一部を改正する法律」（平成３年法律第24号。同年４月２日施行）によって，「町又は字の区域その他市町村内の一定の区域に住所を有する者の地縁に基づいて形成された団体（以下本条において「地縁による団体」という。）は，地域的な共同活動のための不動産又は不動産に関する権利等を保有するため市町村長の認可を受けたときは，その規約に定める目的の範囲内において，権利を有し，義務を負う。」（自治法260条の２第１項）旨の規定が設けられたことにより，地域の住民間の連絡等の共同活動を行っている自治会や町内会等のいわゆる権利能力なき社団（地縁による団体）であっても，市町村長の認可を受けたときは，認可地縁団体として，法人格を付与され，権利義務の主体となることが，認められました（**Q16**の解説１参照）。

また，平成13年に制定された中間法人法（平成13年法律第49号）においては，社員に共通する利益を図ることを目的とし，かつ，剰余金を社員に分配することを目的としない社団は，法人を設立することができるとされ，これを中間法人といい（同法２条１号），中間法人は，法人格を有しますから（同法３条），その名称で登記名義人となることができ，これにより，自治会や町内会，同窓会等の団体も，法人格を取得して，その名義で登記をすることが可能となりました。

なお，中間法人法は，法人法の施行に伴い廃止されましたが（一般社団法人及び一般財団法人に関する法律及び公益社団法人及び公益財団法人の認定等に関する法律の施行に伴う関係法律の整備等に関する法律（以下「整備

法」といいます。）1条），廃止前の中間法人法の規定による有限責任中間法人であって法人法の施行の際現に存するものは，法人法の施行の日以後は，法人法の規定による一般社団法人として存続するものとされ（整備法2条1項），所要の手続（整備法2条から37条まで）を経て，一般社団法人に移行するものとされています。

したがって，権利能力なき社団は，従来の中間法人と同様に，法人法の要件を満たし，設立の登記をすることによって成立し，法人格を取得することができることになります。

自治会や町内会，同窓会等の団体は，そのほとんどが構成員の共通利益のためにある団体であると考えられますから，一定の目的のために提供された財産を運営するために作られる法人である一般財団法人よりも，一般社団法人を設立する方が適しているものと考えられます。

マンション管理組合は，一般社団法人に法人成りすることが
できますか。

 マンション管理組合も，設立の登記をすることによって法人
として成立しますが，一般社団法人には適さない団体であると
考えられます。

## 解　説

　建物の区分所有等に関する法律（昭和37年法律第69号）においては，「区
分所有者は，全員で，建物並びにその敷地及び附属施設の管理を行うための
団体を構成し，この法律の定めるところにより，集会を開き，規約を定め，
及び管理者を置くことができる。」（同法 3 条前段）ものとされており，同条
に規定する団体は，区分所有者及び議決権の各 4 分の 3 以上の多数による集
会の決議で法人となる旨並びにその名称及び事務所を定め，かつ，その主た
る事務所の所在地において登記をすることによって，管理組合法人となるも
のとされています（同法47条 1 項・ 2 項）。
　すなわち，マンション管理組合も，区分建物の所有者が構成員となって，
設立の登記をすることによって，法人として成立します。
　社団法人とは，一定目的のために結合した人の集団を基礎として作られる
法人であり，構成員の変更にもかかわらず，社団の永続性が維持されます。
すなわち，社団法人は，構成員の加入及び脱退の自由が予定されているため，
人的なつながりが比較的希薄であるといえます。
　これに対して，上記のとおり，マンション等の管理を行うための団体を構
成するのは，区分所有者全員と規定されています。すなわち，マンション管
理組合は，まさに組合の要素が強く，当該マンションの区分所有者全員が，
管理組合の構成員となることが前提とされていることからすると，任意に脱
退することが認められている一般社団法人とは，社団としての法的性格を異
にすることから，マンション管理組合は，一般社団法人には適さない団体で

あるといえます。

　そのため，マンション管理組合が，実際に設立の登記をすることはまれであり，規約（同法30条参照）による組合として成立している組織が多く，このように法人化していないマンション管理組合は，権利能力なき社団として扱われています。

**Q31** 　権利能力なき社団が一般社団法人に法人成りした場合に，権利能力なき社団の代表者又は構成員全員の名義となっている不動産の所有権の移転の登記手続は，どのようにするのですか。

**A** 　一般社団法人を登記権利者，権利能力なき社団の代表者又は構成員全員を登記義務者とし，登記原因を「年月日一般社団法人及び一般財団法人に関する法律第138条第2項の基金の拠出」，その日付を「基金を引き受ける者の募集事項に定められた不動産を給付した日」とする所有権の移転の登記をすることになるものと考えられます。

## 解　　説

　権利能力なき社団（地縁による団体）の代表者個人名義で登記されている不動産の登記名義を，法人格を取得した認可地縁団体の名義とする場合は，実体上は，当該認可地縁団体が，法人格を取得したことによって，権利能力なき社団の代表者個人名義で登記しておくことについての委任関係が終了したものと解されます。

　そこで，この場合には，報告的な登記原因証明情報（不登法61条，不登令7条1項5号ロ，不登令別表30の項添付情報欄イ），登記名義人となる認可地縁団体の代表者の資格を証する情報（不登令7条1項1号ロ）及び住所を証する情報（不登令別表30の項添付情報欄ロ）として市町村長が交付する認可地縁団体に係る証明書（当該台帳の写し）等を提供して，認可地縁団体を登記権利者，旧代表者を登記義務者とし，登記原因を「委任の終了」，その日付を自治法260条の2第1項に規定する市町村長の「認可のあった日」とする所有権の移転の登記をすることになります（**Q18**及び**Q19**の解説参照）。

　権利能力なき社団が保有する不動産について，「委任の終了」を登記原因として，その代表者名義又は構成員全員の名義から，認可地縁団体名義へ所有権の移転の登記をする場合は，もともと不動産を保有していた団体が，市町村長の認可を受けた結果，その団体として当該不動産に関する権利を有す

ることができることとなるものであって，実体として当該不動産を保有して
いるのは，認可の前後を通じて，同一の団体であるといえます。

　これに対して，権利能力なき社団が，法人法の要件を満たし，設立の登記
をすることによって一般社団法人となったときは，新たに法人格を取得した
法人が成立したことになりますから，当該一般社団法人は，その設立に際し
て又は設立後に不動産を取得し，当該一般社団法人の名義で，当該不動産の
所有権の登記名義人となることができることになります。すなわち，当該一
般社団法人の名義とするには，必ず売買，贈与等の実質的な移転原因が生じ
ていることになります。

　したがって，権利能力なき社団の代表者又は構成員全員の名義で登記され
ている不動産の登記名義を，設立後の一般社団法人名義にするための所有権
の移転の登記の登記原因を，認可地縁団体の場合と同様に「委任の終了」と
することは，相当でないと考えられます。

　ところで，一般社団法人は，基金（一般社団法人に拠出された金銭その他
の財産であって，当該一般社団法人が拠出者に対して，法人法及び当該一般
社団法人と当該拠出者との間の合意の定めるところに従い返還義務（金銭以
外の財産については，拠出時の当該財産の価額に相当する金銭の返還義務）
を負うものをいいます。）を引き受ける者の募集をすることができる旨を定
款で定めることができる（法人法131条）ものとされており，当該募集をし
ようとするときは，募集事項として，金銭以外の財産（現物拠出財産。法人
法137条1項）を拠出の目的とする場合の給付の期日又はその期間を定めな
ければならないとされています（法人法132条1項2号・3号）。

　したがって，権利能力なき社団が，一般社団法人として法人成りしたとき
は，権利能力なき社団が保有する不動産を現物拠出財産として給付するのが，
一般的であろうと考えられます。

　そして，現物拠出財産を給付する基金の引受人は，募集事項として定めら
れた給付の期日又はその期間内に，現物拠出財産を給付しなければなりませ
ん（法人法138条2項）。

　すなわち，一般社団法人の設立に際して，権利能力なき社団が保有する不

動産の登記名義人である代表者又は構成員全員が，基金の引受人として，当該不動産を拠出した場合，当該不動産は，法人法138条2項の規定に基づき拠出されたものであるということになります。

　したがって，権利能力なき社団が一般社団法人に法人成りした場合に，権利能力なき社団の代表者又は構成員全員の名義となっている不動産については，一般社団法人を登記権利者，権利能力なき社団の代表者又は構成員全員を登記義務者とし，登記原因を「年月日一般社団法人及び一般財団法人に関する法律第138条第2項の基金の拠出」，その日付を「基金を引き受ける者の募集事項に定められた不動産を給付した日」とする所有権の移転の登記をすることになるものと考えられます。

　また，一般財団法人の設立に際して，設立者が不動産を拠出した場合には，当該不動産は，法人法157条1項の規定に基づき拠出されたものであることから，当該不動産の所有権の移転の登記原因は，「一般社団法人及び一般財団法人に関する法律第157条第1項の財産の拠出」，その日付は，当該一般社団法人の成立の日（法人法164条1項参照）とするのが，相当であると考えられます。

　なお，権利能力なき社団が，法人成りをするに当たって，その有する財産を基金として拠出したときは，当該権利能力なき社団に返還請求権が帰属する（法人法131条参照）ために，権利能力なき社団が解散できないこと，また，基金の拠出が実質的な経済効果としての寄付に相当する場合には，寄付金として課税関係が生じる可能性がある旨の指摘がされています。

　本件登記申請の申請情報及び報告的な登記原因証明情報は，それぞれ［**別記1**］及び［**別記2**］のとおりです。

## [別記1] 申請情報

登 記 申 請 書

登記の目的　　所有権移転（**注1**）

原　　　因　　平成○年○月○日一般社団法人及び一般財団法人に関する法
　　　　　　　律第138条第2項の基金の拠出（**注2**）

権 利 者　　○○市○○町二丁目12番地
　　　　　　　　一般社団法人ときわ荘町内会
　　　　　　　（会社法人等番号0000－00－000000）
　　　　　　　　　代表理事 甲 野 一 郎（**注3**）

義 務 者　　○○市○○町二丁目34番地
　　　　　　　　　乙 山 二 郎（**注4**）

添付書類

登記識別情報又は登記済証（**注5**）　　登記原因証明情報（**注6**）

代理権限証書（**注7**）　　　　　　　印鑑証明書（**注8**）

住所証明書（**注9**）

登記識別情報（登記済証）を提供することができない理由（**注10**）

□不通知　□失効　□失念　□管理支障　□取引円滑障害　□その他
（　　　　　　　）

□登記識別情報の通知を希望しない（**注11**）

送付の方法により登記識別情報の通知書の交付を希望する（**注12**）

送付先　　○○の住所又は事務所宛て（**注13**）

その他の事項

　　添付書面の原本の還付は，送付の方法によることを希望する（**注14**）

　　送付先　　○○の住所又は事務所宛て（**注15**）

平成○年○月○日申請（**注16**）○法務局○支局（出張所）（**注17**）

代理人　　　○市○町○番地
　　　　　○　○　○　○　㊞（**注18**）

連絡先の電話番号○○－○○○○－○○○○（**注19**）

課 税 価 格　　金○円（**注20**）

登録免許税　　金○円（**注21**）

不動産の表示（**注22**）

```
不動産番号　　1234567890123（注23）
所　　　在　　○○市○○町○○丁目
地　　　番　　23番
地　　　目　　宅地
地　　　積　　123.45平方メートル
```

（注1）　登記の目的（不登令3条5号）は，「所有権移転」と記載する。

（注2）　本書式は，一般社団法人の設立に際して，権利能力なき社団が保有する不動産の登記名義人である代表者又は構成員全員が，基金の引受人として，法人法138条2項の規定に基づき当該不動産を拠出した場合であるから，登記原因（不登令3条6号）としては，「年月日一般社団法人及び一般財団法人に関する法律第138条第2項の基金の拠出」とし，その日付（同号）としては，「基金を引き受ける者の募集事項に定められた不動産を給付した日」を記載する。

（注3）　登記権利者（不登法60条）として，一般社団法人の名称・主たる事務所及び代表理事の氏名を記載する（不登令3条1号）。この記載は，登記原因証明情報（**注6**）及び住所証明書（**注9**）と合致していなければならない（不登法25条8号）。また，登記権利者が代理人を選任せず自ら申請をするときは，代表理事の氏名の次に押印する（不登令16条1項）。

　　　　また，登記権利者が登記権利者である一般社団法人については，会社法人等番号の提供を要する（不登令7条1項1号イ）。ただし，当該一般社団法人の代表者の資格を証する登記事項証明書（代表者事項証明書）を提供したとき（不登規則36条1項1号）は，会社法人等番号の提供は，要しない（不登規則36条1項柱書）。なお，当該登記事項証明書は，作成後1か月以内のものでなければならない（不登規則36条2項）。

　　　　会社法人等番号を提供するときは，「申請人の名称」（不登令3条1号）に続けて表示することで差し支えない（平成27年10月23日付け民二第512号民事局長通達2(1)ア(ア)）。

（注4）　登記義務者（不登法60条）として，旧代表者（所有権の登記名義人）の氏名及び住所を記載する（不登令3条1号）。この記載は，登記記録及び登記原因証明情報（**注6**）と合致していなければならない（不登法25条7号・8号）。また，登記義務者が代理人を選任せず自ら申請するときは，氏名の次に押印（（**注8**）の印鑑証明書と同一のもの）する（不登令16条

1項)。

（注5）　登記義務者が，当該不動産について所有権の保存又は移転の登記をした
ときに登記所から通知を受けた登記識別情報を提供する（不登法22条)。
登記識別情報は，登記識別情報を記載した書面を封筒に入れ，この封筒に
登記義務者の氏名及び登記の目的並びに登記識別情報を記載した書面が在
中する旨を明記して提供する（不登規則66条1項2号・2項・3項)。新
法施行前に所有権の登記を受けた登記義務者が最初に当該登記所に申請す
る場合には，従来の登記済証を提出することになる（不登法附則7条)。
これらの登記識別情報又は登記済証を提供又は提出することができないと
きは，登記官は登記義務者に対して，当該登記申請があったこと及び当該
申請の内容が真実であれば，2週間以内にその旨の申出をするよう通知す
ることになる（不登法23条1項・2項，不登規則70条8項)。ただし，資
格者代理人から登記義務者であることを確認するために必要な情報の提供
を受け，かつ，登記官がその内容を相当と認めたとき（不登法23条4項1
号，不登規則72条)，又は公証人から登記義務者であることを確認するた
めに必要な認証がされ，かつ，登記官がその内容を相当と認めたときは
（不登法23条4項2号)，登記義務者への通知は要しない（不登法23条4項
柱書)。

（注6）　登記原因証明情報（不登法61条）とは，登記原因となった事実又は法律
行為及びこれに基づき現に権利変動が生じたことを証する情報であり，本
書式の場合には，一般社団法人の設立に際して，権利能力なき社団が保有
する不動産の登記名義人である代表者が，基金の引受人として，法人法
138条2項の規定に基づき不動産を拠出したことにより，旧代表者から当
該一般社団法人名義への「年月日一般社団法人及び一般財団法人に関する
法律第138条第2項の基金の拠出」による所有権の移転の登記を申請する
旨を記載した当事者が作成した報告的な登記原因証明情報（不登令別表30
の項添付情報欄イ）を提供することになるものと考えられる（**[別記2]**
参照)。

（注7）　代理人によって登記を申請する場合には，その代理権限を証する情報
（委任状）を提供する（不登令7条1項2号)。一般社団法人には支配人等
のように，当該法人を代理することができる者で登記されている者（不登
規則36条3項参照）はいないと考えられることから，当該一般社団法人の
代表者の資格を証する情報（登記事項証明書）を提供する。

　　なお，法人（司法書士法人，弁護士法人）である代理人によって登記の申請をする場合において，当該代理人の会社法人等番号を提供したときは，当該会社法人等番号の提供をもって，当該代理人の代表者の資格を証する情報の提供に代えることができる（不登規則37条の2）。

**(注8)**　登記義務者の印鑑証明書（住所地の市区町村長の証明に係るもの）を添付する（不登令16条2項）。なお，この印鑑証明書は，作成後3か月以内のものでなければならない（不登令16条3項）。

**(注9)**　所有権の移転の登記を申請するときは登記権利者の住所を証する情報の提供を要するが（不登令別表30の項添付情報欄ロ），法人の場合は，登記官が作成した登記事項証明書等を提供する。

　　なお，一般社団法人が会社法人等番号を提供したときは，住所を証する情報の提供を要しない（不登規則36条4項）。また，一般社団法人の登記事項証明書は，（**注7**）の当該法人の代表者の資格を証する情報を兼ねることができる。

**(注10)**～**(注23)** については，**Q19**の〔**別記1**〕の（**注10**）～（**注23**）参照


## 〔別記2〕 報告的な登記原因証明情報例

| | | |
|---|---|---|
| 1 | 申請情報の要項 | |
| (1) | 登記の目的 | 所有権移転 |
| (2) | 登 記 原 因 | 平成○年○月○日一般社団法人及び一般財団法人に関する法律第138条第2項の基金の拠出 |
| (3) | 当 事 者 | 権利者　○○市○○町二丁目12番地<br>　　　　一般社団法人ときわ荘町内会<br>　　　　　代表理事　甲　野　一　郎<br>義務者　○○市○○町二丁目34番地<br>　　　　　乙　山　二　郎 |
| (4) | 不動産の表示 | 所　　在　　○○市○○町○○丁目<br>地　　番　　23番<br>地　　目　　宅地<br>地　　積　　123.45平方メートル |

　2　登記の原因となる事実又は法律行為

　(1)　「ときわ荘町内会」は，権利能力なき社団である。そのため，上記1
　　(4)の本件不動産を取得した際に，代表者である乙山二郎の名義で所有権
　　の移転の登記をしている（平成○年○月○日何法務局何支局受付第何
　　号）。(**注1**)

　(2)　平成○年○月○日，乙山二郎は，一般社団法人「ときわ荘町内会」の
　　設立のために作成された定款及び基金の募集事項の定めに従い，当該一
　　般社団法人へ基金として本件不動産を拠出した。(**注2**)

　(3)　平成○年○月○日，一般社団法人「ときわ荘町内会」が成立した。
　　(**注3**)

　(4)　よって，本件不動産の所有権は，同日，乙山二郎から一般社団法人と
　　きわ荘町内会へ移転した。(**注4**)

　　　平成○年○月○日○法務局○支局（出張所）

　　　　上記の登記原因のとおり相違ありません。

　　　　　　　　　　　　　　　○○市○○町二丁目12番地

　　　　　　　　　　　　　権利者　一般社団法人ときわ荘町内会

　　　　　　　　　　　　　　　代表理事　甲　野　一　郎　㊞

　　　　　　　　　　　　　○○市○○町二丁目34番地

　　　　　　　　　　　　　義務者　　　　　乙　山　二　郎　㊞

（**注1**）　登記の目的となる不動産が，実体上は，権利能力なき社団の所有である
　　　　ため，その代表者個人の名義で登記した事実を記載する。

（**注2**）　一般社団法人の定款及び募集事項において定められた不動産を基金とし
　　　　て拠出した事実を記載する。

（**注3**）　一般社団法人が成立した事実を記載する。

（**注4**）　登記の目的となる不動産の所有権が，移転した旨を記載する。
　　　　登記原因の日付は，基金を引き受ける者の募集事項に定められた不動産
　　　　を給付した日（2(2)の不動産を拠出した日）である。

**Q32**　特定非営利活動を行う団体が，特定非営利活動法人として法人格を付与された場合に，当該団体の代表者又は構成員全員の名義となっている不動産の所有権の移転の登記手続は，どのようにするのですか。

**A**　特定非営利活動法人を登記権利者，特定非営利活動を行う団体の代表者又は構成員を登記義務者とし，「年月日出資」，「年月日売買」，「年月日贈与」等の具体的な法律行為を登記原因として，所有権の移転の登記をすることになるものと考えられます。

## 解　説

### 1　問題の所在

平成10年12月1日から，特定非営利活動促進法（平成10年法律第7号）が施行されています。

同法は，ボランティア活動をはじめとする市民が行う自由な社会貢献活動としての特定非営利活動の健全な発展を促進し，もって公益の増進に寄与することを目的とするもので，そのために非営利組織（NPO）に法人格が与えられることになったものです（同法1条）。すなわち，それまで様々な分野でボランティア活動を始めとする市民活動を行ってきた特定非営利活動を行う団体について，同法の規定により特定非営利活動法人（以下「NPO法人」といいます。）を設立することによって，法人格が付与されることになったものです。

そのため，既存の特定非営利活動を行う団体が所有し，当該団体の代表者又は構成員全員を登記名義人とする登記がされている不動産について，その登記名義を設立後の特定非営利活動法人に変更するための所有権の移転の登記の登記原因についても，認可地縁団体の場合と同様に「委任の終了」とすることができるかどうかが，問題となります。

## 2　NPO法人の設立要件

　同法におけるNPO法人とは，特定非営利活動を行うことを主たる目的とすること，営利を目的としないものであること等一定の要件を満たす団体であって，同法の定めるところにより設立された法人をいうものとされています（同法2条2項）。そして，法人格を取得してNPO法人となるためには，所轄庁に対して，定款及び役員名簿等の書類を添付した設立認証申請書を提出してその認証を受けなければならず（同法10条1項），認証を受けた場合には，その主たる事務所の所在地において設立の登記をし，当該登記をすることによって成立します（同法13条1項）。

　これに対して，地縁による団体は，地域的な共同活動のための不動産又は不動産に関する権利等を保有するため，市町村長の認可を受けたときは，その規約に定める目的の範囲内において権利を有し，義務を負うこととされており（自治法260条の2第1項），認可地縁団体は，それまで権利能力がなかった既存の団体に対し，市町村長の認可により，法人格が付与されるものです（**Q16**参照）。

## 3　NPO法人への所有権の移転の登記の登記原因を「委任の終了」とすることの可否

　既に説明したとおり，認可前の地縁団体が保有する不動産について，「委任の終了」を登記原因として，その代表者名義又は構成員全員の名義から，認可地縁団体名義へ所有権の移転の登記をする場合は，もともと不動産を保有していた団体が，市町村長の認可を受けた結果，その団体として当該不動産に関する権利を有することができることとなるものであって，実体として当該不動産を保有しているのは，認可の前後を通じて，同一の団体であることから，当該不動産の実質的な所有権は移転していないものの，自然人名義から法人名義にすることとなるため，登記手続としては，所有権の移転の登記手続によらざるを得ません（**Q19**参照）。

　これに対して，これまで任意団体として活動してきた特定非営利活動を行う団体が，特定非営利活動促進法の要件を満たし，設立の登記をすることに

よってNPO法人となったときは，新たに法人格を取得した法人が，成立したことになりますから，当該NPO法人は，その設立に際して又は設立後に不動産を取得し，当該NPO法人の名義で，当該不動産の所有権の登記名義人となることができることになります。すなわち，当該NPO法人の名義とするには，必ず売買，贈与等の実質的な移転原因が生じていることになります。

　したがって，特定非営利活動を行う社団の代表者又は構成員全員の名義で登記されている不動産の登記名義を，設立後のNPO法人名義にするための所有権の移転の登記の登記原因を，認可地縁団体の場合と同様に「委任の終了」とすることは，相当でないと考えられます。

## 4　NPO法人への所有権の移転の登記原因

　それでは，どのような登記原因とすべきかについて，他の法律の規定を見てみましょう。

　まず，会社法においては，株式会社を設立する場合に行う金銭以外の財産の出資（同法28条1号），及び株式会社の成立後に譲り受けることを約した財産（同条2号）を，「現物出資財産等」というものと規定しています（同法33条10項1号）。したがって，金銭以外に出資された財産や株式会社の成立後に譲り受けることを約した財産が不動産である場合の所有権の移転の登記の登記原因は「現物出資」となりますが，合同会社の社員が設立の際に金銭以外の財産である不動産を出資した場合の当該不動産に係る所有権の移転の登記原因は「現物出資」ではなく，単に「出資」とすることになります（同法578条参照）。

　次に，Q31で説明したとおり，一般社団法人の設立に際して，基金の引受人が不動産を拠出した場合，当該不動産は，法人法138条2項の規定に基づき拠出されたものであることから，当該不動産の所有権の移転の登記原因は，「一般社団法人及び一般財団法人に関する法律第138条第2項の基金の拠出」とすることになります。

　しかしながら，特定非営利活動促進法においては，法人法138条の規定を

準用していない（特定非営利活動促進法8条参照）ことから，財産の拠出について，一般社団法人への移転の場合と同様に取り扱うのは，相当ではありません。また，特定非営利活動促進法には，「現物出資」という文言の規定もないことから，「現物出資」という登記原因も相当でないと考えられます。

　そこで，特定非営利活動を行う団体の所有財産であった不動産が，NPO法人が，法人格を取得する際の設立当初の財産とされているのであれば，その所有権の移転の登記の登記原因は「出資」とするのが相当であり，その原因日付は法人の成立の日，すなわち設立の登記の日とすべきであると考えられます。

　また，設立後のNPO法人に対して，当該法人の代表者又は構成員全員がその所有不動産を売買又は贈与することは，当該特定非営利活動法人が，特定の個人又は法人その他の団体の利益を目的として事業すること，及び当該法人を特定の政党のために利用することを禁じている同法3条の規定に違反しない限り，法律上許容されているものと考えられます。

　以上のことから，特定非営利活動を行う団体が，NPO法人として法人格を付与された場合に，当該団体の代表者又は構成員全員の名義となっている不動産について，登記名義人をNPO法人とするためには，「委任の終了」を登記原因とすることはできず，「年月日出資」，「年月日売買」，「年月日贈与」等の具体的な法律行為を登記原因として，特定非営利活動法人を登記権利者，特定非営利活動を行う団体の代表者又は構成員全員を登記義務者とする所有権の移転の登記を申請すべきであると考えられます。

# 第4章　財産区に関する登記

　　　財産区（自治法294条1項）とは，どのようなものをいうのですか。

この財産区は，不動産の所有権の登記名義人となることができますか。

また，この財産区が所有する不動産に関する登記は，誰が，どのようにして嘱託するのですか。

　　　財産区とは，市町村及び特別区の一部で財産を有し若しくは公の施設を設けているもの，又は市町村及び特別区の廃置分合若しくは境界変更の場合における自治法若しくはこれに基づく政令の定める財産処分に関する協議に基づき，市町村及び特別区の一部が財産を有し若しくは公の施設を設けるものをいいます。

　財産区は，法人ですから，所有権の登記名義人となることができます。

　また，財産区が所有する不動産に関する登記は，原則として，当該市町村又は特別区の長が，嘱託します。

## 解　　説

### 1　財産区の意義

　特別地方公共団体（自治法1条の3第3項）の一つである財産区とは，市町村及び特別区の一部で財産を有し若しくは公の施設を設けているもの，又は市町村及び特別区の廃置分合若しくは境界変更の場合における自治法若しくはこれに基づく政令の定める財産処分に関する協議に基づき，市町村及び特別区の一部が財産を有し若しくは公の施設を設けるものをいい（自治法294条1項），法人格を有します（自治法2条1項）（**注1**）。

　この財産区は，明治時代に，旧市町村制の施行に伴って実施された全国的

な町村合併に際して，旧町村の住民が利用してきた財産・営造物を，合併後の新町村に移さず，これを関係住民が旧来の慣行に従って利用することができるよう，その管理・処分をするための特別の地方公共団体を設け，独立の法人格を認めたことにより，生まれたものです。

このような沿革から，旧市町村制においては，財産区については，既存のもののみを認めるという方針が採られ，これが昭和22年に制定された地方自治法にも引き継がれたのですが，戦後，町村合併の全国的な推進が重要な政策課題として取り上げられるに至り，その合併の障害を除去するための一方策として，「合併関係町村の相互の間にその有する基本財産の所有について著しい不均衡があり，これを統合して合併町村に属させることが適当でないと認められる特別の事情がある場合においては，地方自治法第7条第4項の規定による財産処分に関する協議により，合併町村のうち合併関係町村に属していた区域に係る部分が当該財産の全部又は一部を有するものとすることができる。この場合においては，合併町村の当該部分は，地方自治法第294条第1項の財産区とする。」（町村合併促進法（昭和28年法律第258号。昭和31年9月30日失効）23条4項）旨規定し，財産区の新設も認めることとされました。

そして，地方自治法も，昭和29年の一部改正の際に，財産区の設定手続を設けるほか，後述するような財産区の運営管理に関する規定を整備して，現在に至っています。

なお，町村が市に合併されたときに，従来部落所有の名義であった不動産については，都道府県知事の許可を証する情報を提供して，管理者である市長の嘱託により，自治法による財産区（その名称は，例えば「何々市第一財産区」）の所有名義に変更する登記名義人の名称変更の登記をすることができるとされています（**注2**）。

以上のことから明らかなように，財産区には，自治法施行前から存在するものと，自治法施行後，町村合併に伴う財産処分の協議により成立したものの2種類があり，市町村又は特別区が，任意にこれを設けることができるものではありません。財産区は財産又は公の施設の管理を目的とするものです

が，現実に存在している財産区が管理の対象としている財産としては，山林が最も多く，それ以外では，田畑，沼地，墓地，原野，牧野等があり，公の施設としては，用水施設のほか，公会堂，公民館，温泉施設等が多いといわれています。

## 2　財産区の性質

　このような財産区をその構成要素からみると，①市町村又は特別区の一部の区域（地域的要素），②そこに居住する住民（人的要素），③所有する財産又は公の施設の管理及び処分の権能（法制度的要素）の三つであるということができます。

　すなわち，財産区は，市町村又は特別区の一部の区域を構成要素とする地方公共団体であって，二以上の市町村にまたがって存在することは，認められません。市町村の廃置分合又は境界変更により財産区の区域が二以上の市町村の区域にまたがることとなるときは，その二以上の区域を構成要素とする二以上の財産区に分かれるものと解されています。具体的には，廃置分合等に伴う財産処分に係る協議で定められることになります。

　財産区の構成員は，その区域内に住所を有する住民です。当該区域に居住していた住民が，区域外に転出すると，従来財産区の財産の利用等について有していた権利を失うことになりますし，逆に，区域外から転入してきた住民は，当然に構成員となって，そのような権利を享受することができます。

　さらに，財産区は，その有する財産・公の施設の管理及び処分の権能を有する公法人ですから，所有財産から得た収益を，住民に分配することはできません。財産区が所有する全ての財産がなくなれば，法人格を認める根拠が失われますから，当然に消滅すると解されています。

## 3　財産区の機関

　財産区は，その所有し又は設置する財産又は公の施設の管理及び処分の範囲内において事務を行う権限を有しますが，自治法は，原則として，財産区に固有の執行機関や議決機関を設けず，財産区の所在する市町村又は特別区

の長や議会が，財産区の執行機関・議決機関としての権限を行使する建前を採っています。ただし，必要に応じて，財産区の固有の機関として，財産区の議会又は総会若しくは財産区管理会を設けることができることとされており（自治法295条，296条の2第1項），財産区の議会又は総会が設置されると，財産区に関する議決事項は，全て当該議会又は総会が議決し，市町村又は特別区の議会は，議決の権限を有しません。

また，財産区管理会は，財産区の議会又は総会を設けない場合に，市町村又は特別区と財産区との密接な関係を維持しながら，財産区の運営について，その住民の意向を反映させるための簡素な機関として，制度化されたものです。財産区管理会は，基本的には，財産区の運営に関する審議機関ですが，それにとどまらず，監査機関としての性格も有し，執行機関としての機能を営むこともあります（自治法296条の3参照）。

財産区管理会の審議機関としての権限の代表的なものは，市町村又は特別区の長が，財産区の財産又は公の施設の管理及び処分又は廃止であって条例又は財産処分に関する協議で定める重要なものを執行する場合に，これに対して同意を与える権限です（同条1項）。また，財産区管理会が執行機関として機能するのは，市町村又は特別区の長から，財産区の財産又は公の施設に関する事務の全部又は一部の委任を受けた場合です（同条2項）。財産区管理会は，本来の審議機関としての権限に付加して，委任された範囲内で，その管理行為を自ら執行する権限を有することになります。また，この委任は，財産区管理会に対してだけでなく，個々の財産区管理委員に対してもすることができます（同項）。この場合，委任を受けた管理委員は，独任制の機関として機能することになります。さらに，監査機関として，財産区管理会は，当該財産区の事務処理について，監査することができるとされています（同条3項）。

## 4　設問に対する解答

以上のことをまとめると，財産区は，特別地方公共団体の一つであり，法人格を有しますから，その所有する不動産について，登記名義人となること

ができます。財産区が所有する不動産についての登記は，その不動産の管理及び処分に関する事務の執行機関である当該市町村又は特別区の長が嘱託するのが原則ですが，その事務が財産区管理会又は財産区管理委員に委任されている場合には，これらの者が，嘱託することになります。

（注１）「質疑応答」登研15号32頁

　　問　市町村の一部（各大字，通称区という。）は，あらたに不動産の所有権を取得する事が出来るか，その根拠を示し説明願います。

　　答　当該市町村の一部が地方自治法に規定されている財産区である場合においては，所有権を取得することができる。

　　（理由）　単なる市町村の一部は法人格を有していないので，不動産を取得することはできない。市町村の一部が不動産を取得するには，法人格を有する（地方自治法第1条第3項（著者注：現行同法1条の3第3項）及び第2条第1項）財産区でなければならない。

　　　　財産区とは，法令に特別の定めがあるものを除く外，市町村並びに特別市（人口50万人以上の市につき法律でこれを指定する市をいう。その指定を廃止する場合も同様である。）及び特別区（都の区をいう。）の一部で財産を有し又は営造物を設けているものをいう（地方自治法第294条第1項，第265条第2項，第281条第1項），したがって，財産区には議会又は総会の規定も設けられている（地方自治法第295条及び第296条）。

（注２）「質疑応答」登研14号28頁

　　問1　地方自治法第1条第3項（著者注：現行同法1条の3第3項）にいわゆる「財産区」は，同法第2条第1項の法人に該当すると思いますが如何がでしょうか。

　　　2　前問の場合，法人であるとすれば，その名称を「何々市第一財産区」として登記名義人となることを得るや。

　　　3　従来の市町村制当時，登記名義人を「大字何々部落」として登記してある物件に対し当該町村がある市に合併の際，条件として前記財産は特有財産として存置されてある場合においては，地方自治法第3条第3項により何々部落とあるを何々財産区と変更することができるや。

　　　4　前問出来得るとすればその登記申請書には如何なる書面を添付すればよいか。

　　5　前項の場合は登記嘱託者は管理者たる市長がなすべきや。

答　1，2，3項，御意見の通り。

　4項，地方自治法第3条第3項の規定による都道府県知事の許可書を添
　　付すればよい。

　5項，御意見のとおり。

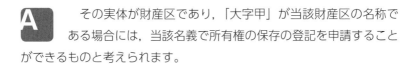

 　表題部の所有者欄に「大字甲」と記録されている不動産について，当該名義で所有権の保存の登記を申請することができますか。

**A** 　その実体が財産区であり，「大字甲」が当該財産区の名称である場合には，当該名義で所有権の保存の登記を申請することができるものと考えられます。

## 解　　説

### 1　表題部の所有者欄に「大字甲」と記録されている不動産の帰属

　表題部の所有者欄の記録が町村の一部である大字名義となっている不動産については，当該土地が，自治法にいう財産区の財産であるか，町内会等の所有財産であるか，実体的に部落会の構成員の共有財産であるかのいずれに該当するかによって，所有権の保存の登記手続が異なってきます。

### 2　自治法にいう財産区の財産である場合の登記手続

　大字名義となっている不動産が，もともと自治法294条1項に規定する財産区の財産であったものであれば，財産を有する市町村の一部が，新憲法と同日に施行された地方自治法に基づき財産区に移行したことになることから，当該財産区の所有となります。

　当該不動産が財産区の財産であった場合の登記手続については，何らの手続を要しない（昭和32年2月25日付け民事甲第372号民事局長回答）**（注1）**とされていますから，「大字甲」名義で所有権の保存の登記を申請することができるものと考えられます**（注2）（注3）（注4）**。

　そして，財産区を外部に対して代表する者は，市町村長であることから，財産区についての所有権の保存の登記は，市町村長から嘱託すべきことになりますが，財産区に議会，管理会等が設置され，不動産の管理及び処分に関する事務が財産区管理会又は財産区管理委員に委任されている場合には，こ

れらの者が，嘱託することになります。

　当該不動産が，自治法にいう財産区の財産である場合において，これを証する情報（財産区の要件を満たしていることを証する情報）の提供を要するか否かについては，当該所有権の保存の登記は，不登法74条1項1号の表題部所有者又はその相続人その他の一般承継人からの申請に準じるものと解すべきですから，当該承継を証する情報（不登令別表28の項添付情報イ参照）として，当該財産区の財産であることを証する情報を提供すべきであると考えられます。

　なお，当該不動産について所有権の保存の登記をしない場合には，財産区であることを登記記録上で明示する意味において，表題部所有者を「大字甲」から「甲財産区」とする名称の変更登記をするのが，望ましいと考えられます。

## 3　町内会等の所有財産であった場合の登記手続

　次に，当該不動産が，町内会等の所有財産であった場合の取扱いについては，昭和22年5月3日政令第15号（いわゆる「ポツダム政令」）2条1項（**注5**）において，同政令施行の際，現に町内会又はその連合会に属する財産は，「その構成員の多数を以て議決するところにより，遅滞なくこれを処分しなければならない。」旨規定されており，また，同条第2項において，「前項に規定する財産でこの政令施行後2箇月以内に同項の規定により処分されないものは，その期間満了の日において当該町内会又はその連合会の区域の属する市区町村に帰属するものとする。」旨規定されています。

　そして，同条1項の規定によって財産を処分した場合，①当該土地が町内会等の登記名義であるものについては，町内会等の構成員による決議において，財産処分の実行について代表者を定めたときはその代表者が，代表者を定めなかったときは従前当該町内会等の長であった者が，当該町内会等を代表して登記の申請をする（昭和22年6月18日付け民事甲第550号民事局長通達）（**注6**）ものとされており，また，②当該土地が町内会等の登記名義でないもの（例えば，数十人の共有名義）については，当該登記名義人の申請

によってする（昭和22年9月1日付け民事甲第644号民事局長回答）（**注7**）ものとされています。

　一方，同条2項の期間（2か月）経過により，当該町内会等の属する市町村に帰属した場合，③当該土地が未登記であるものについては，所有権の移転の登記の前提として，従前の町内会等の長であった者から所有権の保存の登記の申請をするか，又は，旧不登法110条（**注8**）（不動産登記法の一部を改正する法律（昭和35年法律第14号）により削除）の規定により，当該土地が属することとなった市町村が，直接，保存の登記をすることもできる（昭和31年1月13日付け民事甲第41号民事局長回答）（**注9**）ものとされており，④当該土地が町内会等の登記名義であるものについては，市町村長から所有権の移転の登記を嘱託する（昭和38年11月20日付け民事甲第3118号民事局長電報回答）（**注10**）ものとされています。

## 4　町内会等の構成員の共有財産であった場合の登記手続

　当該不動産土地が，実体的に町内会等の構成員の共有財産であった場合には，表題部所有者を町内会等の構成員の共有とする更正の登記をした上で，それらの者から所有権の保存の登記の申請をすることになるものと解されます。

　なお，表題部の所有者欄に「大字○○」と記録されている土地（墳墓）について管轄市町村長の「大字○○の所有である旨の証明書」及び町内会等の構成員作成にかかる「財産管理規約」並びに町内会等の構成員による「代表者選出議事録」の提供がある場合は，当該不動産は，いわゆる権利能力なき社団に属するものとして，代表者個人名義に更正して差し支えないものとされています（昭和48年1月8日付け民三第218号民事局第三課長回答）（**注11**）。

## 5　設問に対する解答

　以上のことから，当該不動産が，実体上，自治法294条1項に規定されている財産区の所有である場合には，その財産管理者である市町村長若しくは財産区管理会又は財産区管理委員の嘱託によって，当該財産区名義での所有権の保存の登記をすることになります。

　次に，町内会等の所有であって，ポツダム政令2条1項の規定によって財産を処分した場合に，町内会等の構成員による決議において，財産処分の実行について代表者を定めたときはその代表者が，代表者を定めなかったときは従前当該町内会等の長であった者が，当該町内会等を代表して所有権の保存の登記の申請をし，また，当該不動産が町内会等の所有でないものについては，その登記名義人となっている者が，申請することになります。

　また，同条2項の期間（2か月）経過により，当該町内会等の属する市区町村に帰属した場合，当該土地が未登記であるものについては，所有権の移転の登記の前提として，従前の町内会等の長であった者から所有権の保存の登記の申請をするか，又は旧不登法110条の規定により，当該土地が属することとなった市区町村が，直接，所有権の保存の登記をすることになります。

　ただし，当該不動産の実体上の所有者が，当該地域の町内会等であったところ，その後，当該町内会等から自治法260条の2第1項の規定により，認可地縁団体に権利が承継されているときであっても，不登法74条1項1号を類推適用して，直接，当該地縁団体名義に所有権の保存の登記をすることは認められません。この場合は，まず，市町村長の嘱託により，市町村名義に所有権の保存の登記をした上で，当該地縁団体への所有権の移転の登記をすることになるものと考えられます（**注12**）。

　なお，町村制改正法律（昭和18年法律第81号）（**注13**）施行以前から大字又は字等の行政区画名義で登記されている不動産は，当該行政区画は，現市町村に承継されていることになることから，当該不動産が，町内会等の所有財産であった場合と同様に，市町村長の嘱託により市町村名義に所有権の保存の登記をすることができます（**注3**参照）。

　さらに，町内会等の構成員の共有である場合には，まず，それらの者のために当該市町村長からの嘱託により，表題部所有者の更正の登記をした上で，その後に，それらの者から所有権の保存の登記を申請すべきことになります（**注2**・**注3**参照）。

（**注1**）　昭和32年2月25日付け民事甲第372号民事局長回答

　　登記事務の取扱方について

　標記の件について，左記のとおり疑義が生じましたので，何分の御指示仰ぎたく御伺い致します。

記

一．従前より旧大字名義に保存登記されている土地にして，その実体も昭和18年法律第81号施行当時の町内会，部落会が有していたものでもなく，また，同法律の施行による改正後の町村制第72条ノ3の規定に該当するものでもない不動産については，昭和22年5月3日政令第15号の適用はないものと考えますが如何でしょうか。

　　参照　昭和23年10月2日付民事甲第3210号

　　回答

　　昭和31年11月12日付日記登第948号で照会のあった標記の件については，貴見のとおりと考える。なお，当該大字が財産区であれば何らの手続を要しないが，当該土地が登記当時の部落民の共有である場合には，当該大字の所属する市町村長の嘱託により保存登記を抹消した上で，土地台帳の所有者の氏名を訂正すべきである。

（注2）　「質疑応答」登研192号71頁

　　問　町村の一部たる大字名義の既登録未登記不動産について，その大字名義に所有権の保存登記を受けることができるでしょうか。なお，右の不動産が山林である場合において，当該土地について，都道府県のための竹木所有を目的とする地上権設定の登記を受けることができるか。

　　答　前段　実体が地方自治法に規定されている財産区（地方自治法294条1項…旧町村制（注13）124条…参照）の所有である場合には，その財産管理者たる町村長の嘱託によって所有権の保存登記ができます。なお，昭和18年法律81号施行当時の町内会，部落会が所有していたものであれば，昭和22年政令15号2条の規定により相当の処分等をし，その態様に従って登記を受けるべきであり，当該土地が台帳の開設された当時の部落民の共有である場合には，土地台帳の所有者を訂正し共有者名義に所有権保存登記を受けるべきものと考えます。

　　　　後段　右のいずれの場合でも地上権設定の登記を受けることができます。

（注3）　「質疑応答」登研279号73頁

　　問　表題部の所有者欄に「大字何々村」と記載されている土地の所有権保

存登記はできるでしょうか。できるとした場合，申請人は誰でしょうか。
答　表題部に所有者として記載されている「大字何々村」の実体により登
記申請の方法も異なると考えますが，例えば，その実体が財産区である
場合には，その財産管理者たる市町村長からの嘱託により財産区名義に
保存登記をすることができ，かつて行われた財産区の財産整理の結果市
町村に帰属しているものであれば右保存登記を得た後当該市町村に所有
権移転登記をなすべきであり，また，当該財産がいわゆる町内会部落会
の所有であって昭和22年政令15号2条の規定によりそれが市町村に帰属
した場合には，当該市町村長からの嘱託により市町村名義に保存登記を
することができるものと考えます。なお，所問の「村」が，明治22年の
町村制施行以前の行政区画である場合も考えられますが（大字名が冠記
されているので疑問ではあるが），この場合には，それが現市町村に承
継されていることになりますので，市町村名義に登記することができる
と考えます。また，その実体が当該部落民の共有である場合には，まず
それらの者のために当該市町村長からの嘱託により表題部記載の所有者
名義の更正をなし，その後それらの者から（そのうちの1人からでも
可）保存登記の申請ができるものと考えます。

（注4）　「質疑応答」登研337号70頁
問　実態がいわゆる財産区であり，表題部の所有者欄に「大字何々」と記
載されている土地の所有権保存登記をする場合には，登記名義人の表示
を「大字何々」とすることができると思いますが，「何々財産区」とす
べきであるとの意見もあるので，お尋ねします。
答　当該財産区の名称が「大字何々」であれば御意見のとおりと考えます。

（注5）　**昭和20年勅令第542号ポツダム宣言の受諾に伴い発する命令に関する件
に基づく町内会部落会又はその連合会等に関する解散，就職禁止その他の
行為の制限に関する政令（昭和22年政令第15号）第2条**
1　この政令施行の際現に町内会部落会又はその連合会に属する財産は，
その構成員の多数を以て議決するところにより，遅滞なくこれを処分し
なければならない。但し，その処分について，規約又は契約に特別の定
あるものは，その定に従って処分しなければならない。
2　前項に規定する財産でこの政令施行後（注，公布の日から施行）2箇
月以内に同項の規定により処分されないものは，その期間満了の日にお
いて当該町内会部落会又はその連合会の区域の属する市区町村に帰属す

るものとする。

3　第1項の規定により財産処分の議決をなす場合又は前項の規定により市区町村に財産が帰属した場合においてその財産に関し寄附者その他特別の縁故者がある場合においては，その者の利益について相当の補償又はこれに類する考慮が払われなければならない。

**（注6）　昭和22年6月18日付け民事甲第550号民事局長通達**

　　　　　　町内会，部落会又はその連合会の財産処分に関する登記の申請人について

　　昭和22年政令第15号（昭和20年勅令第542号ポツダム宣言の受諾に伴い発する命令に関する件に基づく町内会部落会又はその連合会等に関する解散，就職禁止その他の行為の制限に関する件）第2条第1項の規定により，町内会部落会又は連合会に属する財産で当該町内会等を登記名義人とするものを処分した場合における登記については，左記のように取扱うのを相当と思料するので，右通達する。なお，この旨管下登記官吏にも周知方然るべく取り計らわれたい。

　　　　　　　　　　　　　　　　　記

一．町内会部落会又はその連合会の構成員による決議において，財産処分の実行につき代表者を定めたときは，その代表者が，当該町内会部落会又はその連合会を代表して，登記の申請をする。

二．一の代表者を定めなかったときは，従前当該町内会部落会又はその連合会の長であった者が，当該町内会部落会又はその連合会を代表して登記の申請をする。

**（注7）　昭和22年9月1日付け民事甲第644号民事局長回答**

　　　　　　町内会，部落会又はその連合会の財産処分に関する登記手続について

　　昭和22年政令第15号第2条第1項の規定によって処分した不動産の登記手続について左記の通り疑義がありますので至急何分の御回示を願います。

一．（イ）　従前所有していた部落会又は町内会所有の不動産であって登記名義人が当該部落会又は町内会でなく数十人の共有名義であるときもその登記の申請人は部落会又は町内会の代表者でよいでしょうか。

　　　（ロ）　前項の場合各共有者について家督相続が開始（所在不明等の者あり）しているものがあれば前提として夫々相続其の他の登記をなさなければならないでしょうか。

(ハ)　実質上部落所有の不動産であって個人名義になっているものも前項の代表者で，部落所有であることの市町村長の証明書と部落構成員多数の議決書とを添付して申請して差支えないでしょうか。

二．昭和22年法律第29号附則第３条の趣旨は同年政令第15号第２条第１項の規定によって処分した権利の取得の登記又は登録が当該規定施行後６箇月以内であったら経過的に登録税を課さないとするものと解してよいでしょうか。

回答

問合せのあった標記の件は次のように考える。

一．(イ)　登記名義人の申請による。

(ロ)　前提登記を必要とする。

(ハ)　申請することはできない。

二．昭和22年政令第15号第２条第１項の規定により処分された権利の取得者が，市町村又は昭和22年法律第29号附則第３条の規定に基く政令により指定されたものである場合に限り，登録税を課さない。但し，同条の規定に基く政令は，現在なお制定されていない。

**（注８）　旧不登法110条**

官庁又ハ公署カ未登記ノ不動産所有権ノ登記ヲ登記所ニ嘱託スル場合ニ於テハ第105条又ハ第106条ノ規定ニ依リテ証明ヲ為スコトヲ要セス

**（注９）　昭和31年１月13日付け民事甲第41号民事局長回答**

登記事務取扱について

旧部落，町内会等所有の不動産で，昭和22年政令第15号第２条第２項の期間内に処分をなさず，所属市町村に帰属した未登記の物件につき，その帰属による所有権移転登記の前提として従前の部落，町内会等の長であった者から所有権保存登記の申請があつた場合は受理差支えないと考えますが，疑義がありますのでお伺いします。

なお右は目下差掛った事件でありますので至急何分の御回示をお願い致します。

回答

昭和30年12月22日付登第317号で問合せのあった標記の件については，貴見のとおり受理差支えないが，不動産登記法第110条により所属市町村のために保存登記をすることもできる。

**（注10）　昭和38年11月20日付け民事甲第3118号民事局長電報回答**

　　　町内会所有の不動産を市が取得した場合の所有権の帰属年月日につ
　　　いて
　　町内会が所有する不動産を昭和22年政令第15号により市が取得した場合
　の所有権の帰属の年月日は，昭和22年7月2日と考えますが，同月3日と
　の説があり，決しかねていますので，何分の御指示を仰ぎます。
　回答
　　本年9月27日付電報番号第35号で問合せの件は，昭和22年7月3日と考
　える。

**(注11)　昭和48年1月8日付け民三第218号民事局第三課長回答**

　　　表題部に記載した所有者の更正の登記について
　（照会）
　　表題部の所有者欄に「大字亀賀総持」と記載されている土地（墳墓）に
　つき，所有者の更正の登記の申請書に，管轄市町村長の「大字亀賀部落民
　の所有である旨の証明書」および部落民作成にかかる「財産管理規約」な
　らびに部落民による「代表者選出議事録」の添付がある場合は，当該不動
　産は，いわゆる人格なき社団に属するものとして代表者個人名義に更正し
　てさしつかえないものと考えられますが，いささか疑義がありますので何
　分のご指示を賜わりたくお伺いします。
　（回答）
　　昭和47年11月22日付登第117号をもって照会のあった標記の件について
　は，便宜貴見のとおり取り扱ってさしつかえないものと考える。

**(注12)　「質疑応答」登研534号131頁**

　　問　表題部の所有者欄に「大字何」又は「村中持」と記載されている場合
　　において，当該土地等の実体上の所有者が当該地域の町内会等であり，
　　その後同町内会等から地方自治法260条の2第1項の規定により認可さ
　　れた地縁団体にその権利が承継されているときは，不登法100条1項1
　　号（著者注：現行法74条1項1号）を類推適用して，直接，同地縁団体
　　名義に所有権保存登記の申請をすることができるものと考えますが，い
　　かがでしょうか。
　　答　消極に解します。

**(注13)　町村制（明治21年法律1号）抄**

　　第81条　町村ハ其不動産，積立金穀等ヲ基本財産ト為シ之ヲ維持スル義務
　　アリ

第114条　町村内ノ区（第64条）又ハ町村内ノ一部若クハ合併町村（第4条）ニシテ別ニ其区域ヲ存シテ一区ヲ為スモノ特別ニ財産ヲ所有シ若クハ営造物ヲ設ケ其一区限リ特ニ其費用（第99条）ヲ負担スルトキハ郡参事会ハ其町村会ノ意見ヲ聞キ条例ヲ発行シ財産及営造物ニ関スル事務ノ為メ区会又ハ区総会ヲ設クルコトヲ得其会議ハ町村会ノ例ヲ適用スルコトヲ得

第115条　前条ニ記載スル事務ハ町村ノ行政ニ関スル規則ニ依リ町村長之ヲ管理ス可シ但区ノ出納及会計ノ事務ハ之ヲ分別ス可シ

町村制（明治44年法律第69号）抄

第89条　収益ノ為ニスル町村ノ財産ハ基本財産トシ之ヲ維持スヘシ

町村ハ特定ノ目的ノ為特別ノ基本財産ヲ設ケ又ハ金穀等ヲ積立ツルコトヲ得

第124条　町村ノ一部ニシテ財産ヲ有シ又ハ営造物ヲ設ケタルモノアルトキハ其財産又ハ営造物ノ管理及処分ニ付テハ本法中町村ノ財産又ハ営造物ニ関スル規定ニ依ル但シ法律勅令中別段ノ規定アル場合ハ此ノ限ニ在ラス

町村制改正法律（昭和18年法律第81号）抄

第72条ノ3　町村長ハ町内会部落会及其ノ連合会ノ財産及経費ノ管理並ニ区域ノ変更ニ関シ必要ナル措置ヲ講ズルコトヲ得

町村長ノ許可ヲ得タル場合ニ於テハ町内会部落会及其ノ連合会ハ自己ノ名ヲ以テ財産ヲ所有スルコトヲ得

町内会等に属する財産で当該町内会等を登記名義人とする不動産を処分した場合の所有権の移転の登記の登記義務者は，誰ですか。

　また，処分されずに市町村に帰属したことによる市町村への所有権の移転の登記には，従前町内会等の長であった者の承諾を証する情報の提供を要するでしょうか。要するとした場合は，いずれかの代の町内会長１名のみで差し支えないでしょうか。

**A**　　　前段について，登記義務者は解散した町内会等ですが，登記の申請は，財産処分の実行につき代表者を定めたときはその者が，代表者を定めなかったときは従前の町内会等の長であった者が，行うことになります。

　後段について，登記義務者である従前町内会等の長であったいずれかの代の町内会等の長１名の承諾を証する情報の提供を要するものと考えられます。

## 解　　説

　昭和22年５月３日に公布・施行された「昭和20年勅令第542号ポツダム宣言の受諾に伴い発する命令に関する件に基づく町内会部落会又はその連合会等に関する解散，就職禁止その他の行為の制限に関する政令」（昭和22年政令第15号。いわゆるポツダム政令）（**Q34の注5**）２条に規定する「町内会部落会又はその連合会」とは，昭和15年９月11日内務省訓令第17号（部落会町内会等整備要領）により整備された町内会，部落会及びその連合会並びに隣組の四つの組織（以下「町内会等」といいます。）を指します。

　また，同政令において処分の対象となる財産とは，「現に町内会部落会その他の連合会に属する財産」と規定されています。

　同政令では，町内会等が解散することに伴い，同政令施行の際，現に町内会等に属する財産は，その構成員の多数をもって議決するところにより，遅

滞なく処分しなければならないとされています（同政令2条1項）。

　そして，同政令2条1項の規定により，町内会等に属する財産で当該町内会等を登記名義人とするものを処分した場合における登記については，町内会等の構成員による決議において，財産処分の実行につき代表者を定めたときはその代表者が，代表者を定めなかったときは従前当該町内会等の長であった者が，当該町内会等を代表して登記の申請をするものとされています（**Q34の注6**の昭和22年民事局長通達）。

　これに対して，町内会等に属する財産のうち，同政令施行後2か月以内に処分されないものは，その期間の満了日にその町内会等の区域に属する市区町村に帰属するとされています（同条2項）。

　すなわち，市町村が同政令2条2項の規定によって財産を取得するのは，政令の効果による一方的な取得ですから，その取得の登記についても，当該市区町村長の嘱託によりすることができます。しかしながら，この場合の登記については，同政令においても，不登法116条1項の特例を認める規定は，存しません。また，形式的審査権しか有しない登記官は，申請に係る不動産が，「現に町内会部落会その他の連合会に属する財産」か否か，さらに「本政令施行後2か月以内に処分され」たが，登記していないものか，あるいは，そもそも処分されていないものかについて，審査する必要があります。

　したがって，この場合にも，原則どおり，登記義務者の承諾を証する情報の提供を要するものと考えられます（不登法116条1項）。ただし，この場合の承諾を証する情報は，従前町内会等の長であった者のうち，いずれかの代の町内会等の長1名のみの署名押印したもので差し支えなく，登記原因は，「昭和22年政令15号2条2項による帰属」，その日付は，同政令2条2項の期間満了の日，すなわち「昭和22年7月3日」とすることになります（**Q34の注10**の昭和38年民事局長電報回答）（**注**）。

**（注）「質疑応答」登研8号29頁**
　　問　昭和22年政令15号（町内会部落会又はその連合会等に関する解散，就職禁止其の他の行為の制限に関する政令）2条について

⑴　第1項によって財産を処分した場合における所有権移転の登記義務者
　は，解散した町内会であり，その代理人として過半数の構成員が申請す
　ればよろしいか

⑵　第2項の期間経過によって財産が市町村に帰属した場合の登記は，前
　項同趣旨により過半数の移転登記承諾書を添えて市町村が嘱託し，登記
　原因は，「昭和22年政令15号2条2項による帰属」とし，帰属の日付は，
　2か月の期間満了の時ではなく，引渡行為のあったときでよいか

答

⑴　登記義務者は解散した町内会であるが，その町内会を代表して登記の
　申請をするのは，昭和22年政令15号第2条第1項の決議において，財産
　処分の実行につき代表者を定めたときはその者，若し代表者を定めな
　かったときは従前町内会の長であった者が行うべきである（昭和22，6，
　18民事甲550号民事局長通達参照）。

⑵　市町村が，昭和22年政令15号第2条第2項の規定によって財産を取得
　するのは政令の効果による一方的な取得であるから，その取得の登記に
　ついても，当該市町村長の嘱託により，一方的に行って差し支えない訳
　であるが，この場合の登記について不動産登記法31条1項の特例が設け
　られていない以上，登記義務者の承諾書の添付を要するものと解するの
　ほかない。但し，右の承諾書は，従前町内会の長であった者の署名押印
　したもので差し支えない。なお，登記原因の記載方については貴見の通
　りで差し支えないが，その日付は，右政令第2条第2項の期間満了の日
　とすべきである。

「丙外何名」の名義で登記されている共有地について，その
所有権の時効取得を主張する甲が，当該土地の占有開始時にお
いて，当該土地は，いわゆるポツダム政令（昭和22年政令15号）によ
り乙市に帰属していたとして，乙市を被告とする「丙外何名」から乙市
への所有権移転登記手続，及び乙市から甲への所有権の移転登記手続を
求める給付判決を得た場合に，甲は，当該判決書を代位原因を証する情
報として提供し，単独で，「丙外何名」から乙市への所有権の移転の登
記を代位して申請することができるでしょうか。

**A**　　　当該代位登記は，申請することができないと考えられます。

## 解　　説

　**Q35**で説明したとおり，「丙外何名」の名義で登記されている土地につい
て，乙市が，「昭和22年政令15号2条2項による帰属」を登記原因として，
所有権の移転の登記を嘱託するときは，登記記録上の登記名義人である「丙
外何名」の承諾を証する情報の提供を要するものと解されます。

　ところで，債権者代位権に関する民法423条に規定する「債権」には，登
記請求権も含まれると解されており，また，登記手続上，私人間における権
利に関する登記については，登記権利者と登記義務者による共同申請による
こととされています（不登法60条）。これに対して，官公署の嘱託による場
合の登記手続については，官公署がする行為に対する信頼性を前提として，
単独で，登記の嘱託をすることが，認められています（不登法116条）。

　したがって，官公署以外の者が官公署に代位して登記を申請する場合には，
嘱託登記に関する特例は，認められませんから，甲が，乙市に代位して，
「丙外何名」の承諾を証する情報を提供して登記の申請をすることは認めら
れず，甲が，乙市に代位して，丙及びその共有者から乙市への所有権の移転
の登記を申請する場合には，不登法の一般原則に従い，登記原因証明情報

（不登法61条），登記識別情報（不登法22条），代理人の権限を証する情報（不登令7条1項2号）等の情報を提供しなければならないと考えられます。

　また，乙市への所有権の移転の登記について，「丙外何名」が登記申請に応じない場合に，不登法63条1項に規定する判決による登記手続によって申請するときの判決は，「丙外何名」を当事者とする給付判決が必要になるところ，設問における給付判決は，乙市に対するものですから，当該判決書を提供して申請することはできないと考えられます。

財産区を登記権利者として，「贈与」を登記原因とする所有権の移転の嘱託登記は，受理されるでしょうか。

 当該嘱託登記は，受理されないものと考えられます。

## 解　説

　特別地方公共団体の一つである財産区とは，市町村及び特別区の一部で財産を有し若しくは公の施設を設けているもの，又は市町村及び特別区の廃置分合若しくは境界変更の場合における自治法若しくはこれに基づく政令の定める財産処分に関する協議に基づき，市町村及び特別区の一部が財産を有し若しくは公の施設を設けるものをいいますが（自治法294条1項），**Q33**で説明したとおり，財産区は，自治法施行前から存在するものと，自治法施行後，町村合併に伴う財産処分の協議により成立したものの2種類に限られていることから，財産区が，新たに財産を取得することはできないものと考えられます。

　したがって，財産区が，売買若しくは贈与等により不動産を取得したとして，当該不動産について，財産区を登記権利者とし，「売買」若しくは「贈与」等を登記原因とする所有権の移転の登記嘱託があったとしても，当該嘱託登記は，受理されないものと考えられます（**注**）。

（注）　「質疑応答」登研541号138頁
　　　問　地方自治法294条に定める財産区は，当該財産区が従来から有する財産又は公の施設の管理の必要から財産を取得するものと明らかに認められる場合を除き，同条1項の規定の趣旨から新たに財産を取得することはできないものと考えられるので，当該財産区を登記権利者とし，贈与を原因とする所有権移転登記の申請は，受理すべきではないと考えますが，いかがでしょうか。
　　　答　御意見のとおりと考えます。

財産区を設定者とする地上権の設定の登記の抹消の登記は，嘱託登記によることなく，当該財産区と地上権者の共同申請によってすることができますか。

　　　当該抹消の登記は，当該財産区と地上権者の共同申請によってもすることができると考えられます。

## 解　　説

　財産区は，その所有し又は設置する財産又は公の施設の管理及び処分の範囲内において事務を行う権限を有しますが，自治法は，原則として，財産区に固有の執行機関や議決機関を設けず，財産区の所在する市町村又は特別区の長や議会が，財産区の執行機関・議決機関としての権限を行使する建前を採っていますから，財産区が所有する不動産についての登記は，原則として，その不動産の管理及び処分に関する事務の執行機関である当該市町村又は特別区の長が，嘱託することになります。

　したがって，財産区が所有権の登記名義人である土地について地上権の設定の登記がされている場合において，当該地上権の設定の登記を抹消するときは，登記義務者である地上権者の承諾を得て，登記権利者である財産区の嘱託登記によることができますが（不登法116条１項），嘱託登記によることができる場合であっても，不登法60条に規定する共同申請が否定されるわけではありませんから，登記原因証明情報（不登法61条），登記義務者の登記識別情報（不登法22条），代理人の権限を証する情報（不登令７条１項２号）等を提供して，財産区と地上権者との共同申請により，当該地上権の設定の登記の抹消の登記を申請することができるものと考えられます（**注**）。

**（注）**　「質疑応答」登研429号122頁
　　　問　土地所有者（財産区）の共有地に右財産管理者である市町村長と個人との契約による立木所有を目的とする「地上権設定」登記をし，後日立木皆

伐または契約解除を原因として該地上権の抹消登記をする場合，嘱託事件によらず申請書副本，登記済証，双方代理権限証書を添付して，地上権者と市町村長の双方申請ですることができると考えますが，いかがでしょうか。

答　不登法31条（著者注：現行法116条）は，同26条（著者注：現行法60条）による共同申請を否定するものではないと解されるので，御意見のとおり，共同申請できるものと考えます。

# 第**5**章　記名共有地に関する登記

記名共有地とは，どのような土地をいうのですか。

記名共有地とは，登記簿の一元化作業により旧土地台帳から移記した登記簿の表題部の所有者欄に「甲外何名」と記載され，共同人名簿が移管されなかった等の理由により「外何名」の氏名，住所が明らかでない土地をいいます。

## 解　説

　旧土地台帳法時代においては，土地台帳に記載されるべき土地の共有者が多数いる場合，土地台帳の所有者欄には，単に「何某外何名」と記載し，共同人名簿（旧法における共同人名票に類似した様式により作成されていました。）を別冊として設け，当該共同人名簿に他の共有者全員の氏名，住所を記載するという取扱いがされていましたが，昭和35年の不登法の一部を改正する法律（昭和35年法律第14号）により，表示に関する登記手続が新設されるとともに，土地台帳制度は廃止され，未登記の土地で土地台帳に登録されているものについては，この台帳に基づいて登記簿の表題部を新設することとされました（登記簿・土地台帳の一元化）。

　そして，この一元化作業において，土地台帳の所有者欄に「何某外何名」と記載されていた土地の表題部を作成する際に，共同人名簿が，税務署から登記所に移管されなかった等の理由により，「外何名」を明らかにすることができなかったものについては，共同人名票（旧不動産登記法施行細則2条4項・52条1項前段，旧不動産登記事務取扱手続準則194条）**(注)** を作成することなく，単に，登記記録の表題部の所有者欄に「何某外何名」と移記さ

れ，その後の登記がされないまま今日まで存置されている登記記録があり，このような登記がされている土地が，いわゆる記名共有地といわれているものです。

　記名共有地の実体は，明治期からの小さな集落の共同体としての権利能力なき社団の所有，市町村の所有，若しくは旧財産区の所有等であると考えられ，また，登記記録の地目から推測される当時の利用形態としては，墓地あるいは入会地が圧倒的に多かったと思われることから，これらの多くの土地は，所有者自身も自身の財産であるとの認識を持つことなく，また，十分な管理もされなかったなどの理由から，相続や担保権の設定の登記等がされることなく，今日に至っているものが多いと考えられています。

　そのため，自治体が，広域ゴミ処理施設の建設を計画したところ，当該予定地の一部に入会地が存在していたため，当該入会地の地権者を把握することが困難であり，また，把握できたとしても，当該地権者が既に死亡していることから，相続登記が必要であるにもかかわらず，当該相続人との連絡がつかない等の事情から，当該入会地を買収することができないとして，ゴミ処理施設の建設計画を断念せざるを得なくなったという事例もあるようです。

（注）　**旧不動産登記法施行細則２条４項**
　　　　第五十二条ノ共同人名票ハ附録第四号様式ニ依リ之ヲ調製スベシ
　　　**旧不動産登記法施行細則52条１項前段**
　　　　表題部ニ記載スベキ所有者又ハ登記権利者ガ多数ナルトキハ其一人ノ氏名，住所及ビ他ノ人員ヲ登記用紙中表題部又ハ相当区事項欄ニ記載シ共同人名票ヲ追加編綴スルコトヲ得
　　　**旧不動産登記事務取扱手続準則194条**
　　　　細則第52条第１項の規定により共同人名票を設けるのは，原則として所有者，登記権利者又は登記義務者が５名以上の場合とする。

表題部の所有者欄に「甲外何名」とのみ記載されている記名
共有地について，現に当該土地は，甲の相続人が所有の意思を
もって占有し，かつ，固定資産税を継続して納付してきたとして，納税
証明書及び相続を証する情報を提供して，当該土地について甲の相続人
の単独名義とする所有権の保存の登記申請は，受理されますか。

**A**　　当該登記申請は，受理されないものと考えられます。

## 解　　説

　所有権の保存の登記は，表題部所有者又はその相続人その他の一般承継人
（不登法74条1項1号）及び同項各号に掲げる者以外の者は，申請すること
はできないとされています（同項本文）。

　したがって，**Q39**で説明した記名共有地について，所有権の保存の登記を
申請しようとする場合には，税務署から登記所に移管されるべきであった
「外何名」の氏名，住所を記載した別冊の共同人名簿，あるいは，旧土地台
帳時代に交付を受けた土地台帳謄本等の共有者を明らかにする資料等を探し
出し，それらの資料に基づいて，表題部の所有者の更正を行い，表題部所有
者の全員を明らかにした上で，これらの者又はその相続人名義で所有権の保
存の登記を申請すべきであり，また，「甲外何名」以外に真実の所有者がい
る場合であっても，真実の所有者は，上記と同様の方法により「外何名」を
明らかにし，これらの者又はその相続人の名義に所有権の保存の登記をした
上で，改めて自己名義への所有権の移転の登記を受ける必要があります。

　なお，登記記録の表題部に記録された共有者全員を明らかにした上で，こ
れらの者全員を被告とする所有権確認訴訟を提起し，その勝訴判決を得て，
不登法74条1項2号の規定に基づいて，直接，自己の名で所有権の保存の登
記を申請する方法も考えられます。この方法による登記申請の可否について
は，後掲の**Q42**を参照してください。

　しかしながら，当該記名共有地の関係者等が所持している資料等によって，「外何名」を明らかにすることは，理論的には可能であったとしても，現実的には，「外何名」を明らかにする資料を登記所に提供することができるケースは極めて少ないと思われます。また，仮に何らかの資料が提供されたとしても，当該資料によって「外何名」が明らかにならない限り，登記官としては，直ちに，その資料のみを根拠として，表題部の所有者を更正することもできません。さらに，別に真実の所有者が存在する場合であっても，不登法上は，登記記録上不利益を受ける者を何らかの形で手続に関与させなければなりませんから，上記のとおり，「外何名」が明らかにならない限り，記名共有地について，新たな登記の申請をすることは，できないと考えられます。

　したがって，現に記名共有地を甲の相続人が所有の意思をもって占有し，かつ，固定資産税もその相続人が継続して納付してきたとして，当該相続人が納税証明書及び相続を証する情報を提供して，当該相続人名義とする所有権の保存の登記を申請したとしても，当該登記申請は，受理されないと考えられます（注）。

（注）　「質疑応答」登研537号199頁
　　　問　表題部の所有者欄に「甲某ほか9名」とのみ記載され，ほか9名の者の住所・氏名が判明しない（共同人名票が編綴されていない。旧土地台帳も同様である。）土地の所有権保存の登記をするには，現に甲某の家督相続人が当該土地を所有の意思をもって占有しており，固定資産税も継続して同人名義で納付していることから，右家督相続人が納税証明書及び相続を証する書面を添付して，同人名義に所有権保存登記をすることができるものと考えますが，いかがでしょうか（参照―登記研究44号30頁質疑応答898）。
　　　答　消極に解します。
（参考）「質疑応答」登研44号30頁
　　　問　土地台帳所有者欄に何某外何名とあって共有者氏名表がない場合（役場備付けの副本もなし）に所有権保存登記申請には所有者を認める書面があ

りませんが，所有権確認の訴訟をする以外方法はないものでしょうか。

答　訂正の申告（土地台帳法施行細則15条）に準じて共有者全員が各自の氏名，住所及び持分を申告し，又は登記所が職権で調査して，共有者氏名表を作成した上で，所有権保存登記を申請すればよい。

裁判所が，表題部所有者として「○組共有地」と登記されて
いる土地について，被申立人を「○組代表者甲」として売買を
原因とする所有権移転仮登記を命ずる処分を発した場合において，当該
処分の申立人である乙は，当該土地について，所有権移転仮登記請求権
を代位原因として，甲に代位して所有権の保存の登記を申請することが
できるでしょうか。

　　代位による当該所有権の保存の登記は，申請することができ
ないと考えられます。

## 解　　説

　仮登記は，仮登記義務者の承諾があるとき及び不登法108条に規定する仮
登記を命ずる処分があるときは，不登法60条に規定する権利に関する登記の
共同申請についての法令に別段の定めがある場合として，当該仮登記の登記
権利者が，単独で申請することができるとされています（不登法107条）。

　仮登記を命ずる裁判所の処分は，仮登記権利者の申立てにより発せられる
ものであり（不登法108条1項），仮登記の要件について，裁判所による審査
を経ていますから，確定判決の場合と同様に，仮登記権利者による単独申請
を認めることとしたものです。

　なお，仮登記を命ずる処分の申立てを却下した決定に対する即時抗告につ
いては，非訟事件手続法の規定が準用されていますので（同法108条5項），
不登法108条に規定する仮登記を命ずる処分の手続についても，その性質に
反しない限り，非訟事件手続法の規定が適用されることになるものと解され
ます。

　ところで，表題部所有者として登記されている「○組共有地」は，その表
示からして，権利能力なき社団の名称であると考えられます。その場合，表
題部所有者は，当該権利能力なき社団の代表者個人の名義若しくは構成員全
員の名義とするのが登記実務の取扱いであることは，既に，説明してきたと

おりです。したがって，不登法上，「○組共有地」という表題部所有者としての表示は，不適法な記録であるといわざるを得ません。

　一方で，上記のとおり，仮登記を命ずる処分については，非訟事件手続法の規定が適用されるところ，同法16条１項において，民事訴訟法29条の「法人でない社団又は財団で代表者又は管理人の定めがあるものは，その名において訴え，又は訴えられる。」旨の規定を準用していることから，権利能力なき社団についても，訴訟における当事者能力が認められます。したがって，当該処分における「○組代表者甲」という表示は，「○組」が，仮登記を命ずる処分の手続における当事者であり，「甲」は，その代表者を意味するものと解することも可能であり，また，「○組代表者」の表示は，「甲」の肩書きであって，当該手続の当事者は，「甲」個人であるとみることもできそうですが，登記官が，そのいずれであるかを審査することは，難しいと考えられます。

　以上のことからすれば，「○組共有地」と登記されている土地について，申立人乙のために，所有権移転仮登記の申請をすべき旨が命じられているものの，その当事者が，上記のとおり，「○組」又は「甲」個人のいずれであったとしても，当該土地については，表題部所有者の記録がなく，したがって，所有権の保存の登記の申請適格者（不登法74条１項１号）を特定することができないといわざるを得ません。

　そこで，申立人乙が，「○組代表者甲」の債権者として申請する代位による所有権の保存の登記は，不登法25条４号（申請の権限を有しない者の申請によるとき。）及び同条６号（申請情報の内容である不動産又は登記の目的である権利が登記記録と合致しないとき。）に該当するものとして，却下されるものと考えられます（昭和43年６月12日付け民事甲第1831号民事局長回答）（**注**）。

　なお，昭和43年民事局長回答では，当該所有権の保存の登記申請は，旧不登法（明治32年法律第24号）49条６号（第四十二条ニ掲ケタル書面ヲ提出シタル場合ヲ除ク外申請書ニ掲ケタル登記義務者ノ表示カ登記簿ト符合セサルトキ。現行不登法25条７号に相当）の規定により却下すべきものとされてい

ますが，上記のとおり，当該代位による所有権の保存の登記の「所有者」と
して表示される「○組代表者甲」は，申請適格者ではないことから，当該登
記申請は，申請の権限を有しない者の申請によるものであること，また，
「所有権保存」という登記の目的も，結局は，登記記録と合致しないことに
なることから，現行不登法25条４号及び６号の規定により，却下するのが相
当であると解されます。

### （注）　昭和43年６月12日付け民事甲第1831号民事局長回答

　　　　代位による所有権保存登記の受否

　　表題部に所有者として「○組共有地」と記載されている物件について，被
申請人を「○組」右代表者甲として売買を原因とする仮登記仮処分命令が発
せられたところ，当該命令の申請人から，所有権移転仮登記請求権を代位原
因として，右甲のために前記物件につき代位による所有権保存登記の申請が
ありましたが，右は不動産登記法第49条第６号の規定により却下すべきもの
と考えますが，いかがでしょうか。

　　至急何分の御指示を願います。

回答

　　本年２月１日付日記第48号で問合せのあつた標記の件については，貴見の
とおりと考える。

表題部の所有者欄に「甲外何名」と記録されているいわゆる
記名共有地について，表題部所有者の一人である甲のみを被告
とする所有権確認訴訟が提起され，その判決の理由中において，表題部
所有者欄の記録内容にかかわらず，当該土地が原告丙の所有に属するこ
とが，証拠に基づいて認定されている場合，丙は，その確定判決の判決
書の正本を提供して，不登法74条１項２号の規定に基づく所有権の保
存の登記を申請することができますか。

　　　　当該所有権の保存の登記は，申請することができると考えら
れます。

**解　　説**

### 1　表題部所有者である「甲及び乙」を被告とする訴え

　記名共有地について，真実の所有者が所有権の保存の登記を申請しようと
する場合には，表題部の所有者欄に記録されている「甲外何名」のうち「外
何名」の氏名，住所を明らかにし，これらの者又はその相続人の名義に所有
権の保存の登記をした上で，改めて自己名義への所有権の移転の登記を受け
る必要があることは，**Q40**で説明したとおりです。

　ところで，例えば，表題部の所有者欄に「甲及び乙」の両名が所有者とし
て記録されている場合に，所有者として表題部に記録されていない「丙」が
不登法74条１項２号の規定に基づき，所有権の保存の登記を申請するときに
必要な判決の被告の範囲については，①表題部に記録されている所有者全員，
すなわち，上記の例でいえば「甲及び乙」の両名を被告とする必要があると
するもので，登記実務における伝統的な考え方である消極説，②判決の理由
中において，表題部所有者として記録されている上記の「甲及び乙」が，当
該登記記録にもかかわらず所有権を有しておらず，原告が，所有権を有して
いることが確認されていれば，必ずしも表題部の所有者全員を被告とする必
要はなく，甲又は乙のいずれか一方を被告とするものであってもよいとする

折衷説，③被告は，表題部に所有者として記録されている者に限るものではないとする積極説の三つの説が主張されていますが，上記の折衷説及び積極説に従った場合は，原告と登記記録上に登場しない者（被告）との馴れ合い訴訟による勝訴判決等に基づいて，表題部に記録されている所有者が，事情を知らないうちに，第三者名義での所有権の保存の登記がされるという結果が生じることが想定されます。

　そこで，権利の登記のされていない不動産の登記記録の表題部に記録されている所有者が，甲及び乙である場合において，丙が不登法74条1項2号の規定により，自己の名義で所有権の保存の登記を受けるために提供する判決は，甲及び乙の両名が被告であることを要し，表題部に記録されていない者を被告とした判決はもとより，甲又は乙のいずれか1名を被告とした判決も含まないとされ，上記の三説中，従来の登記実務の伝統的な考え方である消極説によることが，確認されました（**Q4**の**注2**の平成10年民事局第三課長通知。以下「平成10年通知」といいます。）。

## 2　「平成10年通知」の適用要件

　しかしながら，記名共有地に係る登記事務の取扱いについて，平成10年通知の消極説の立場に従えば，「外何名」を明らかにすることができないときは，登記をすることができなくなってしまいます。

　そこで，平成10年通知においては，登記簿の一元化作業により旧土地台帳から移記した登記簿の表題部の所有者欄に「甲外何名」と記録されているが，共同人名簿が移管されなかった等の理由により，「外何名」の氏名，住所が明らかでない土地について，「甲」のみを被告とする所有権確認訴訟に勝訴した者が，当該訴訟の判決書を提供して，所有権の保存の登記を申請したときは，以下の四つの要件を満たす場合に限って，便宜，不登法74条1項2号にいう判決として取り扱って差し支えないものとされています。

　要件の第1は，対象土地が，いわゆる記名共有地に限られることです。したがって，土地台帳の一元化作業以降に表題登記がされた土地，及び一元化の前であっても，表題部又は共同人名票から共有者が明らかにされている土

地も，この取扱いの対象にはならないものと考えられます。

　そして，対象土地が記名共有地であるか否かの判断は登記官が個別に行うことになりますが，例えば，「共有惣代」の「惣」は，「総」と同義であり，したがって，「惣代」とは，「総代」，すなわち，「同じ関係にある人たち全員の代表」のことであることから，表題部所有者欄に「共有惣代甲外何名」と記録されている土地は，権利能力なき社団に属するものと解されるため，当該土地に「外何名」に係る共同人名票がつづり込まれていないことのみを理由にして，直ちに，当該土地を記名共有地として取り扱うことは，相当でないと考えられます。そこで，当該土地について，権利能力なき社団の代表者甲としてではなく，甲個人そのものを被告とする所有権確認訴訟の勝訴判決を得た者が，当該判決書を提供して，自己名義とする所有権の保存の登記を申請することは，できないものとされています（**注**）。登記官としては，共同人名票が，登記所内に保管されていないことを改めて確認した上で，平成10年通知に基づく処理を行うことになるものと考えられます。

　要件の第2は，「甲」を被告としていることです。表題部に「甲外何名」と記録されている場合，少なくとも，「甲」が，共有者の一人であることは間違いありませんから，登記手続上，氏名が明らかになっている「甲」を無視することはできません。平成10年通知は，「外何名」の氏名，住所が明らかでない部分について，便宜的な取扱いを認めるものですから，登記記録上，特定することが可能な者全員を被告とする所有権確認訴訟であることが，要件となります。

　したがって，表題部の所有者欄に，「甲及び乙外何名」と記録されている場合には，少なくとも「甲」及び「乙」を被告とする必要があり，また，「甲」が死亡している場合には，「甲の相続人」を被告とすべきであると考えられます。

　要件の第3は，原告の所有権を確認する判決であることです。不登法74条1項2号に規定する判決には，確定判決と同一の効力を有するものとされている裁判上の和解又は調停若しくは家庭裁判所の審判も含まれると解されていますが，平成10年通知は，判決の理由中において，当該土地が，表題部所

有者の記録にかかわらず原告の所有に属することが，証拠に基づいて認定されている場合に限って，便宜，当該判決を不登法74条1項2号に規定する判決として取り扱って差し支えないとしたものですから，判決以外の裁判上の和解，調停，審判は含まれないと考えられます。

要件の第4は，判決の理由中において，表題部所有者の記録にかかわらず，当該土地が原告の所有に属することが，証拠に基づいて認定されていることです。判決の理由中において，表題部所有者として記録された「甲外何名」の所有権が否定され，原告の所有に属することが，証拠によって認定されている必要があり，上記1で説明した折衷説及び積極説に従った場合と同様に，欠席判決や自白事件の判決では，当該土地が原告の所有に属することが，証拠に基づいて明確に認定されているとは認められませんから，平成10年通知の対象外であると考えられます。

## 3　設問に対する回答

以上のことから，設問の場合には，上記2の平成10年通知の全ての要件を満たすと考えられますので，原告丙は，その確定判決の判決書の正本を提供して，不登法74条1項2号の規定に基づく所有権の保存の登記を申請することができると考えられます。

（注）「質疑応答」登研651号279頁

問　表題部所有者欄に「共有惣代甲外何名」と記載されている土地は，登記簿の記載から権利能力なき社団に属するものと解されるので，平成10年3月20日民三第552号民事局第三課長通知にいう，いわゆる記名共有地には当たらず，当該土地について，甲個人（権利能力なき社団の代表者ではなく）を被告とする所有権確認訴訟の勝訴判決を得た者が当該判決書を申請書に添付して不動産登記法100条1項2号に基づく所有権保存登記を申請することはできないと考えますが，いかがでしょうか。

答　御意見のとおりと考えます。

表題部の所有者欄に「甲外何名」と記録されているいわゆる記名共有地について，表題部所有者の一人である甲のみを被告とする所有権確認訴訟が提起され，その判決の理由中において，表題部所有者欄の記録内容にかかわらず，当該土地が原告丙の所有に属することが証拠に基づいて認定されているときは，被告である相続人の一部が口頭弁論の期日に出頭していなかった場合であったとしても，丙は，その確定判決の判決書の正本を提供して，不登法74条１項２号の規定に基づく所有権の保存の登記を申請することができますか。

**A** 当該所有権の保存の登記は，申請することができると考えられます。

## 解　説

**Q42**で説明したとおり，表題部の所有者欄に「甲及び乙外何名」と記録されている記名共有地については，少なくとも氏名が明らかになっている「甲」及び「乙」を被告とする必要があり，また，「甲」が死亡している場合には，「甲の相続人」を被告とすべきであり，表題部所有者である「甲及び乙」を被告とする訴えにおける当該被告の範囲に関する折衷説及び積極説に従った場合には，原告と登記記録上に登場しない者（被告）との馴れ合い訴訟による勝訴判決等に基づいて，表題部に記録されている所有者が，事情を知らないうちに，第三者名義での所有権の保存の登記がされるという結果が生じることが想定されるため，欠席判決や自白事件の判決では，当該土地が原告の所有に属することが，証拠に基づいて明確に認定されているとは認められませんから，平成10年３月20日付け法務省民三第552号民事局第三課長通知（**Q４の注２**。以下「平成10年通知」といいます。）の対象外であると考えられます。

　そのため，表題部の所有者欄に「甲外何名」と記録されている記名共有地について，表題部所有者の相続人全員のみを被告とする所有権確認訴訟が提

起された場合において，被告である相続人の一部が，口頭弁論の期日に出頭していなかったにもかかわらず，原告丙の訴えを認容する判決がされたときは，口頭弁論の期日に出頭しなかった者については，欠席判決や自白事件の判決があったものと解されることから，原告が，その確定判決の判決書の正本を提供して，不登法74条１項２号の規定に基づく所有権の保存の登記を申請したとしても，当該登記申請は，受理されないのではないかと考えられます。

　しかしながら，被告である相続人の一部が，口頭弁論の期日に出頭していなかった場合であっても，その他の相続人が出頭し，かつ，その判決の理由中において，表題部所有者欄の記録内容にかかわらず，当該土地が原告丙の所有に属することが，証拠に基づいて認定されているときは，平成10年通知の要件を満たすものと解されることから，原告丙は，確定判決の判決書の正本を提供して，不登法74条１項２号の規定に基づく所有権の保存の登記を申請することができると考えられます（**注**）。ただし，被告である相続人全員が出頭していなかったときは，欠席判決や自白事件の判決があった場合と何ら変わることはありませんから，平成10年通知の対象外であると考えられます。

---

　（**注**）　「**質疑応答**」登研793号143頁
　　　　問　登記記録の表題部の所有者欄に「甲外何名」とのみ記録されたいわゆる記名共有地について，甲の相続人全員のみを被告とする所有権確認訴訟に勝訴した者から，当該訴訟の判決書を申請書に添付して，不動産登記法（平成16年法律第123号）第74条第１項第２号の規定による所有権保存の登記の申請があった場合において，当該判決の理由中に，当該表題部中の「甲外何名」の記載にかかわらず当該土地が原告の所有に属することが証拠に基づいて認定されているときは，被告である相続人の一部が口頭弁論の期日に出頭しなかったとしても，当該判決を，同号にいう判決として取り扱うことができる（平成10年３月20日付け民三第552号法務省民事局第三課長通知参照）ものと考えますが，いかがでしょうか。
　　　　答　御意見のとおりと考えます。

# 第6章　相続人等が不明な場合の登記手続

 相続による所有権の移転の登記を申請するに際して，除籍又は改製原戸籍の一部が滅失等していることにより提供できないときは，どのような情報を提供すればよいですか。

　　　　設問の場合，従来は，戸籍及び残存する除籍等の謄本のほか，除籍又は改製原戸籍（以下「除籍等」といいます。）の滅失等により「除籍等の謄本を交付することができない」旨の市町村長の証明書，及び「他に相続人はない」旨の相続人全員による印鑑証明書付の証明書を提供する取扱いでしたが，平成28年3月11日以降は，「他に相続人はない」旨の相続人全員による証明書の提供は要しないものとされました。

　したがって，同日以降は，戸籍及び残存する除籍等の謄本に加え，除籍等（明治5年式戸籍（壬申戸籍）を除きます。）の滅失等により「除籍等の謄本を交付することができない」旨の市町村長の証明書を提供して，当該登記を申請することができます。

## 解　　説

### 1　登記実務における従来の取扱い

　相続による所有権の移転の登記を申請する場合には，相続を証する市町村長が職務上作成した情報（不登令別表22の項添付情報欄）を提供する必要があります。

　この情報としては，原則として，被相続人の生殖可能時から死亡時までの除籍等及び戸籍の謄本が，該当します。

　しかしながら，当該除籍等の一部が，廃棄処分又は戦災，焼失若しくは災

害等により滅失しているため，当該謄本の一部を提供することができない場合があります。そこで，このような場合，登記実務における従来の取扱いは，当該謄本の一部に代えて，滅失等により「除籍等の謄本を交付することができない」旨の市町村長が作成した証明書（以下「廃棄証明書」といいます。），及び「他に相続人はない」旨の相続人全員による印鑑証明書付の証明書（昭和44年3月3日付け民事甲第373号民事局長回答）（**注1**），又は判決の理由中において，被相続人の相続人は，当該相続人らのみである旨の認定がされている確定判決の正本の写し（平成11年6月22日付け法務省民三第1259号民事局第三課長回答）（**注2**）を提供するものとされていました。

## 2　従来の取扱いの問題点

　「他に相続人はない」旨の証明書を相続を証する情報として認めたのは，被相続人とその相続人との身分関係を最もよく知り得る立場にある相続人全員が証明することによって，相続の登記を定型的，かつ，より正確に行おうとするものであり，公的資料が得られない場合の次善の証明方法として採られている措置であると考えられます。

　しかしながら，一方で，事案によっては，相続人が必ずしも周知しているとは限らない事実を証明させるものに他なりません。すなわち，相続による所有権の移転の登記等が，長期間にわたってされていない場合には，当該証明書を作成する相続人と被相続人との関係が，数世代に及ぶこともあります。そのため，従来から，登記所の窓口には，直系尊属の除籍謄本がない時代の親族関係が全く分からないため，相続人には，「他に相続人はない」旨の証明をする知識もなければ，その立場にもないとして，当該証明書の作成自体を拒み，又は作成はしたものの押印若しくは印鑑証明書の添付を嫌がるといった事例について，どのように処理すればよいかといった相談が，寄せられていました。

　また，近時は，「他に相続人はない」旨の証明書の提供がない代位による相続を登記原因とする所有権の移転の登記申請等を，不登法25条9号の「第22条本文若しくは第61条の規定又はこの法律に基づく命令若しくはその他の

法令の規定により申請情報と併せて提供しなければならないとされている情報が提供されないとき」に該当するものとして，登記官が，却下した事案について，当該却下処分の取消を求める訴訟も提起されているようです。

## 3　従来の取扱いの変更

「他に相続人はない」旨の証明書に基づいて証明しようとする内容は，被相続人の戸（除）籍等から遡って確認することができた相続人以外に相続人はいないという事実についてです。したがって，その確認すべき除籍等が，そもそも滅失等している以上，被相続人の子でさえも，自身の親に他に子がいないという事実を知ることが困難な場合もあり，そのような場合に，「他に相続人はない」旨の証明書を求めることは，相続人に対して不能を強いることにもなりかねません。

また，「他に相続人はない」旨の証明書を提供して相続による所有権の移転の登記が完了した場合において，他に相続人がいることが判明したときは，当該相続人は，相続回復請求権（民法884条）を有するものと解されますから，「他に相続人はない」旨の証明書の提供を不要としたとしても，登記の真正が損なわれることにはならないと考えられます。

そこで，登記実務における従来の取扱いを廃止し，被相続人の戸籍及び残存する除籍等の謄本に加え，廃棄証明書が提供されていれば，全ての場合において，「他に相続人はない」旨の証明書の提供を要しないとする取扱いに変更されました（平成28年3月11日付け法務省民二第219号民事局長通達。以下「本件通達」といいます。）（**注3**）。

したがって，相続関係の確認は，今後，被相続人の戸籍及び残存する除籍等の謄本と，廃棄証明書の二つの情報に基づいて判断され，「他に相続人はない」旨の証明書のみ提供を不要とするものとされました。

なお，この取扱いは，相続人による申請（不登法62条）や所有権以外の権利の移転の登記申請についても適用されるものであり，また，相続人が，相続人間の後日の紛争の防止などを目的として，遺産分割協議書に「他に相続人はない」旨を記載することは，何ら差し支えないものと解されます。

## 4　従来の先例の取扱い

　本件通達の「なお書」においては，この通達に抵触する従来の取扱いは，この通達により変更したとされています。

　従来の取扱いに関する先例は，上記の①昭和44年民事局長回答，②平成11年民事局第三課長回答のほか，③昭和55年2月14日付け民三第867号民事局第三課長回答（**注4**）及び④昭和58年3月2日付け民三第1311号民事局第三課長回答（**注5**）があり，①〜③については取扱いが変更されたものと考えられます。

　まず，①の昭和44年民事局長回答は，明治5年式戸籍（壬申戸籍）が廃棄処分されているため，この回答以後の相続登記における添付情報としては，明治5年式戸籍の提供に代えて，廃棄証明書及び「他に相続人はない」旨の証明書の提供を要するというものですが，廃棄証明書が対象とする除籍が明治5年式戸籍のみである場合は，当該除籍は，既に廃棄措置が採られ，その謄抄本等の交付を受けることはできませんから，この場合には，廃棄証明書の提供も要しないとしても差し支えないと解されます。したがって，本件通達発出日（平成28年3月11日。以下同じ。）以降は，この場合，被相続人の戸籍及び残存する除籍等の謄本のみを提供すれば足りることになるものと考えられます。

　②の平成11年民事局第三課長回答は，判決に基づく登記を申請する前提として，代位による相続を登記原因とする所有権の移転の登記を申請するに当たり，除籍等の一部の謄本を提供することができない場合において，確定判決理由中に相続人は当該相続人らのみである旨の認定がされているときは，当該確定判決の正本の写しを「他に相続人はない」旨の証明書に代えることができるというものですが，本件通達発出日以降は，「他に相続人はない」旨の証明書に代わるものとして，確定判決の正本の写しを提供する必要はないことになるものと考えられます。したがって，当該確定判決が，擬制自白によるものであるか否か，また，当該確定判決中にであっても，「甲の相続人は当該相続人らのみである」旨の認定がされているかどうかも問題とはなりませんから，今後，この平成11年民事局第三課長回答が適用される事案は

ないと思われます。

　ただし，当該確定判決は，相続人以外の者が相続による所有権の移転の登記を申請又は嘱託する場合には，代位原因を証する情報（不登令7条1項3号）として提供することになります。

　③の昭和55年民事局第三課長回答は，戸籍は二女から記載されているが，長女の氏名及び死亡の事実が不明な事案に関するものであり，廃棄証明書及び寺の過去帳を添付して，長女の死亡の事実と，長女に子がなかったことを認定することができる場合には，「他に相続人はない」旨の証明書は要しないとするものですが，現存する戸籍等で確認することができる範囲の相続人名義への所有権の移転の登記をした場合に，他に相続人がいたときは，登記記録上誤った公示がされる可能性はあるものの，上記3で説明したとおり，当該相続人は，相続回復請求権を有し，登記の真正が損なわれることにはならないことから，本件通達発出日以降は，除籍等の続柄欄の記載から，他に相続人が存在することが推定される場合，例えば，推定相続人の続柄が，二男又は次女である者が記載されているが長男又は長女の記載がない場合，又は長男及び三男の記載はあるが二男の記載がない場合であっても，「他に相続人はない」旨の証明書を提供する必要はないと考えられます。

　ただし，戸（除）籍上，長男等の氏名は判明しているが，その死亡の事実が不明である場合には，その長男等について，不在者財産管理人の選任又は失踪宣告の手続を経る必要があると考えられます。

　④の昭和58年民事局第三課長回答は，単独で相続する者（登記申請人）の「一切の責任をもつ」旨の差入書をもって，「他に相続人はない」旨の証明書に代えることはできないとするものであり，本件通達発出日以降も，同様に，「一切の責任をもつ」旨の差入書を提供する取扱いは，認められないものと考えられます。

　なお，外国人（日本に帰化した者を含みます。）が相続による所有権の移転の登記等を申請する場合については，本件通達の対象外であると考えられます。ただし，当該登記申請に当該外国人の本国の官公署が発行した廃棄証明書が提供された場合には，本件通達に準じた取扱いをして差し支えないも

のと考えられます。

　また，朝鮮人の慣習に従った相続による所有権の移転の登記においては，戸籍謄本，外国人登録証明書及び「他に相続人たるべき子の存しないことを証する書面（相続人の母の証明書でも足りる。）」の提供を要する旨の回答（昭和30年4月15日付け民事甲第707号民事局長回答）**（注6）**がありますが，当該回答は，自己の出産の事実の有無という母であれば当然に知っている事実を求め，かつ，その者からの証明書でもよいとするものであり，上記①の昭和44年民事局長回答の事案とは異なるものであることから，昭和30年民事局長回答は，本件通達によっても変更されないものと考えられます。

## 5　市町村長から廃棄証明書が交付されない場合の取扱い

　市町村によっては，廃棄証明書を交付していないところもあるようです。そこで，廃棄証明書を提供することができないときに備えて，従来どおり，「他に相続人はない」旨の証明書の取扱いを存続することも考えられるところですが，廃棄証明書を作成するのは市町村長であり，「他に相続人はない」旨の証明書を作成するのは相続人ですから，後者をもって前者に代替することは，そもそもできないと考えられます。

　したがって，廃棄証明書が交付されない場合には，除籍謄本等の交付請求に対して，市町村の担当者が交付不能である旨の文言を記載した書面等をもって，廃棄証明書に準ずるものとして取り扱うことが相当であると考えられます。

### （注1）　昭和44年3月3日付け民事甲第373号民事局長回答

　　　　　壬申戸籍の添付を欠く登記嘱託手続について

　　　みだしのことについて，神戸市に於ては，貴省の認可を得て，壬申戸籍の廃棄処分を行なったため，公簿として存在していません。

　　　このため，当市が代位による相続登記を嘱託するに際し，相続を証する書面として，これを添付することができません。

　　　つきましては，これが登記嘱託手続方についてご教示賜わりたくご照会申しあげます。

回答

客年９月18日付神土庶第774号をもって照会のあった標記の件については，「廃棄処分により除籍謄本を添付できない」旨の貴職の証明書及び「他に相続人はない」旨の相続人全員の証明書（印鑑証明書付）を添付する取扱いによってさしつかえないものと考えます。

## （注２）　平成11年６月22日付け法務省民三第1259号民事局第三課長回答

弁護士法第23条の２に基づく照会（戦災等により除籍謄本を相続を証する書面として添付することができない場合における相続登記の添付書面）について（照会）

判決に基づき時効取得を原因として土地の所有権移転の登記をする場合，その前提として相続登記が必要とされているが，代位により相続登記を申請するに当たり，相続を証する書面たる除籍簿の一部が戦災消失しているため添付できない。

このような場合，昭和44年３月３日付け民甲第373号民事局長回答によらず，判決書又は原告の「一切の責任を持つ」旨の上申書をもって他に相続人がいないことの証明に代えられないか，また，代えられないとすれば，登記を実現するためにどのような書類を添付するべきか。（事例）（略）

（回答）

平成11年４月26日付け整理番号（19号）をもって照会のあった標記の件について，下記のとおり回答します。

記

照会に係る事案の場合には，戸籍，除籍等の謄抄本，「火災焼失により除籍謄本を添付することができない」旨の市町村長の証明書，確定判決の正本の写し及び過去帳に基づく寺の証明書のほか，「他に相続人はいない」旨の相続人全員の証明書（印鑑証明書付き）を添付するのが相当であると考えます。ただし，確定判決の理由中において甲の相続人は当該相続人らのみである旨の認定がされている場合は，相続人全員の証明書に代えて，当該確定判決の正本の写しを相続を証する書面として取り扱って差し支えないものと考えます。

なお，原告たる申請人の「一切の責任を持つ」旨の上申書をもって他に相続人がいない旨の証明書に代える取扱いはできないものと考えます。

**(注3)　平成28年3月11日付け法務省民二第219号民事局長通達**

　　　　除籍等が滅失等している場合の相続登記について（通達）

　相続による所有権の移転の登記（以下「相続登記」という。）の申請において，相続を証する市町村長が職務上作成した情報（不動産登記令（平成16年政令第379号）別表の22の項添付情報欄）である除籍又は改製原戸籍（以下「除籍等」という。）の一部が滅失等していることにより，その謄本を提供することができないときは，戸籍及び残存する除籍等の謄本のほか，滅失等により「除籍等の謄本を交付することができない」旨の市町村長の証明書及び「他に相続人はない」旨の相続人全員による証明書（印鑑証明書添付）の提供を要する取扱いとしています（昭和44年3月3日付け民事甲第373号当職回答参照）。

　しかしながら，上記回答が発出されてから50年近くが経過し，「他に相続人はない」旨の相続人全員による証明書を提供することが困難な事案が増加していることなどに鑑み，本日以降は，戸籍及び残存する除籍等の謄本に加え，除籍等（明治5年式戸籍（壬申戸籍）を除く。）の滅失等により「除籍等の謄本を交付することができない」旨の市町村長の証明書が提供されていれば，相続登記をして差し支えないものとしますので，この旨貴管下登記官に周知方お取り計らい願います。

　なお，この通達に抵触する従前の取扱いは，この通達により変更したものと了知願います。

**(注4)　昭和55年2月14日付け民三第867号民事局第三課長回答**

　　　　弁護士法第23条の2に基づく照会について（照会）

　ご多忙中恐縮ですが別紙照会事項につき，ご報告下さるよう弁護士法第23条の2に基づきご照会いたします。

　　　　照会を求める事項

　昭44年3・3民事甲第373号民事局長回答の先例集追Ⅴ76頁に対し，

一　除籍簿の廃棄により相続人不明（廃棄していない除籍簿に二女から記載されており，長女の存在が推定されるが一切戸籍上不明）の場合「廃棄処分により除籍謄本を添付できない」旨の市町村長の証明書以外に，寺の過去帳により寺から長女が10歳未満でなくなつた旨の証明書があれば，他に相続人はない旨の相続人全員の証明書は必要ないのではないか，相続人全員の証明書がとれない場合が多い。

　　必要としても本当に知っている身近な相続人のみの証明で足りないか。
二　相続人全員の証明書を必要とする場合，持分なきことの証明を出して
　いる者からも他に相続人なき旨の証明をもらう必要があるか。
三　相続人の証明書は必ず印鑑証明書を添付する必要があるか。
　　回答
　客年11月6日付け文書をもって当局あて照会のあった標記の件について
は，左記のとおり回答します。
　　　　　　　　　　　　　　記
一について
　過去帳に基づく寺の証明書により，相続人たる長女が死亡し，かつ，そ
の者に子がなかったことを認定することができる場合には，相続人の証明
書の提出を要しないものと考えます。
　なお，相続人において他に相続人がいないことを証明する場合には，相
続人全員によるその旨の証明書の提出を要するものと考えます。
二及び三について
　いずれも必要と考えます。


**（注5）　昭和58年3月2日付け民三第1311号民事局第三課長回答**
　　　　　弁護士法第23条の2に基づく照会について（除籍簿が火災により焼
　　　　　失した場合の相続登記の添付書面）（照会）
　存命すれば100歳の女性の18歳までの独身の間の子がない証明をするに
つき除籍謄本のある役場が火災で焼失しその証明不能のとき，もしその子
が居れば共同相続人となるもののうちその1人が単独相続するとき，その
単独相続人Aの一切の責任をもつ証明をもって共同相続人はない証明に代
えられないか，法務省民三第867号昭和55年2月14日付回答と事案が異り
右通達は本件に適用ないか。理由は80年以前の出来事につき共同相続人中
相続しない者には利害と証明力なく利害のある単独相続するものの証明
「責任もつの差入書」で十分。除籍謄本とれない理由が役場焼失であるこ
と。証明事項が消極的な18歳未満のとき子がなかったという私生子なき証
明である。
　　　　　回答
　客年5月6日付け第426号をもって当局あて照会のあった標記の件につ
いては，照会の取扱いはできないものと考えます。

（注6）　昭和30年4月15日付け民事甲第707号民事局長回答

　　　　　朝鮮人の相続登記について

　　家族である既婚の朝鮮人男子A（次男）が昭和29年2月21日死亡したの
で，Aの子男子B及びC（Bは次男，Cは三男，長男は死亡している）よ
り昭和19年9月19日付昌原郡熊川面長認証の戸籍謄本を添附して相続によ
る所有権取得登記の申請があったが，右相続に関しては，法例第26条の規
定に基き被相続人の本国法によるべきところ，財産相続に関する朝鮮の慣
習によれば，被相続人が家族であって既婚の男子である場合は，その長男
子及次男以下の男子孫がその遺産を相続し，男子のない場合に，その死者
が長男であるときは父がこれを承継し，次男以下の衆子であるときはその
妻がこれを承継する由であるので（南雲幸吉著「現行朝鮮親族・相続法類
集」314頁及び398頁），右申請は受理してさしつかえないものと考えられ
るが，朝鮮独立後の右準拠法が明かでなく，聊か疑義がありますので，至
急何分の御指示をお願いいたします。

　　　　　回答

　　本年3月5日付登第367号をもって問合せのあった標記の件については，
朝鮮における相続に関する法令は，朝鮮民事令の失効後まだ公布されてい
ないが，朝鮮における相続は，旧朝鮮民事令第11条第1項本文の例により，
慣習に従って行われているものと考えるので，右慣習に従った問合せに係
る相続登記の申請については，戸籍謄本のほか，申請人と相続人との同一
性を証するための外国人登録証明書の写及び他に相続人たるべき子の存し
ないことを証する書面（相続人の母の証明書でも足りる。）を添附せしめ
て，B及びCのための相続登記をしてさしつかえないものと考える。

不動産の所有者が死亡しましたが，その相続人の存在が明らかでない場合，当該不動産については，どのような登記手続をすることになりますか。

　また，当該不動産を第三者に売却する場合には，誰が，どのような手続により売却して，登記を申請することになるのでしょうか。

　　　前段については，当該不動産を相続財産法人名義とする登記名義人氏名変更の登記をすることになります。

　また，後段については，相続財産法人の相続財産管理人が，家庭裁判所の許可を得て，当該不動産を第三者に売却し，当該相続財産管理人が，相続財産法人の代表者として，被相続人を代理して，第三者への売買による所有権の移転の登記を申請することになります。

## 解　　説

### 1　相続人の不存在

　相続が開始すると，被相続人に帰属していた権利義務は，被相続人の一身に専属するものを除き，相続人に包括的に承継されますが（民法896条），相続人のあることが明らかでないとき，すなわち相続人が不存在であるときは，当該相続財産は，法人とする（同法951条）ものとされています。

　「相続人のあることが明らかでないとき」とは，相続人の有無が明らかでない場合をいい，戸籍上に相続人となるべき者の記載がない場合が，典型的な例といえます。

　また，戸籍上，相続人は存在するものの，その相続人全員が相続の放棄をし（同法938条），あるいは相続欠格（同法891条）又は推定相続人の廃除（同法892条・893条）により相続資格を喪失した場合も，該当します。ただし，判例は，民法951条から959条までの民法第5編第6章の規定は，相続財産の帰属すべき者が明らかでない場合におけるその管理，清算等の方法を定めたものであるところ，包括受遺者は，相続人と同一の権利義務を有し（同

法990条），遺言者の死亡の時から，原則として，遺言者の財産に属した一切
の権利義務を承継するのであって，相続財産全部の包括受遺者が存在する場
合には，民法951条から959条の各規定による諸手続を行わせる必要はなく，
したがって，遺言者に相続人は存在しないが相続財産全部の包括受遺者が存
在する場合は，民法951条にいう「相続人のあることが明らかでないとき」
には当たらないものと解するのが相当であると判示しています（最高裁平成
9年9月12日第二小法廷判決・民集51巻8号3887頁）（**注1**）。

　なお，戸籍上，相続人がいることは明らかであるが，単に，その行方や生
死が不明であるという場合は，「相続人のあることが明らかでないとき」に
該当しませんから，民法951条以下の規定の適用はなく，不在者の財産管理
（同法25条）又は失踪宣告（同法30条）の規定により処理されることになり
ます。

## 2　相続財産法人の成立

　相続財産法人は，相続人の不存在によって，法主体のない相続財産を生じ
させないようにするための擬制ですから，その成立時期は，相続開始の時，
すなわち被相続人の死亡の時であると解するのが，通説です（谷口知平＝久
貴忠彦編『新版注釈民法⒄相続⑵』（有斐閣，補訂版，2013年）684頁）。

　相続人のあることが明らかでない場合には，家庭裁判所は，利害関係人又
は検察官の請求によって，相続財産管理人を選任し（民法952条1項），遅滞
なくその旨を公告しなければなりません（同条2項）。

　そして，相続財産法人については，相続財産管理人による全ての相続債権
者及び受遺者に対する債権申出催告の公告（同法957条1項），相続債権者及
び受遺者への弁済（同条2項），相続人の捜索の公告（同法958条）の手続を
経た後，相続人となるべき者が現れた場合には，当該相続財産法人は，成立
しなかったものとみなされ（同法955条），相続人は，相続開始の時に遡って，
被相続人の権利義務を承継することになります（同法896条）。一方，相続人
の不存在が確定した場合には，特別縁故者に対して相続財産を分与し（同法
958条の3），なお残余財産があるときは，当該残余財産は，国庫に帰属する

ことになります（同法959条）。

### 3　相続財産法人名義の登記

　上記2のとおり，相続財産法人は，相続人不明の間，その相続財産を管理し，法定期間経過後は，相続債権者及び受遺者に対する債務の清算を主な目的とするものであることから，被相続人の権利義務を承継した相続人と同様の地位にあるといえます。また，相続人が不存在の場合，相続による財産の移転が生じるわけではなく，擬制による相続財産の法人化という法的性質の変更を生じるものであるといえます。

　そこで，相続人のあることが明らかでないことにより，相続財産が法人とされ，家庭裁判所により相続財産管理人が選任された場合，被相続人名義の不動産については，移転の登記手続によるのではなく，当該相続財産管理人が申請人となって，「年月日（被相続人死亡の日）相続人不存在」を登記原因とする相続財産法人名義への「登記名義人氏名変更の登記」を申請することになります。

　この場合，当該相続財産管理人は，相続財産法人を代表することになりますから，当該相続財産管理人から申請する登記名義人氏名変更の登記には，当該相続財産管理人の代理権限を証する情報（不登令7条2号）として，家庭裁判所の相続財産管理人選任審判書を提供する必要があり，当該選任書の記載によって，当該相続財産管理人の選任が，相続人の不存在による場合であること，及び被相続人の死亡年月日が明らかでないときは，その事実を証する情報として，戸籍（除籍）の謄抄本をも提供する必要がありますが，当該選任書の記載によって，相続人の不存在による場合の選任であること，及び被相続人の死亡年月日が明らかであるときは，当該選任書のみを提供すれば足りるものとされています（昭和39年2月28日付け民事甲第422号民事局長通達）（**注2**）。すなわち，当該選任書は，代理権限を証する情報であるとともに，登記名義人氏名変更の登記の登記原因証明情報を兼ねることになります。

　そして，当該登記は，付記登記（不登法4条2項）によって行うものとさ

れており（昭和10年1月14日付け民事甲第39号民事局長通牒）（**注3**），また，当該登記記録は，登記の目的を「何番登記名義人氏名変更」，原因を「年月日相続人不存在」，登記名義人を「亡何某相続財産」と記録し，登記名義人である被相続人の氏名に抹消する記号である下線を付すものとされています（不動産登記記録例集（平成21年2月20日付け法務省民二第500号民事局長通達）193）（**注4**）。

　なお，被相続人の死亡時の住所が登記記録に記録されている住所と異なるときは，登記の目的を「何番登記名義人住所，氏名変更」とし，原因を「年月日住所移転　年月日相続人不存在」，登記名義人を「何市何町何番地　亡何某相続財産」と死亡時の住所をも記録した上で，登記名義人である被相続人の氏名及び住所に抹消する記号である下線を付すものとされています（不動産登記記録例集193（**注4**）の注書参照）。さらに，被相続人の死亡時の氏名及び住所が登記記録の氏名及び住所と異なっているときは，その変更についての登記原因及びその日付を併記するものとされており，その場合の登記記録の原因は，「年月日氏名変更　年月日住所移転　年月日相続人不存在」と記録されることになります。

## 4　相続財産である不動産を売却する場合の手続

　相続財産管理人については，不在者の財産管理人に関する規定が準用されていますから（民法953条で準用する同法27条から29条），相続財産管理人は，被相続人が生前に行った売買について，登記義務者として所有権の移転の登記をする等，民法103条に規定する範囲内の権限を有する一方で，その権限を超える行為を必要とするとき，例えば，相続財産である不動産を第三者に売却する等の処分行為をする場合には，権限外の行為として，家庭裁判所の許可を要するものとされています（同法28条）。

　そして，相続財産管理人は，相続財産法人を代表し，また，後日に存在が明らかとなった相続人又は包括受遺者の法定代理人としての地位を有することになりますから，相続財産管理人が，家庭裁判所の許可を得て，相続財産を処分したときは，相続財産管理人は，相続人を代理し，家庭裁判所の権限

外行為についての許可審判書を提供して，当該第三者への売買による所有権の移転の登記を申請することになります（昭和43年4月27日付け民事甲第1328号民事局長回答）（**注5**）。

　なお，当該所有権の移転の登記は，当該第三者（買主）を登記権利者，相続財産法人（売主）を登記義務者として申請しますが，当該登記は，家庭裁判所により選任された相続財産管理人が申請代理人であること，権限外行為について家庭裁判所の許可を得ていること等から，登記識別情報又は登記済証の提供又は提出は，要しないとされています（**注6**）。

**（注1）　最高裁平成9年9月12日第二小法廷判決・民集51巻8号3887頁**

　　「遺言者に相続人は存在しないが相続財産全部の包括受遺者が存在する場合は，民法951条にいう「相続人のあることが明かでないとき」には当たらないものと解するのが相当である。けだし，同条から959条までの同法第5編第6章の規定は，相続財産の帰属すべき者が明かでない場合におけるその管理，清算等の方法を定めたものであるところ，包括受遺者は，相続人と同一の権利義務を有し（同法990条），遺言者の死亡の時から原則として同人の財産に属した一切の権利義務を承継するのであって，相続財産全部の包括受遺者が存在する場合には前記各規定による諸手続を行わせる必要はないからである。」

**（注2）　昭和39年2月28日付け民事甲第422号民事局長通達**

　　　相続人不存在のため「相続財産」たる法人名義に登記する場合の添付書類について

　　標記の件について別紙甲号のとおり長崎地方法務局長から問合せがあり，別紙乙号のとおり回答したから，この旨貴管下登記官吏に周知方しかるべく取計らわれたい。

　　　別紙甲号

　　相続人不存在のため，所有権の登記名義人を「亡何某相続財産」たる法人名義とする表示変更登記申請書には，一般に申請書副本及び相続財産管理人選任書のほか，所有権登記名義人の死亡の事実の記載ある戸籍または除籍の抄本を添付すれば足りると考えますが，相続人の不存在を明らかにするために戸籍謄本等の添付を要するとの説もあり，決しかねております

ので，何分のご垂示を賜りたくお伺いいたします。

　　別紙乙号

　　客年10月25日付登第349号をもって問合せのあった標記の件については，相続財産管理人選任書の記載によって，当該相続財産管理人の選任が相続人不存在の場合であること及び死亡者の死亡年月日が明らかでないときは，右事項を証する書面として戸籍（除籍）の謄本若しくは抄本の添付を要するものと考える。

　　なお，前記選任書の記載によつて，相続人不存在の場合の選任であること及び死亡者の死亡年月日が明らかであるときは，申請書副本のほか前記選任書を添付すれば足りるので，念のため申し添える。

## （注3）　昭和10年1月14日付け民事甲第39号民事局長通牒

　　　　　登記事務取扱ニ関スル件

標記ノ件ニ関シ京都地方裁判所長ヨリ甲号ノ通問合有之候処乙号ノ通リ回答致候ニ付及通牒候也

　　　（甲号）

　　標記ノ件ニ関シ左記事項聊カ疑義相生候条至急何分ノ御回示相煩度此段及稟伺候也

　　　　　　　　　　　　　　　記

一，相続人アルコト分明ナラサルニ因リ被相続人所有名義ノ不動産ニ対シ抵当権者カ相続財産管理人ノ選任及代位ニ因ル所有権移転登記（法人名義）ヲ為サスシテ特別代理人ニ対シテ競売ノ申立ヲ為シ登記ノ嘱託アリタル場合受理シ差支ナキヤ

二，抵当権者ハ第三取得者ニ代位シテ相続其ノ他ノ登記ヲ申請スルコトヲ得ルヤ

　　　（乙号）（昭和9年12月28日民事甲第1550号民事局長回答）

　　客月14日附日記庶第7，488号問合標記ノ件第一項ハ相続財産タル法人名義ト為リタル旨ノ附記登記ヲ為シタル上ニ於テ競売申立ノ登記ノ嘱託ヲ受理スルヲ相当トス

　　第二項ハ貴見ノ通代位シテ登記ノ申請ヲ為スコトヲ得ルモノト思考致候此段及回答候也

　　追テ従来相続財産カ法人名義ニ変更アリタル場合所有権移転ノ登記トシテ取扱居候処右ハ寧ロ所有権登記名義人ノ表示ノ変更ノ登記ニ準スルヲ相

当トシ之カ取扱方ヲ変更シタル儀ニ有之候条為念申添候


**（注4）　不動産登記記録例集　㈦相続人不存在の場合　193**

| 権　利　部（甲区） | | （所有権に関する事項） | |
|---|---|---|---|
| 順位番号 | 登記の目的 | 受付年月日・<br>受付番号 | 権利者その他の事項 |
| 2 | 所有権移転 | 平成何年何月何日<br>第何号 | 原因　平成何年何月何日相続<br>所有者　何市何町何番地<br>　　　甲　某 |
| 付記1号 | 2番登記名義人<br>氏名変更 | 平成何年何月何日<br>第何号 | 原因　平成何年何月何日相続<br>　　　人不存在<br>登記名義人　亡甲某相続財産 |

　㈲1　死亡時の住所が登記記録に記録されている住所と異なるときは，登記の目
　　　的を「何番登記名義人住所，氏名変更」とし，登記名義人の氏名及び住所に
　　　抹消する記号（下線）を付与して，死亡時の住所をも記録する。
　　2　2番登記名義人の氏名を抹消する記号（下線）を記録する。


**（注5）　昭和43年4月27日付け民事甲第1328号民事局長回答**

　　　　　共有持分の相続財産管理人が家庭裁判所の許可を得てする当該持分
　　　　に関する所有権移転登記申請の受否について
　　共有持分の相続財産管理人については民法第28条を準用する余地がなく，
したがって相続財産管理人が当該持分を処分することはできないものと解
されますが，家庭裁判所が処分を許可した場合，右許可に基づく持分移転
登記の申請は受理するほかないと考えますがいかがでしょうか。
　回答
　　昭和43年3月4日付日記第96号をもって問合せのあった標記の件につい
ては，民法第28条の規定が準用されるので，受理すべきであると考える。


**（注6）　「質疑応答」登研606号199頁**

　　問　相続財産法人の相続財産管理人が，家庭裁判所の権限外行為許可書を
　　　添付して，相続財産法人を登記義務者として売買を原因とする所有権移
　　　転登記を申請する場合は，登記義務者の権利に関する登記済証の添付を
　　　省略して差し支えないと考えますが，いかがでしょうか。
　　答　御意見のとおりと考えます。

# 事項索引

# 先　例　索　引

# 判 例 索 引

## ● 監修者

### 山野目　章夫 （やまのめ　あきお）

早稲田大学大学院法務研究科教授

1993年　中央大学法学部助教授

2000年　早稲田大学法学部教授

2004年より現職

〈主著〉　『物権法』（日本評論社，第5版，2012年）

『不動産登記重要先例集』（有斐閣，2013年）

『不動産登記法概論　登記先例のプロムナード』（有斐閣，2013年）

『不動産登記法』（商事法務，増補，2014年）

## ● 著　者

### 後藤　浩平 （ごとう　こうへい）

元 東京法務局城北出張所所長

元 甲府地方法務局首席登記官

鹿児島地方法務局採用

〈主著〉　『新版精解設例 不動産登記添付情報 上巻』（共編著，日本加除出版，2007年）

『新版精解設例 不動産登記添付情報 下巻』（共編著，日本加除出版，2008年）

『不動産登記の実務相談事例集』（共著，日本加除出版，2014年）

認可地縁団体・記名共有地をめぐる実務Q&A
　―認可申請手続と不動産登記手続―

2016年7月20日　初版発行
2021年10月4日　初版第3刷発行

監修者　山野目　章　夫

著　者　後　藤　浩　平

発行者　和　田　　　裕

発行所　日本加除出版株式会社
本　　社　郵便番号171-8516
　　　　　東京都豊島区南長崎3丁目16番6号
　　　　　TEL（03）3953-5757（代表）
　　　　　　　（03）3952-5759（編集）
　　　　　FAX（03）3953-5772
　　　　　URL　www.kajo.co.jp
営　業　部　郵便番号171-8516
　　　　　東京都豊島区南長崎3丁目16番6号
　　　　　TEL（03）3953-5642
　　　　　FAX（03）3953-2061

組版　㈱郁文　／　印刷　㈱精興社　／　製本　牧製本印刷㈱

落丁本・乱丁本は本社でお取替えいたします。
★定価はカバー等に表示してあります。
Ⓒ K. Goto 2016
Printed in Japan
ISBN978-4-8178-4323-4